高职英语教育与教师专业发展研究

田雪蓉◎著

线装书局

图书在版编目（CIP）数据

高职英语教育与教师专业发展研究 / 田雪蓉著.－北京：线装书局, 2024.2
ISBN 978-7-5120-5991-7

I. ①高… II. ①田… III. ①英语－教学研究－高等职业教育②高等职业教育－英语－教师－师资培养－研究 IV. ①H319.3②G715

中国国家版本馆CIP数据核字(2024)第055213号

高职英语教育与教师专业发展研究
GAOZHI YINGYU JIAOYU YU JIAOSHI ZHUANYE FAZHAN YANJIU

作　　者：	田雪蓉
责任编辑：	白　晨
出版发行：	线装书局
地　　址：	北京市丰台区方庄日月天地大厦 B 座 17 层（100078）
电　　话：	010-58077126（发行部）010-58076938（总编室）
网　　址：	www.zgxzsj.com
经　　销：	新华书店
印　　制：	三河市腾飞印务有限公司
开　　本：	787mm×1092mm　　1/16
印　　张：	12.75
字　　数：	280 千字
印　　次：	2025 年 1 月第 1 版第 1 次印刷
定　　价：	58.00 元

前　言

教师专业发展是指教师作为从事教育事业的专业人员，在专业思想、知识以及能力等方面不断地进行自我完善、循序渐进的动态过程，并且贯穿于教师的整个职业生涯。教师专业发展内容主要包括：积极建立专业理想、不断拓展和深化专业知识以及提升自我专业能力。教师要想更加卓有成效地开展教学，从而顺利完成既定的教学任务，就需要具备较强的专业知识基础。美国著名的教育家舒尔曼曾提出过教师的专业知识应包含七个分类，即学科知识、一极教学法知识、学科教学知识、学生知识、教有环境的知识以及有关教有宗旨、目的等方面的知识，这些理论的提出对于教师知识发展有着极大的启示作用。现代的教育学理论认为教师专业发展是指教师自身专业结构的不断更新、优化和丰富的过程，也就是教师通过多种形式的培训或是自身积极努力的学习等各种途径来促进专业知识、能力等方面逐渐向成熟发展。教师作为学生学习上传道授业解惑的师长，除了要重视自身的专业知识和教学经验，还要对自身发展的职业道德、社会责任以及实践能力等方面加以关注，从而促使高校英语教师的全方位发展得以实现。

本书的章节布局，共分为十章。第一章是绪论，本章阐述了高职英语教育的概况；第二章是高职英语教育特征。从应用性、实践性和通用性方面介绍了高职英语教育特征；第三章对英语教师专业发展概述做了相对详尽的介绍，主要是英语教师专业发展历程、要素分析以及实证研究；第四章是高职英语教学与教师专业发展的协同作用，介绍了教育改革对英语教师的要求、教学改革与英语教师专业发展关系解读以及通过实践促进高校英语教师专业发展；第五章是高职英语教师专业发展之反思性教学，本章就对作为英语教师教育者专业发展途径之一的反思性教学展开分析和探讨；第六章高职英语教师专业发展之行动研究，本章就来详细研究高职英语教师专业发展途径之行动研究，具体涉及行动研究、行动研究对高职英语教师专业发展的意义、高职英语教师专业发展中的行动研究步骤与实例分析；第七章是高职英语教师专业发展之教材多元化开发，通过多维度开发与利用教材，也能够进一步实现教师教育者的专业化发展，这是高职英语教师教育者研究的一个重要课题；第八章是高职英语教师专业发展之信息素养，介绍了信息素养简述、发展现状以及具体途径；第九章是高职英语教师专业发展之教学日志，教学日志是教师教育者对自己教学实践活动和专业生活的反思记录，其有助于教师教育者从批判性的角度来重新审视教学活动，调整教学实践，提高教师教育者教学能力，促进教师教育者专业发展；第十章是学习共同体与高职英语教师专业发展，主要介绍了高职英语教师教育者专业发展途径之学习共同体。

　　本书在撰写过程中，参考、借鉴了大量著作与部分学者的理论研究成果，在此一一表示感谢。由于作者精力有限，加之行文仓促，书中难免存在疏漏与不足之处，望各位专家学者与广大读者批评指正，以使本书更加完善。

编委会

郭　敏　禹春晖　肖艺莘
邓　悦

内容简介

　　教师的专业发展是教师以个人成长为根本，以专业成熟为目标，以教师的知识、技能、信念、态度、情感等其他专业素质提高为内容，是一个终身的、个体专业发展的动态过程。本书就高校英语教学发展的问题以及高校英语教师专业发展的问题进行了更加全面且深入的探究。首先研究分析了我国高校英语的教学模式、教学方法和教学手段；然后分析了英语教学与教师专业发展的协同作用，最后重点从多个方面阐述了高校英语教学与英语教师专业发展。

目 录

第一章 绪论 ……………………………………………………………（1）
 第一节 高职英语教育概述 ………………………………………（1）
 第二节 高职英语教育的问题与对策 ……………………………（5）

第二章 高职英语教育特征 ……………………………………………（9）
 第一节 高职英语与普通大学英语之区别 ………………………（9）
 第二节 高职英语教育的应用性 …………………………………（13）
 第三节 高职英语教育的实践性 …………………………………（20）
 第四节 高职英语教育的实用性 …………………………………（30）
 第五节 高职英语教育的意义 ……………………………………（36）

第三章 英语教师专业发展概述 ………………………………………（40）
 第一节 英语教师专业发展历程 …………………………………（40）
 第二节 英语教师专业发展要素分析 ……………………………（49）
 第三节 英语教师专业发展实证研究 ……………………………（59）

第四章 高职英语教学与教师专业发展的协同作用 …………………（67）
 第一节 教育改革对高职英语教师的要求 ………………………（67）
 第二节 教学改革与高职英语教师专业发展关系解读 …………（69）
 第三节 通过实践促进高职英语教师专业发展 …………………（74）

第五章 高职英语教师专业发展之反思性教学 ………………………（79）
 第一节 反思性教学的理论基础 …………………………………（79）
 第二节 反思性教学与高职英语教师专业发展的关系 …………（87）
 第三节 反思性高职英语教师专业发展的具体途径 ……………（90）

第六章 高职英语教师专业发展之行动研究 …………………………（94）
 第一节 行动研究简述 ……………………………………………（94）
 第二节 行动研究对高职英语教师专业发展的意义 ……………（98）
 第三节 高职英语教师专业发展中的行动研究步骤与实例分析 …（101）

第七章　高职英语教师专业发展之教材多元开发……………………………（110）
 第一节　教材多维度开发简述……………………………………………（110）
 第二节　教材多维度开发对高职英语教师专业发展的意义……………（120）
 第三节　基于教材多维度开发的高职英语教师专业发展的途径………（122）

第八章　高职英语教师专业发展之信息素养……………………………（127）
 第一节　信息素养简述……………………………………………………（127）
 第二节　国内外英语教师教育者信息素养发展现状……………………（131）
 第三节　高职英语教师提升信息素养的具体途径………………………（139）

第九章　高职英语教师专业发展之教学日志……………………………（143）
 第一节　教学日志简述……………………………………………………（143）
 第二节　教学日志对高职英语教师专业发展的意义……………………（149）
 第三节　高职英语教师教育者教学日志的个案分析……………………（151）

第十章　高职英语教师专业发展之学习共同体…………………………（154）
 第一节　高职英语教师专业发展途径之学习共同体（一）……………（154）
 第二节　高职英语教师专业发展途径之学习共同体（二）……………（166）
 第三节　高职英语教师专业发展途径之学习共同体（三）……………（176）

参考文献………………………………………………………………………（189）

第一章 绪论

第一节 高职英语教育概述

一、内涵

语言教育除了教授语言，还蕴含着施教者根据一定的教育学基本原理及相关知识和社会实践经验，对受教者进行全面教育、全程教育、全人教育的实质。早在1981年，我国著名外语教育家许国璋教授就建议把"英语教学"改称为"英语教育"。与"英语教学"相比较，"英语教育"的内涵更丰富，外延更宽广，更加重视用培养应用型和复合型人才的尺度来评价教学成果。"英语教育"不仅涵盖传授知识和技能，培养跨文化理解能力，而且包括对学生人文素养的熏陶、优良品格的塑造，乃至行为习惯的养成，使其成为在德、才两方面都适应社会需要的"全人"。从理论基础和学科间的关系来看，英语教育与教育学、语言学中的诸多二级学科有着密切的联系。英语教育是一个跨学科的专业领域，它有着自己内在的、普遍的、必然的联系，表现为英语教育学科的规律性，这种规律性成为区别于其他学科的本质特点。

"人文性"和"工具性"是英语及其他语言教育的基本特征，其"工具性"取向在职业教育领域表现得尤为明显。高等职业教育强调职业性和技能性，着眼于职业现实的需要，为学生就业服务，为学生发展服务。根据这一要求，高职高专英语教育必须在注重"人文性"的基础上，突出"工具性"，关注职业能力的培养，与职场需求接轨，为提升学生的综合素质和就业竞争力创造条件。

高职英语教育具有高等教育、职业教育与外语教学三维特征。同普通教育相比，它属于职业教育；同中等职业教育相比，它处于高等教育层面；同理工类专业相比，它是外语类专业，具有ESP（专门用途英语）属性。简言之，高职英语教育处在高等教育层次，培养高技能型人才，直接为社会经济建设服务。高职高专英语教育包括专业英语教育（面向英语专业）和公共英语教育（面向非英语专业）两个方面。

二、历史与现状

1980年，原国家教委批准建立了我国首批13所职业大学。1982年，五届人大五次会议提出：要试办一批花钱少，见效快，可收学费，学生尽可能走读，毕业生择优录用的专科学校和短期职业大学。到1985年，这种职业大学的数量达到了128所。同年，《中共中央关于教育体制改革的决定》提出："要积极发展高等职业技术院校，逐步建立起一个从初级到高级，行业配套，结构合理，又能与普通教育相互沟通的职业技术教育体系。"该决定对高等职业教育做出了合理的定位，要求高职教育循序渐进，逐步与普通教育衔接，同时又能适应行业的需要。1990年，国务院发布了大力发展职业技术教育的决定。1995年，原国家教委发文，正式明确职业大学是中国高等教育的一种办学形式。1998年，教育部进行高等教育结构调整，将高等职业教育、普通高等专科教育、成人高等专科教育统筹管理，简称"三教统筹"，并统称为"高职高专教育"。2002年，国务院《关于大力发展职业教育的决定》（2002年教育部16号文件），为高职高专的发展拓宽了空间。2006年，《关于全面提高高等职业教育教学质量的若干意见》（2006年教育部16号文件）明确提出高等职业教育作为高等教育的一个类型，肩负着培养面向生产、建设、服务和管理第一线需要的高技能人才的使命，这是促进高等职业教育有序发展最重要的指导性文件之一。2008年，教育部《关于印发高等职业院校人才培养工作评估方案的通知》要求建立用人单位、学校和学生共同参与的校内质量保障和评价的长效机制。2010年国务院发布《国家中长期教育改革和发展规划纲要（2010～2020年）》再次明确发展职业教育的重要性："职业教育的根本目的是让人学会技能和本领。职业教育是面向人人的教育，是面向整个社会的教育。"

作为有别于普通本科教育的一种类型，高等职业教育的目标是面向生产、建设、服务和管理第一线培养高技能型人才。近十年来，特别是教育部启动"国家示范性高等职业院校建设计划"以来，高职高专院校在内涵建设方面取得了丰硕的成果，高职教育的职业性特征逐渐显现，在办学定位、人才培养模式、校企合作、"双师型"师资队伍建设、实践教学、服务于区域经济发展等方面已初步形成了鲜明的办学特色。

随着经济全球化进程加快和中国经济进一步发展，社会对各类人才的外语特别是英语能力的要求越来越高，这就对高职高专的英语教育提出了更高的要求。

然而，目前我国高职高专院校毕业生的英语能力还不能满足社会经济发展的需求。教育部《关于推进高等职业教育改革创新引领职业教育科学发展的若干意见》（教职成〔2011〕12号）强调各地要鼓励和支持高等职业学校加强国际交流与合作，提高我国高职教育的国际影响力。高等职业学校要服务国家"走出去"战略，服务于大型跨国集团和企业的境外合作。面对全球国际化竞争的日益加剧，越来越多的企业意识到外语的重要性，这使得他们在招聘员工时对于求职者外语水平的要求越来越高。因此，高职高专英语教育改革受到了前所未有的关注。

1991年，国家教委下达"全国师专英语专业1991年统一测试"的任务，目的在于全面了解我国师专英语专业教学水平状况。国家教委又参照其他大纲，组织编写了《师范高等专科学校英语教育专业英语教学大纲》。1993年，《普通高等专科英语课程教学基本要求》出台，提出了"以实用为主，以应用为目的"的教学目标，这是建国后第一个高专公共外语教学方面的指导性文件，它率先提出了对英语"应用能力"的培养。2000年，《高职高专教育英语课程教学基本要求》提出"实用为主，够用为度"的教学指导方针，强调打好语言基础和培养应用能力并重，强调语言基本技能的训练与培养实际从事涉外交际活动的语言应用能力并重，为高职高专的英语教学指出了明确方向。2005年底，教育部成立了高职高专英语类专业教学指导委员会（简称"教指委"）。从2008年至今起草了一系列教学要求，如《高等职业教育英语课程教学基本要求》、《高等职业教育英语课程教学要求（试行）》、《高等职业教育专科英语课程标准（2021年版）》等。

1998年，劳动和社会保障部在《国家技能振兴战略》中，对我国职业技能培训做出划分，并规定我国将开展八项核心能力（与人交流、信息处理、数字应用、与人合作、解决问题、自我提高、创新革新、外语应用）的培训与认证。2004年，教育部颁布了《普通高等学校高职高专教育指导性专业目录（试行）》，将英语类专业划分为应用英语、商务英语、旅游英语和英语教育四大类。

随着我国改革开放的不断深入，国际交流的日益频繁，各行各业特别是涉外企事业单位对具有较高英语水平和专业技术能力的人才需求越来越大。改革开放以来，英语专业一直是我国高等教育中最受关注的专业之一，也一直是广大考生追捧的热门专业之一。然而，近几年来随着英语专业的不断扩招，英语高等教育的供需状况发生了很大变化：一方面，英语专业毕业生的就业优势逐渐减弱，已成为失业率较高的专业之一；另一方面，社会急需的同声传译、国际金融等高端复合型英语人才却供不应求。当前英语高等教育的发展与我国政治经济社会的发展需求出现了脱节现象，结构性调整迫在眉睫。另外，我国高等教育所处的外部环境也发生了重大变化。随着人口出生率的下降，我国普通高等教育学龄人口在2008年出现了拐点，并于2009年开始小幅下降，预计这种趋势将一直持续到2025

年左右。高等教育学龄人口下降带来的直接影响是高考报名人数的减少。据教育部公布的数据显示，从2009年开始，包括北京、上海和山东在内的22个省份高考报名人数逐年下降。生源减少将成为中国高等教育面临的新课题。高等教育学龄人口数量的下降和高等教育质量竞争时代的来临，使得我国外语高等教育面临前所未有的竞争压力。在高职教育阵营中处于相对"弱势"地位的外语类专业自然成为生源危机的"重灾区"。同时，由于高职院校生源质量呈下降趋势，英语教学的难度进一步加大，再加上部分院校管理者对于外语教育认识上的误区，很多工科背景院校的公共英语课被压缩甚至取消，这对刚刚稍有起色的高职英语教育来说无异于"雪上加霜"。

面对新问题，高职外语教育要审时度势，准确定位，强化外语教育在整个育人体系中不可替代的重要地位，将语言教学完全融入专业教学，建立以工作过程为导向的课程体系，让学生在完成具体项目的过程中来构建相关理论知识，提高语言能力，发展职业能力。

三、成绩

我国高职外语教育经过几十年的发展历程，已经逐渐脱离本科"压缩型"的影响，在培养目标上，注重学生的学习、实践、就业以及可持续发展的能力等多个方面；在课程设置上，将职业技能的培养融入外语学习中，主动适应区域经济、行业和社会发展的需要，探索建立基于职业岗位需求和工作过程的课程体系；在课程建设上，探索与行业企业合作开发课程，融"教、学、做"为一体，将实践教学贯穿于教学全过程，将培养职业岗位关键能力和获取职业资格证书所需的核心能力嵌入教学内容；在师资队伍建设上，以"双师素质"教师培养和引进为重点，逐步形成一支"专兼"结合的"双师结构"教学团队。

河北外国语职业学院丁国声教授将近年来高职外语教育取得的主要成绩总结为以下几方面：

第一，明确了发展方向——以服务为宗旨，以就业为导向，走产学结合发展道路即高等职业教育要适应市场，市场需要什么人才，就培养什么人才；要以就业为导向，促进就业。

第二，明确了外语教学的定位和根本任务——高职教育要以社会需求为目标，以就业为导向，坚持培养面向生产、建设、管理和服务第一线需要的实践能力强、具有良好职业道德的高素质的技能型外语专门人才。

第三，明确了办学模式，采用校企合作的模式。

第四，明确了人才培养模式，采用工学结合的模式，重视学生校内学习与实际工作的一致性。

第五，明确了专业建设改革的方向——专业是联系高等职业教育与社会经济的接点、桥梁和纽带。要以专业建设为龙头，针对区域经济发展灵活调整和设置专业。

第六，明确了如何进行课程体系改革——在保证高教属性的前提下，要根据工作领域、岗位能力需求和职业资格标准来设置课程，教学内容体现职业的工作过程特征。

第七，明确了实践环节的建设——要有效培养学生的职业能力，就必须强化实操、实训、实习等实践环节。

第八，明确了师资队伍建设的内容——要建设一支具有"双师"素质的、"专兼"结合的"双师"结构师资队伍。

第二节 高职英语教育的问题与对策

一、存在的主要问题

（一）公共英语教学目标不清

教育部《高职高专教育英语课程教学基本要求》明确指出，高职英语应以培养学生实际语言运用能力为目标，突出教学内容的实用性和应用性。由于受到传统教育体制、观念和模式的影响，目前多数高职院校英语教学仍没能把基础英语和行业英语很好地结合起来，英语教学没有突出职业特点，针对性不强，很难满足不同工作岗位的实际需要。

（二）英语专业定位不明

近年来，在深圳职业技术学院、长沙民政职业技术学院等国家示范院校的带领下，高职英语类专业建设取得了巨大的成就，在人才培养模式、校企合作、师资队伍建设等方面都走在了应用型本科院校的前面。在大学生就业难成为社会焦点问题的同时，高职外语专业毕业生的就业率却一直居高不下，由此可见高职外语专业的生命力。尽管如此，高职外语专业的性质却受到学界的质疑。外语界普遍认为，本科院校的外国语言文学才是"正宗"的外语专业。而在高职院校内部，工科类专业又备受青睐，被视为真正意义上的职业教育，外语专业有非职业教育之嫌。

（三）认识与理解误区

在一些以工科为主的高职院校，片面强调"技能"培养，外语、思想政治等人文学科的地位有渐渐被弱化的趋势，公共英语课时不断减少——有些高职院校已经把公共英语课压缩至一年甚至一学期。此外，随着高职高专教育改革的深入发展，部分专业实行了"2+1"模式，即前两年在校学习、第三年在工厂或公司实习。这直接导致学生在校学习时间的缩短，是英语课时遭到压缩的间接原因之一。

（四）生源危机矛盾凸显

其一，数量危机。当前，高等教育进入需求导向型阶段，这使得高职高专外语专业面临前所未有的生存压力，外语类专业与其他专业之间以及外语类专业之间竞争激烈。其二，质量危机。随着入学门槛的不断降低，高职高专院校的学生中有相当一部分文化课基础特别是英语基础不好，有些同学对于学习英语毫无兴趣。

（五）评价体系不够完善

目前，高职院校对学生英语能力评价体系存在诸多不合理、不科学、不完善的因素，其主要表现如下：

1.教学目标局限于A/B级考试的框架，忽视对学生的语言综合应用能力的评价；2.教学内容与社会需求脱节，无法服务于学生将来要解决的职业领域问题；3.考试分数依然被作为评判学业的最终标准，未能摆脱应试教育的"指挥棒效应"。

（六）师资素质亟待提高

缺少"双师型"教师是高职院校普遍存在的问题。此外，相当一部分教师在教学改革和质量意识、现代教育技术、教科研水平等方面都还亟待提高；有的教师教育教学观念更新较慢，难以及时了解并运用高职教育教学的最新理念；少数教师在师德师风上还存在一定的问题，如责任心不强、对自己要求不严等；对于英语教师而言，缺乏行业、企业实际工作经验是目前影响高职英语教学质量的主要原因之一。

二、应对策略

（一）彰显职业特色，抢占就业先机

在以发展经济为中心的历史条件下，应用型外语人才的培养不可忽视。社会对人才的需求始终呈现金字塔状，越往高层需求量越小，反之亦然。源源不断地为经济社会输送复合应用型外语人才，这正是高职外语专业教育的职责所在。

从公共英语教学来看，高职院校必须改变传统的教学理念，通过多种方式使学生充分认识到英语在日后工作中的重要性，促进学生学习英语的积极性。通过对听、说、读、写能力的加强，使高职院校毕业生不仅具有较高的专业技术水平，同时还具有一定的英语听、说、读、写能力。

（二）顺应市场需求，实现全面转型

理念转型：对于高职高专院校的非英语专业来说，英语不只是一门基础课程，它还是增强国际理解和跨文化沟通能力的保障，是素质教育的一部分，是学生成为"全人"的必要条件，所以任何随意压缩或者不开公共英语课的做法无疑都是短视行为；对于英语专业来说，其重要性不言自明。

组织转型：高职高专院校的外语系部要根据市场需求，进行整合优化。比如，条件好的可以兼并与外语相关度较高的旅游类、经贸类专业，成立新的系部；对于一些以工科为主的高职院校的外语系部，不妨与基础部合并，以便强化公共外语教学，更好地为其他专业做好服务与支撑工作。

专业转型：现有的外语类专业要根据生源状况适时调整，在当前的形势下，再申报新的外语类专业显然不是明智之举，对外语类专业应该保持或适当压缩招生规模，走"精品"路线；还可以申报一些与外语相关度较高的新专业，如涉外旅游、酒店管理、报关与国际货运等。

师资转型：高职英语教学可以分为SGP（English for General Purpose，通用英语）和ESP（English for Specific Purpose，专门用途英语）两个阶段。从事SGP教学的教师如果不懂专业知识，就无法胜任ESP的教学任务，但是随着ESP教学在各高职院校的推广，SGP教师必然要向ESP教师转型才能胜任行业英语教学。

（三）改革教学模式，创新教学手段

《高等职业教育英语课程教学要求》（试行）建议将高职英语教学分为基础英语和行业英语两个阶段，要求各高职院校在课程开发过程中，应积极与行业、企业合作，开发满足行业、企业岗位（群）需求的教学内容与资源，这说明高职英语教学需要考虑到社会和用人单位的需求，按需施教。打破学科体系、建立基于工作过程的课程体系是当前职业教育课程改革的基本取向，这是由职业教育的性质所决定的。

教师还要学会运用现代化的教学手段辅助高职英语教学。与传统的"口授+板书"单一教学模式比较，运用计算机多媒体方式进行外语教学有着无可比拟的优势。现代信息技术可以将声音、图像、视频等信息输入方式有效结合，进行多角度、多方位、多层次配合，具有形象生动、灵活多样等特点，能创造出真实、有趣的教学情境，极大地提高学生学习英语的兴趣，拓展教与学的时间和空间，从而达到增强教学效果、提高教学质量的目的。

（四）激发学习动机，培养自主能力

教育家乌申斯基说："没有任何兴趣而被迫进行的学习，会扼杀学生掌握知识的意愿。"高职学生学习英语的动力往往比中学时期要弱得多，而且缺少积极性和主动性。究其原因，主要是由于没有压力和紧迫感造成的。因此，端正学生学习英语的态度是高职英语教学改革的基础和前提。教师要站在未来的高度，以就业为导向来引导学生让学生认识到学好英语的必要性。对于低起点的学生，教师在教学中要加强对学习方法的指导，帮助学生去摸索掌握适合自己的学习方法，提高学习效率。教师要帮助学生树立终身学习的观念，并不断优化教育教学方式，把培养学生的自主学习和终身学习能力作为教学的重中之重。

（五）调整教学目标，实施素质教育

高职外语教育教学不能只停留在工具性的语言技能培养层面应该加强对学生人文素质的培养，发挥语言教育在情感责任、道德品质方面的辐射作用。人文主义教育观认为教育应把人的发展作为核心和目的。英语学习的目标不仅要达到提高交际能力的目的，还应该促进学生思维方式的拓展、价值观念的更新和人格素质的重塑。因此，高职英语教育要从能力增强、全面发展等方面去设计培养目标和课程体系，综合考虑高职教育的定位、英语学科的特点和学生的实际英语水平等因素在重视培养学生听、说、读、写等英语应用能力的同时，彰显外语教育对学生人文素质的潜移默化功能。

（六）改革评价机制，构建能力标准

由于高职学生入学时英语水平差异较大，教师必须摒弃传统的"分数至上"的评价机制，采用教师评价、学生自评、同学互评的多元化评估手段，将考试与考查、闭卷与开卷、笔试与口试相结合，对不同学习资质的学生按照不同标准进行评价，鼓励每一位学生都能在自己原有的基础上不断提高。同时教师还要结合学生听课、出勤、作业、课外活动等方面的表现进行综合评价，建立起课内外评价相结合的学生英语能力评价细则，围绕其今后职业岗位所需要的英语知识和应用能力，探索具有高职教育特色的学生英语能力评价指标体系，力求将语言教学与就业需求、行业（职业）标准以及国际人才培养标准等结合起来。

第二章 高职英语教育特征

高职英语教育既有别于中等英语教育，亦不同于普通高等英语教育，即大学英语教育。与中等教育之区别不是我们讨论的重点，在此不再赘述。而其与普通大学英语教育的差异究竟何在？换言之，高职英语教育的特殊性到底是什么？这不但是许多英语教育工作者，尤其是大多数的高职英语教育工作者感到困惑的问题，而且关乎高职英语教育能否沿着正确道路健康发展的问题，也是本书的主旨所在。

高职英语教育，如同高职教育与普通高等教育一样，尽管与普通高等英语教育有许多共性，但由于其教学要求、教学目标、教学内容、教学方法等方面的内在差异，尤其经过十多年高职英语教学工作者在理论和实践领域卓有成效的努力，从某种程度上而言，高职教育已经形成了自己独特的教学理念和教学模式，有自身的教学规律和教学特点，有自成体系的教学内容和教学特征，所以，将高职英语教育作为独立课题来研究，不但具有理论意义，丰富我国高等学校英语教学的理论内涵，尤其是专门用途英语的研究内涵，而且对于指导迅猛发展，占我国高等英语教育半壁河山的高职英语教育具有不可或缺的现实意义。

简而言之，高职英语可以定义为：高职英语是培养技术型人才的高等英语教育，旨在训练其生产、管理、服务第一线所需的语言交际能力和应对各种涉外局面的语言应用能力，高职英语强调语言的实用性，与学习者将来所从事的职业有密切的相关性，现代教育技术有着天然联系，更注重学习者个性化展示和教学过程的交互性，具有很强的应用性、实践性和实用性特征。

第一节 高职英语与普通大学英语之区别

众所周知《高职高专教育英语课程教学基本要求》是高职英语教育的根本大

法，是国家对高职英语教育进行宏观管理的指导性文献，是教学部门制订教学大纲、编写教材、进行课程教学质量检测与评估的基本依据。《高职高专教育英语课程教学基本要求》之于高职英语教学的意义完全等同于《大学英语教学大纲》之于普通高等英语教学之意义。其实，教育部分别为普通大学英语教育和高职英语教育制订两种不同的教育规范，这个事实本身就说明了这两者之间的巨大差异。通过两个文献的比较，我们对高职英语教育的特性有了更新的认识，我们发现它与普通高等英语教育的主要区别具体表现在以下四方面：

一、教学要求不同

高职英语教育的适用对象在入学时，认知英语单词1000~1600个，而普通大学英语教育的教学对象入学时，已掌握了1800个单词。学习者起点不同，教学要求自然不同，学习结束时两者差异显著。高职英语要求学生认知3800（A级）~2500（B级）英语单词（包括400个专业词汇），普通大学英语教育则要求学习者领会或掌握4200个单词。就语法而言，前者要求学生掌握基本的英语语法规则，在听、说、读、写、译中能正确运用语法知识，后者则要求学生巩固和加深基本语法知识，提高在语篇水平上运用语法知识的能力。就听力而言，前者要求学习者能听懂结构简单、发音清楚、语速缓慢（110~120词/分钟）的对话和不太复杂的陈述，理解基本正确；而后者要求学生能听懂英语讲课，听懂语速为130~150词/分钟的简短会话、报道和讲话，掌握其中心大意，领会讲话者的观点和态度。在说的方面，前者要求学生能用英语进行一般的课堂交际，并能在日常和涉外业务中进行简单交流；而后者要求学生能就教材内容和听力材料进行问答和复述，能用英语进行一般的日常会话，并且能就所熟悉的话题经准备后作简短发言，表达思想比较清楚。就写的能力而言，前者要求学生能就一般性题材在30分钟内写出80~100词的命题作文，能填写和模拟套写简短的应用文，无重大语法错误，格式恰当；而后者要求学生能就一定的话题或提纲在半小时内写出120~150词的短文，无重大语言错误。至于翻译能力，前者要求学生借助词典将中等难度的一般题材的交际材料和对外交往中的一般业务文字材料译成汉语，在翻译生词不超过总词数5%的实用文字材料时，笔译速度每小时250个英语单词，此外它没有汉翻英的要求；而后者要求学生能借助词典将难度略低于课文的英语短文译成汉语，译文达意，译速为每小时300英语单词，汉翻英时，能借助词典将内容熟悉的汉语文字材料译成英语无重大语言错误，译速为每小时250汉字。

由此可见，高职英语教育与普遍英语教育在教学层次上有显著差异，这不但体现在学生入学时英语水平上，而且体现在教学任务完成时，学习者在听、说、读、写、译各方面所要达到的程度。

二、教学目的不同

高职英语教育，必须服从于高职教育总的培养目标和对毕业生的基本要求。如前所述，据教育部高教司，由于高职院校培养的是技术、生产、管理、服务等领域的高等应用型专门人才，高职英语的课程教学目的是"使学生掌握一定的英语基础知识和技能，具有一定的听、说、读、写、译的能力，从而能借助词典阅读和翻译有关英语业务资料，在涉外交际的日常活动和业务活动中进行简单的口头和书面交流，并为今后进一步提高英语的交际能力打下基础。"

它还强调，要"加强英语语言基础知识和基本技能训练的同时，重视培养学生实际使用英语进行交际的能力"。而普通高等教育旨在培养学术型、工程型人才，与之相适应。大学英语的教学目的是"培养学生具有较强的阅读能力和一定的听、说、读、写、译能力，使他们能用英语交流信息……学生须打下扎实的语言基础，掌握良好的语言学习方法，提高文化素养"。

两者的区别也显而易见：首先，高职英语突出了口头交际能力，即听说能力的培养，而大学英语重在阅读能力的训练；高职英语强调实用业务英语能力以及在涉外交际活动中的英语使用能力，突出语言的实用性和应用性，大学英语则强调学生语言基础知识的培养，强调学生语言文化素养的养成。

要真正实现高职英语教育的教学目的，就必须做到：

（一）重视语言学习规律

正确处理听、说、读、写、译5个技能的关系，确保各项语言能力的均衡发展。要特别注重加强听、说技能的培养。偏重读、译能力，而忽视语言表达能力，不但不符合高职英语教育实际，且有悖于语言教学规律，也不适应学习者素质教育的要求。就教学重点而言，追求高职教育的素质教育，听、说、读、写、译全面发展，不但强调书面英语能力，也强调口头语言能力，不但注重学习的语言输入（receptive）训练，也注重其语言产出（productive）能力。

（二）适当降低英语阅读能力的要求

加强听、说能力的培养，以适应技术性人才职业岗位特点，以及改革开放对涉外业务交际能力的需求。具体而言，在适当降低"学术"阅读要求的同时，加强实用阅读的培养与训练，即加强应用性文献的阅读和套写训练，使学与用更紧密有机地结合，具体实现培养实际应用英语能力的目标。

（三）要强调语言技能的训练，突出应用能力的培养

学以致用，学一点，会一点，用一点，走出为打基础而打基础的误区，实施以"应用为目的，以必需、够用为度"的原则，努力实现语言的交际功能。因为

处在一线的应用型人才会遇到的英语交流机会大多是一些口头交际和简单的书面交流，而非长篇的学术成就的阅读。

三、教学内容

高职英语具有浓厚的专门用途英语教学（English for Specific Purpose）色彩，或者确切地说，具有技术英语、职业英语之特色，而普通大学英语则强调学生的语言基础训练，扎实的基本功训练，以及语言的文化性、学术性，颇具学术英语（Academic English）倾向，即使是在语言共同方面，两者的处理方法也不尽相同。在教学内容的选择上，高职英语以毕业生在实际工作中将要面临的涉外业务英语活动为核心，并以此来确定教学内容和目标。以必需、够用为度，体现一定的针对性和实用性，在教学内容方面紧密围绕交际和实用，设法创造实现交际和实用这一目标的条件。高职英语教学内容不仅突出重点，重视最常用的语言知识和技能，而且把语言基本功的训练和实用的日常和业务语言交际能力的培养有机地结合起来，利用可能的教学手段，使所学知识转化为应用能力。除此之外，突出高职英语实用业务能力的学习，强调涉及业务或专业范围的语言学习，以学习者在未来的实际工作岗位中面临的涉外业务英语为核心组织教学内容。

应用能力可指应用语言的一般能力，更是指把语言运用到实际涉外交际环境中的能力，前者也称实用能力的基础，后者则是前者的最终表现。区分两者有利于体现"实用为主，够用为度"课程体系的初衷，即以"实用"为培养的终极目标。

四、教学方法不同

如前所述，理论与实践紧密结合，基础知识与专业技能无明显界线是高等职业教育的鲜明特色，而这也正是高职英语与大学英语的区别之一，大学英语强调语言知识的灌输，遵循先语法知识后技法训练的原则，而高职教育则强调两者之融合，打破先基础后理论，先语言知识后语言实践之界线。

英语课程不仅应打好语言基础，更注重培养学生实际使用语言的技能，特别是使用英语处理日常的涉外业务活动的能力，打好语言基础是英语教学的目标，应遵循"实用为主，够用为度"的原则，强调打好语言基础与培养语言应用能力并重，强调语言基本功的训练与培养实际从事涉外交际活动的语言应用能力并重。

"学与用"理论与实践要有机结合，避免脱离实际的应用型，学生觉得索然无味。就教学步骤而言，讲究语言基础与语言应用并重，不仅注重语言基础和基本技能的教学，而且必须突出实际应用语言能力的培养，不能走先基础后应用的老路。基础与应用一起抓，这不但是高职英语教育学时、学制的要求，也符合实践——理论——再实践的认识过程，反映了高职教育特有的课程安排灵活性特点，突出教学内容的实用性和针对性，从而将语言基础能力与实际涉外交际能力的培养有机地结合起来。

由于我国高职教育发展的10年，正好是现代教育技术在教学中高速普及的10年，所以高职教育便与现代教育技术有着天然的联系，它一开始就将现代教育技术纳入自己的教育手段之中，并由此极大地提高了课堂教学的交互性，更大程度上实现了语言教学的个性化，也适应了高职英语教育强调听、说能力培养的要求，提高了教学效率。

第二节 高职英语教育的应用性

高职英语教育三大特征，应用性、实践性和实用性构成了从教学目的，到教学过程、教学内容的高职英语的有机内在体系，显示出高职英语既独立于普通中等英语教育，亦有利于普通大学英语教育的独特赋性，它是广大高职英语教育工作者在理论上，实践中孜孜以求的结果。它不但体现了高职教育总体要求和特点，而且也符合现代英语教育规范，遵循了语言认知规律，具有深厚的应用语言学背景。

高职英语教育的应用性代表着高职英语教育的终极培养目标，即培养学习者使用语言的交际能力，培养学习者语法能力、社会语言能力、话语能力以及策略能力。我们的教学就必然要跨越句子层面的约束，突破语法内容，语法教学的传统，切实在语言意义，语言在真实环境中的使用方面有所作为。

一、英语应用能力是高职英语教育的培养目标

（一）语言教育的最终产品是交际

Allright曾言：语言教育的最终产品是交际。语言学习被认为是习惯的形成，规则的内化，使用语言去表达和做事能力的获取。高职英语教育的教学目标就是培养学习者的英语应用能力，即Halliday所言的语言使用能力，以及涉外实际工作和生活中的语言交际能力。

教学生使用语言就是教他们如何表达，如何使用语言去交际。培养语言学习者的交际能力，即培养其运用语言手段，顺利完成交际任务，达到特定交际目的的能力。简言之，就是培养听、说、读、写、译等方面的基本技能，以及交际运用能力。

（二）语言系统及功能

据 Halliday "我们将语言定义为'意义潜势'，即可供说者、听者选择的意义系统"。就语言本质而言，语言是一个多层次的网络系统。语言使用者根据不同的使用目的，在网络的各个层次上进行选择。同时，语言又是人类特有的交际手段，可满足不同场景下的交际需要，语言功能和语言应用至关重要，与之相关的两个概念便不容忽视：即社会语境和意义潜势。社会语境包括文化语境和场景，作为超语言（paralanguage）元素，不可避免地与语言应用有千丝万缕的联系，并在语言信息的解码（decode）和编码（encode）过程中发挥重要作用。首先，为了交换信息，交际双方须有共通的文化和场景知识，更重要的是，不同的语言层次之间存在着体现（realization）和决定（determination）关系，上一层次通过下一层次来实现，而更重要的是又决定了下一层次。如社会语境层次决定了语篇/语义层，同时，又通过语篇/语义层来实现。同样，尽管语篇/语义层是通过小句（clause）/语法词汇层来体现，但前者同样也决定了后者的选择。而"语言本身就是一种潜势"。每个人在某种特定的社会语境下都有一定范围的作为选择（行为潜势）（can do），并由此产生一定范围的"意义潜势"（can mean），意义潜势通过语言系统体现为词汇语法潜能（can say）。

（三）Halliday 学说的启示

要全面培养学习者的语言交际能力，语言教学活动，不但不能局限于句子层面，还必须突破传统概念中的语言层面，从而延伸至社会语境层面。具体而言，这意味着：

1.高职英语教学必须兼顾语言层面和超语言层面。不能局限于语言层面，在语言层面之间还存在着社会语境，这个超语言层，决定了语言层的选择，决定了语言层在不同场景的实际运用。它是语言价值的最终体现，语言交际功能的落脚点。

Newmark 一针见血地指出，把学习语言从使用的语言中分离和抽象出来的做法，构成了对语言学习过程的严重干扰。他认为教学习者说话的目的不仅仅是说出话语，不仅仅是发出某些单词的音，也不限于通过把目的语翻译成自己的母语，来显示自己理解某句话的能力。语言教学的目的甚至也不是后两者的综合。追求的不仅仅学习者说和理解的能力，而是理解之后的说（saying with understanding），即使，习者可使用他学过的语言，并拓展到新的语境中，并作为一名语言使用者，根据他的需要创造出新的话语。

若没有语言的应用规则，语法规则将一无所用。因为分析性的语言规则，只影响到了句子的形式问题，而非话语的得体性问题，即使用分类的详细说明。

Johnson指出，关于语言的知识不等于应用语言能力。学以致用，任何知识学习的成就和价值的最后兑现是应用。不可理解的是，尽管语言是人类交流的一种主要工具，尽管存在这样或那样的使用环境，语言学习长期以来却始终被局限在知识能力的积累上，以致在英语学习中造成这么一种令人堪忧的后果：学生就是开不了口。这种窘状在高职教育中一定要避免。

高职英语教学必须涵盖语用、语义和语法，句子和语篇。不能囿于语法，也不能限于小句层面，因为句子和语法，只涉及语言规则、语言形式，而不涉及语言的功能和意义。Widdowson曾言，语言教学应将重点从单独的句子特征转移到句子组合的使用，即语篇上来。Newmark甚至指出，恰恰是我们规范的语言结构知识对我们保持语言教学观的能力构成了威胁。

正由于此，West提出了最简够用词汇/语法（Minimum Adequate Vocabulary/Grammar）的概念，即能够满足基本的和必要的交际需求的词汇和语法系统知识。这与"够用为度"这一高职教育观，有异曲同工之妙。

高职英语教学不但要学习者学会如何说（can say），更重要的是让他们掌握更多的意义潜能（can mean），以及如何用语言做事，完成交际任务（can do）。

有理由相信，对成功的语言教师的一个重要考验，是我们的学生是否有选择他们想要说的话的能力，即Holliday所说的意义潜势能力。意义潜势能力越强，则表达能力越强，交际能力就越强。

二、何谓语言交际能力

（一）交际能力的概念

交际能力最初由Hymes提出，指语言使用的能力。他指出：语言能力是一种处事的能力；或者说，一个人对潜在语言知识和能力的运用构成了他的交际能力，包括知识和使用两方面。交际能力，指不仅能使用语法规则来形成语法正确的句子，而且知道何时、何地、如何使用这些句子的能力，即对语言知识和能力的运用。它包括：1.语法性，语言的词汇及语法知识，即某种表达法是否（以及在何种程度上）在形式上是可能的。2.心理可接受性，某种说法是否（以及在什么程度上）能被接受，如知道如何开始或结束谈话。不同言语活动中谈论什么话题，不同场合对不同的人的称谓形式等。3.得体性，如何在不同场合得体地使用语言。4.可操作性，即某种说法尽管满足了上述3个要求，但本族人是否这样说，以及会引起的反应。随后，不同领域的学者从不同角度对交际能力又做了颇有意义的诠释。

Gumperez从社会学角度的解释为：从说话者可得到的所有语法的表达形式中，

和能恰当反映规范特定场合作为社会准则的形式中的选择能力。这与Halliday的语言选择概念有相似之处。Swignon从应用语言学的角度定义为：属一个或不同语言社区的两人或两人以上的交际时，意义的表达、解释和理解。外语教学家Terrell则认为，交际能力是：学生能够理解在真实交际环境中操母语者向他表达的要点，以及做出操母语者几乎不费力就能理解的以及没有误导性的影响到交际的致命错误的应答。方法论者（Methodologist）Omaggio认为：交际能力为个人在某种程度上恰当应付各种日常社会活动的语言能力。Canal和Swain在20世纪80年代构架了交际能力的三维模式，Canal后来扩展到四维，即语法能力、社会语言能力、话语能力及策略能力。第一维主要基于Chomsky对语言的划分，接近于乔氏的语言范畴，社会语言能力包括个体对社会关系的理解及其对于交际、选择表达法产生的潜在影响，在某些情况下，也包括帮助语言使用者将语言和语境结合的知识以及解释、形成意义的知识。

话语能力涉及语言使用者话语规则的知识，口头与书面语的结构知识，以及决定话语形成的因素；策略能力指交际遇到问题时，所采取的解决方式。换言之，它带有补偿性，即其他三个能力不足时，它出来解决问题。而Bachman却认为策略能力不只起补偿作用，而是交际的关键因素，它将信息策划、意义形式、语言知识和情景结合到一起，是超认知的，因为它涉及行为的性质，带有认知色彩，更因为这些行为可能固有的自我意识。

（二）交际能力的内涵

交际能力极大地扩展了我们关于语言的概念，由于它的启示，我们不仅关注语言形式，而且关注当人们想相互交流时，我们用这些形式做什么。就说话者（speaker）而言，交际能力同样体现在四个方面：1.有尽可能好的语言能力及熟练使用语言系统的技能，可以自然而灵活地使用它传递信息。2.能识别语言的形式和这些形式可能表达的交际功能。换言之，作为语言系统的项目也必须作为交际系统成分来掌握。3.具有在各种特定场合有效地进行交际的技巧和策略。4.能体会到语言的社会交际涵义。对大多数学习者而言，不但要掌握根据不同的社会场景说出不同话语的能力，还必须学会利用反馈来判断自己的成功或失误，必要时，用其他语言来弥补失误。

语言交际能力是动态、发展的，难以用固定具体的标准去衡量，不同交际能力的语言使用者在完成同一交际任务时，会采用不同的语言形式和表达方法，从而达到迥然不同的交际效果。即使同一语言使用者，在不同的语言学习阶段，面对不同的交际对象，在不同的交际场合，也会表现出不同的交际能力。

三、与交际能力培养相关的几组概念

要切实完成高职英语教学目标,把培养学生的英语应用能力摆在首位,就必须从意识上明确语言能力和交际能力、分析性语言模式和使用者语言模式以及学习者语言模式之间的关系。也有必要认清语法能力和语言能力、指称意义和价值意义、语言教学和言语教学这些极易混淆的概念,并在教学实践中做出相应的调整,正确处理上述几对既相互关联又相互制约的矛盾。可惜的是,我们的观念中,以及教学现实中,不是过分强调上述成双概念的前者,而忽视了后者,就是将两者混为一谈,认为前者与后者是等同关系,而没有将语言技能、交际能力摆到合适的位置。类似的情况并不是中国特色,Allwright指出,尽管长期以来广泛接受的共识是交际、是语言教学的合适目标,但过去大量的事实证明,语言教学并没有将学习者的交际技能提高到令人满意的地步。究其因,尽管交际能力被公认为是语言教学产品的基本的和主要的组成部分,而实际上,它只是被赋予了一种象征性地位,所以要真正实现这一目标还任重而道远。

(一) 语言能力 (Linguist Competence) 和交际能力

Allwright用图1-1清晰的表明了交际能力与语言能力的关系:

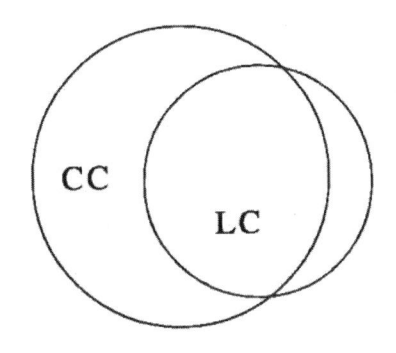

图1-1 语言能力和交际能力之关系(CC:交际能力,LC:语言能力)

图1-1向我们传递了三点重要信息。1.语言能力与交际能力有交叉,但不完全等同。2.语言能力是交际能力的组成部分,但语言能力的某些部分与交际能力是无关的。3.交际能力几乎涵盖了语言能力的所有内容。

这就有力地解释了为什么有些学生有较好的语法能力、结构能力,有些学生有很强的应试能力,在TOFEL、GRE等考试中得分很高,但实际交际能力却不强的现象。同时,它给我们的启示是,只教语言能力将置一大块交际能力于不顾,而教交际能力将照顾到几乎所有的语言能力。所以,我们必须将交际能力作为语言教学之主要目标,集中精力于交际技能的培养。因为,这触及了绝大部分作为语言教学产品的主要部件的语言能力,而集中于语言能力,则遗漏了交际能力的

大部分内容。

况且,由于部分语言能力与交际能力无关,在过分强调语言形式和能力的教学环境中,有些教学,就交际能力的培养这一教学目标而言,是毫无意义的文字游戏。语言能力与交际能力,前者为后者铺垫,后者为前者提供舞台,相互促进,但并不意味着互为前提。语言能力也不一定始终都在促发交际能力,在过分强调语言能力的环境里,它反而可能阻碍交际能力的发展。Chomsky在提出Competence和Performance时,有意强调后者,不是没有道理的。乔氏理论被称为语言学界的革命,但对语言教学的影响却很有限,原因之一便是它主要涉及句子的结构范畴。

将语言教学调整到交际方面来,不仅因为语言教育的最终产品是交际,还由于交际的训练有可能开发语言技能。交际能力与语言能力有关联,更有区别。只看到关联而忽视区别,将语言能力等同于交际能力,认为有了好的语言能力,必然有良好的交际能力,就必然会全神贯注于Halliday学说中的语言层面,而置超语言层于不顾,在教学中就会出现重语言形式而轻语义表达,重句型训练而轻交际使用的倾向。

(二) 分析者语言和使用者语言

Widdosow提出了语言分析和使用的概念。

前者类似于Chomsky的Competence,指语言条理分明、有层次的知识系统,后者与语言应用有关,与语言在真实环境中的实时使用有关。需强调的是:使用的熟练程度主要取决于使用的速度。

与语言分析和使用相对应的语言应用模式,便是分析者模式和使用者模式。

分析者模式主要关注被认为是自成系统的语言结构,焦点是抽象规则的产生,解释语言现象的能力;使用者模式关心活生生的人如何在现实环境中实时地实现交际目的。从语言处理的角度看,使用者的过程与分析者有关,但应该的不一定就必须发生,因为使用者往往没有必要去通透地研究规则,不管规则如何完善、简明,他只需使用起作用的规则即可。

合乎上述两个模式之间,还存在着学习者模式。学习者的模式不再像上述两种那样是静态的,它必须开发语言系统知识,又面对直接的语言交际,兼顾分析者模式和使用者模式之特点,既关注语言系统发展也关心语言使用,这是一个综合体,与分析模式和使用模式既有关系又有区别。

显而易见,高职英语教育的培养目标绝不是分析者模式,那是语言学家的事,也不可能是使用者模式,那是母语环境中的自然产品,而是居于两者之间的学习者模式。但需要指出的是,学习者模式对于强调学习者应用能力的高职英语教学而言，不是不偏不倚居于分析者和使用者模式正中间，更不是远离使用者模式而偏向分析者模式，而是更接近于使用者模式。

Widdowson就语言分析和语言使用，有过一个精彩的比喻，就语言学习者而言，只学习了某种语言的原理机制而不知如何使用，就如同学习了钟表原理，却不知道它表示的时间一样。所以，语言学习的本质是学习语法在表达意义时的功能，而非相反。

（三）语法能力和语言能力

就语言发展及基本本质而言，约定成俗的用法是第一性的，而规则、理论都是第二性的，当两者出现矛盾时，以习惯用法为准并没有违背科学原则。英语有许多规则无法解释的"例外"现象，所以有"每一条规则都有例外，只有此规则无例外"之说。Bolninger指出，日常使用的大多数语言，尽管可以分析，但并不是在分析的基础上使用的。

就交际过程而言，语言形式/结构不能过分强调，而且语义及语用知识有助于理解。Cark和Clark，听者通常对说者将要说什么知之甚多，他们可以从已经说过的话和描述过的场景中做出明智的推断。他们确信，说话者是连贯地、得体地提供已知和未知信息，也是基本上恪守合作原则的，因此，听者便可以轻松地猜测词和短语，并进行句子中的意义选择，有时甚至作句子分析。而过分依赖功能词，前后缀作判断是十分吃力的，因为它们恰恰是话语中最难辨读的。

况且，语言作为交际工具往往不是以零散、孤立的单词或句子出现，而是以连贯的话语形式存在。话语若没有信息内容，则不成其话语，故语言形式离不开交际内容、交际功能，否则语言形式便是疯人痴语，毫无意义可言。

Widdowson也注意到发展中国家的学生经过几年的学习，仍然缺乏英语应用能力，而且最近愈演愈烈的状况。他指出，根本原因是教学方法本身。通常的方法是只将某种情景中的语言加以介绍，而后，通过训练语言的各种变化来进行形式训练。目的是通过受控的训练，增强学生语言系统知识，开发其语言能力。其根据似乎是学习某种语言是一种将语言系统因素与实际体现的结合，或通过空气中的声音，或通过纸上的符号。但从根本上讲，这种方法所教的只是造正确句子的能力，而非语言应用能力。

显然，造句能力不是我们所需的唯一的交际能力，只有当使用句子去进行各种体现社会本质的行为时才发生交际。因此，我们不是通过造句去交际的，而是通过使用句子做各种不同的陈述，通过描写、记录、分类、提问、请求及命令等而实现交际的。知道如何正确地产出句子，这只是我们所说精通句子的一部分。它本身无多少价值，它必须得到句子功能知识的补充，即句子作为交际方式而实际应用的知识补充,才产生意义,现行的方法并没有提供这方面的足够的知识。

(四) 指称意义/价值意义

有人会说:将句子与使用情景结合时,确实已提供了语言的交际能力,真的如此吗?我们需区分两种意义:一种是语言项作语言系统成分所具有的意义,另一种是语言项被置于交际中使用时的意义,前者被称为指称意义,后者为价值意义。传统教学方法的重点是指称意义而非价值意义,这就是为何它无法胜任培养学生交际能力、实现高职教学目标的原因。比如,按常规方法,教现在进行时时,教师会设计出某种情况来说明其意味,他可能边向门口走,边说"I am walking to the door."并请几个学生做同样动作,说"He is/They are walking to the door."等等。如此,他们能说明现在进行时表示什么,他也可利用情景开发"动作链(action chain)"以表明意义同其他时态的相关性。但是,这些句子在这些情景中的交际功能如何呢?所以,这种所谓情景化的教学,并没有涉及这种句子如何得体地用于实际交际行为中,它教的是指称意义而非价值意义。有的老师认为,教价值意义没有必要,因为学生学会指称意义——基本意义的基本知识,碰到交际时他们便会自然地恰当地使用它。认为有了句子结构知识,了解语言单位的指称意义后,便自然地有了在交际中使用语言的知识的想法是大错而特错了。学生必须通过实践,才能明白什么是预测(prediction)、资格(qualification)、报告(reports)、描述等价值意义。语言形式与交际功能完全是两码事,肯定句不一定都是陈述,疑问句也不一定都是提问,一种语言形式可以有多种交际功能,一种语言功能也可通过多种语言形式来实现。

第三节 高职英语教育的实践性

高职英语教育的实践性,不但是高职教育的目的,也体现在教学过程的各个环节中。学以致用,学习的目的是为了应用,也只有在实践中才能学习,也只有通过实践,语言能力才能得以提高。因为,语言从某种程度上来说是一种技能(skill),而非知识(knowledge),所以强调语言技能教学,尤其是输出性(output),而非语言知识教学便成为必然。

英语实践教学打破语言知识系统的樊篱,有效突出了学习者交际能力的培养,交际性语言教学中,教师的作用必然有革命性的转变。

一、实践教学意义

（一）语言是一种技能

吕叔湘指出："语言实际上是一种技能，一种习惯。"语言学习与其他技能（如舞蹈、烹饪、驾车、演奏乐曲、电脑操作等）学习有许多共同点。Stryker Leaver也指出，学习一种第二语言可被喻为"学骑车、学打网球或学演奏乐曲。"

所谓语言技能，指语言运用的方式或方法，听、说、读、写一般被称为四项语言技能，说和写被称为主动性/输出性技能。读和听被称为被动/接受性技能。一种技能常可分为更小的技能，如听到连贯性言语能够辨音，看到句子能了解其各部分之关系。

微技能指从事一项综合性活动所需的多种过程和能力。如听演讲时所需的微技能包括：弄清演讲范围、目的，确定连词等在衔接演讲各部分时的作用，听出音调和语调的功能等等。

Chomsky认为，语言机制与其他心理活动和技能无关。据Johnson，这种观点的盛行，在相当长的时期内直接造成了两种负面影响：1.有关语言教学的观点大都囿于第一语言习得的研究成果。2.关闭了许多研究领域的大门，这使得我们往往忽视了其他非语言技能学习的规律，并忽视了它可能给英语学习所带来的巨大的启示。

一般而言，所有技能学习都须臾离不开学习者亲力亲为的反复操练，一项技能的传授通常要经历三个阶段：1.描述示范。2.自动化。3.自如化。

描述示范类似于演示，需强调的是，这一步最好由学习者，而非老师的专利。

自动化指的是，经过模仿训练学习者能不假思索地正确完成实践内容。

自如化指通过练习，提高和巩固所学，提高速率并有所创新，达到随心所欲的地步。此时学习者不再需要教师指点，只是把教师视作支持者、监督者。显而易见，每个有外语学习经历的人都会发现，语言学习也大致遵循上述三段式模式，尤其是课堂语言学习，当然也不排除学习者可以通过直接语言接触和交际，即略去第一步，直接从第二、第三步开始语言学习。所以，实践是语言知识和技能得以完全掌握的活动，是所有学习阶段中最重要的阶段。组织语言实践是教师在教室中最重要的职责。它对于成功语言学习作用巨大。

即使不存在"技能教学法"，但肯定有"技能心理"，它也使人们回忆起自己非语言技能学习的经历。考虑实践在语言教学中的地位这一目前热门话题时，我们不妨提出这样的问题，那些贬低实践在语言学习中的作用的人，也会在学小提琴时，排斥实践的作用吗？你能想象学拉小提琴只学乐理而不练习拉音阶吗？你能想象到学下象棋只学棋谱而不实战操练吗？你能想象学踢足球时，只学规则不练习传球、射门吗？与音乐教师或体育教练讨论这些问题，或许给语言教师以豁然开朗的启迪，反之亦然。

其实，Herriot早在30年以前就从技能的角度研究了语言，许多应用语言学家，包括Mclaughlin和Skehan，从普通学习理论中吸收了不少观点用于语言学习的讨论。他们认为，语言认知和普通技能的获得确有许多共同点。而Levelt和Johnson也分别从语言教学的角度探讨了技能理论的借鉴意义。

（二）语言技能教学

Harmer认为，英语教学要注重技能培养，注重语言运用，语言学习要让学生多投入，学习要活动化，活动要交际化。他提出，语言教学三要素ESA，即投入（Engage）、学习（Study）、运用（Activate）以及他所推崇的任务法（Task-based learning）和交际法都强调学习者的身心介入和实时（real time）实践。

从Hanner的ESA三要素中可以发现，他所强调的是：1.以学习者为中心；2.学习者参与实践；3.交际实践活动。

所谓投入，指教师设法引起学习者兴趣，调动其参与积极性，使学生产生动机，得到激励受到挑战。常用的活动和材料包括：游戏、音乐、讨论、图片、戏剧性故事、名人轶事。毋庸置疑，学生的全身心投入比他们部分投入和不投入学习效果要好得多。

运用，指学生学习及练习语言和信息内容。成功的课堂语言学习取决于潜意识的语言认知与学习实践活动的有机结合。

活动，指为了使学生尽可能自由和交际性地使用语言而设计的活动和练习。重点不是语言结构和语法项，而是适合于某些场景和话题的语言应用。这是为了使学生有机会在几乎没有限制的情况下真枪真刀地使用语言——一种真实使用语言的演练。这显然起了语言学习与语言应用之间的桥梁作用，如果没有在相对保险的教室环境下实践他们的语言知识，学生就会发现把他们的语言认知转换成真实世界中的语言应用充满了艰辛。

所以，俞约法指出："在语言教学中，教学的中心内容和主体部分是基本技能训练（即培养使用语言文字的能力的训练），也有传授有关所学语言文字的基本知识的任务，但这个任务是处于从属地位的，而且在很大程度上是为更有效地进行基本技能训练更有效地掌握语言，使用语言服务的…掌握基本技能为主，基础知识为辅。"

到目前为止，还没有成熟的"技能教学法"，但我们可以发现许多普通技能学习理论的概念，如"自动化"概念已经用于语言学习。尽管它听起来有行为主义的味道，但仍然得到了不少业内人士的认可。

（三）输出性实践之功能

语言实践可分为两类，输出性实践（说和写）与输入性（Input）实践（听和读），就有效学习以及培养学习者交际能力而言前者更具功效。因为前者使学习者更深层次地、更投入地进行语言加工，并促进学习者在学习中扮演更活跃、更具负责心的角色。在说或写时，学习者往往为了达到交际目的，而突破其现有目的语局限，动用其内化的语言知识，并会特别留意随后的语言输入。听者和读者可以假装理解了他们所不懂的东西，但说者和写者却无法假装。高职英语教育更强调学生语言输出活动的训练。

显而易见，外语教学活动的重点是操练，熟能生巧，输出不但有助于提高学习者的语言流利程度，而且也有助于语言的另一维度：准确性。这是由于语言输入具有三大功能：加强语言意识功能、假设测试功能以及内省功能。

首先，输出可加强语言意识功能。输出可使学习者明白在他们使用目的语时，想表达的和他们能表达之间的差距，明白他们所不知道的或知之不全的，从而使其意识到他们语言学习中存在的问题，并激活其认知机制，使其产生新的语言知识或巩固已有知识。

其次，输出具有"假设测试"功能，它是对理解及语言结构假设的检验，尤其是错误的输出，更具此功能，它所引起的反馈可使学习者改进或重新处理其输出。

第三，当学习者反思其目的语使用时，输出发挥了它内省功能，使他们能控制和内化语言知识。输出不只代表他们的语言假设，也代表了他们对假设的反思结果。

关于学习者语言产出和认知的关系，Swain曾提出了提高性输出假设，他断言：提高性产出有助于语言认知，因为学习者需要做一些简明、连贯、得体的语言产出。简而言之，学说话就必须说话！具体而言，输出对于提高语言表达能力的意义体现在如下方面：

1.可产生较好的输入，通过反馈，促使输入信息能更好地调整到适应目前听者的语言能力水平，光凭听和谈话对象的敏感性是不够的，所以，积极参与谈话将在中介语发展的关键时期起促进作用。

2.促进句子结构的处理加工能力，增加对结构的敏感性，当意识到自己也必须讲话时，学习者听时就会更加注意句子结构，以便随后使用，如同观看顶尖网球选手比赛，如果自己也打网球，除了欣赏和感叹他们的击球动作之外，还会仔细观察和分析，以便日后模仿，所以输出可促使更有效地输入。

3.检验假设，口头输出给输出者自己提出了关于中介语中不确定的某些语法项的及时反馈的机会，使学习更有效，因为学习者可控制学习过程，并得到相关的反馈。

4.开发自然、自如使用语言表述的能力，说话是说话者超越仔细构筑话语阶段而达到以自然速度和节奏讲话的唯一途径。

5.开发话语技能，对话语的控制能力，话题转换技能以及其他理解话语意义的能力，只有通过话语实践才能获得，勤于口头表达是不可或缺的。

6.形成个人风格，完全依赖于别人话语的学习者是不可能形成自己的个人话语风格的，他只依靠他所接触到的有限的那些话语意义，无法对话题施加任何影响。如果人们想在谈话中加入自己的声音，在学习过程中，必须找机会，按自己的兴趣去左右谈话，并找出表达自己意思的方式，所以输出的作用不可小视。

上述输出的6个意义充分说明输出是有效的、充分的语言学习的必备条件。前两项与语言形式相关，而其余更多的涉及语言使用和流利程度。最后两项与交际能力的构建有关，即加速句子形成，测试假设过程、提高自如性。

二、实践教学的特点

所谓实践，即某种行为的演练，为的是巩固所学，提高技能。语言学习者从所闻、所懂、所积累的语言知识中得到的益处归结为一点：最终，他们可获得一种本能的自动化的知识，可使他们能流利地理解和表达。这种能力只有通过实践才能获得。

（一）社会性功能之环境特征

适于学习者实践活动的环境对实践效率至关重要，什么样的环境最适于实践活动呢？Ellis认为，从理论上讲，富有下列特质的学习环境将有助于快速的语言习得：

有大量直接针对学习者的高质量语言输入，这种输入可以来自学习材料，可来自教师，也可能来自学习者。

学习者确有用目的语交际的需求，学习者动机因素不可或缺。

学习者独立控制部分学习内容（即控制题目选择），这是学生的自主性的一种体现方式。遵守"此时、此地"准则（"here-and-now", principle），这是保持实践交际化的前提。

教师和学习者或学习者之间进行某些语言行为的演练，因为学习者需要用于实现不同语言功能的听和说的机会。

频繁接触高质量指令（instructions）的机会以及展开性话语（Extending utterances）的机会。

最后，也是最重要的一点：新语言的实践机会（提供实验性使用新语言形式的机会）

（二）实践活动的特征

1.有效性（validity）。实践可基本上激活学习者准备练习的某种技能或材料。有效性不一定指现实生活中交际语言的翻版。

2.基于学生现有语言基础之上，有诊断性、测试性之特征。

3.语言容量，在有限的时间内容纳尽可能多的语言量。

4.成功性。不准确或不地道的语言重复只会造成错误的"僵化"（fossilization）和学习者的失落感，所以选择、设计和组织学生尽可能成功地完成实践活动便显得极为重要，但成功并不意味着完美无瑕。

5.包容性。兼顾各层次的学习者，使更多的人能够踊跃参与。

在考虑何种活动、角色适合特定学生时，教师应考虑以下因素：

（1）活动的语言要求和学生的语言能力要匹配，即与学生使用语言的复杂性、独立性相适应，以保证实践活动的顺利开展。

（2）语言结构的功能并不局限于某些特定场合，在教室内模拟交际技能可"迁移"到其他语境中，这与学生的语言创造力有关。

（3）学生所使用的语言，不仅有效地表达功能，还非常适合他所处的社会环境，即语言的可接受性。而另一方面，教师要力求学生最大、最经济的学习效益，教室内的场景类似于真实的交际场景，这对于那些有明确学习需求的人尤其重要。

6.趣味性。乏味不只是一种不愉快的感觉，它还导致学生注意力下降，动机不足，最终导致学习效果下降。而兴趣的产生，主要基于找到正确答案的挑战，有趣的话题，有趣表达的信息，游戏性质的有趣任务，吸引注意力的材料等等。

三、实践教学可能性

对实践性教学持怀疑态度的人认为，实践教学违反了语言认知规律不符合先语言规则、后句型的常规模式。

众所周知，在自然语言习得过程中，儿童通常能在令他们父母诧异的时间内（这往往也令他们难堪）成为新语言的流利使用者，这也说明语言认知不是叠加性的（additive），语言学习可以一次学习整个一组语丛（Chunk），而非一个语言项，这也说明，语言技能的训练不一定非要以语法知识为前提。

Newmark断然否认了学习必须遵循某种顺序的说法，"如果学说英语真如现今某些语言学家和心理学家所说是叠加性的（additive）、线性的，就很难解释人们是如何学习英语的";"如果每个音位和句法规则,每个复杂的词汇特征…都按从最简单到最复杂的顺序,每次学一项的话…儿童在他学会得体地说出一句话前已垂垂老矣,而成年人可能已死矣。"

Ellis确定了语言习得的四个阶段,即基本语法阶段、词语变换阶段、词汇开发以及复句子结构阶段。但是,他强调说这些阶段并无明显界限,它们往往相互交叉。

尽管语言认知有自然顺序,但只是认知发展的一个总的框架,在这个框架之内具体语言特征的发展顺序却是不同的,我们还不能做出一个既可靠又放之四海而皆准的语言认知发展顺序的描述。因此,语言的理论与实践相结合,打破先基础理论,后语言技能,先规则灌输,后交际实践的界限,不但是高职教育目标的要求,也符合语言认知规律。在某一时期学习为一个整体行为,而非技能构成的一种组织。

所以,实践教学可以贯穿高职英语教学的始终,它不但可以在高年级同学中进行,在高职英语学习的初始阶段就已经是可行的,不但适用于少数成绩较好的学生,也适用于多数学习成绩一般的同学。

四、交际性实践活动

我们所说的实践活动,当然包括但不仅仅限于诸如句型操练、单词发音等非交际性的活动,更重要的是指生态环境某个场合的,表达某种意义,实现某种交际目的的实践训练。

(一)语言教学中的实践活动

语言教学中的实践活动可分为两类:针对语言形式,仅限于句型规则的实践,和与语言实际功能相结合,重在通过语言表达意义,传递信息的实践活动。前者可称为形式实践,后者称为意义实践。显然,尽管形式实践活动是掌握语言技能的基础,但它只是学习语言应用的第一步,远没有完成语言学习的最终目标。Savignon曾举例,生动地说明了将语言表达和实际意义相联系的语言实践的重要性,他让一组学法语的学生练习问候语,一学生走到一位女学生面前说"Bonjuor, Monsieur"(你好,先生)。这个令人啼笑皆非的例子,说明了两种实践的本质区别:在表达语与实际意义紧密相关的实践中,表达法是为了表达实际的意义;而在形式实践中,学习者的注意力往往局限在语言形式上。

交际活动,旨在培养学生在特定环境下有效地使用语言表达信息的能力,主要是传递和处理信息,分为四类。

交际性实践活动有如下发展特征:

1. 人造会话语言特征越来越少，场景越来越像学习者在教室外碰到的。

2. 学习者需要表达的信息越来越不可预测，学生需更多的技巧和策略来表达信息，教师提供具体语言帮助的作用越来越小。

3. 有越来越多的交际功能发生，学生需要更多的技巧来控制交际。如在不伤害对方的条件下表示不同意或打断对方。

4. 学习者有更多的机会在讨论时自己表达。

交际活动由于它固有的特性，比其他教学形式更有益于建立良好的师生关系，以及学生与学生之间的合作关系，从而减轻了学生心理负担和焦虑感，调动学生积极性。

（二）交际的目的是传递信息

在多数对话行为中，交际的目的是传递各种信息，如事实信息、情感信息、愿望信息，传递信息与疑问有关，即信息传递给不知道此信息的人才叫信息传递，正如所言，如果听者事先已知说话者要在某个特定场合下产出某个特定话语，那么话语对他而言就不是信息，也就无所谓交际，信息只有在疑问存在时，才被接受，才会产生交际。

许多语言教学中由于没有疑问，因此是非交际性的。传统评述法（如根据图画讲述故事，跟随教师复述，描述教室中的活动等），尽管涉及语言结构实践，却没有实现交际。它的失败在于：它引不起学生浓厚的兴趣，这可能是导致学生不喜欢外语的重要因素，因为学生的厌烦情绪通常是由于教师重复他们已熟悉的内容，同样重要的是，它的过程没有涉及互动。互动过程极大地依赖于信息差——如果听者已经知道他们的交流对象将要说的语用信息内容，就没有针对这些内容的检索，也没有在真实时间（real time）内基于收到信息而形成的疑问。所以"疑问"是进行流利性实践的重要前提。

在教室中创造信息差，进而刺激交际的尝试，是交际教学的重要特征。Wright 成功地使用焦距不清的幻灯片让学生辨认并描述，从而达到了这一目的。Byrnu 提供未完成的平面图和图表让学生通过征询信息而完成。Geddes 让学生听不同的录音磁带，然后在课堂交流所听到的内容。这些方法的共同点是给一部分学生提供信息，而有意避开另一部分学生，成功地在课堂内形成了信息差，从而成功地促成了学生之间的互动。

创造信息差的另一方法是，在学生讲话时给他自由选择的机会（如选择话题）。选择与疑问并存，疑问暗示着选择，若说者有选择的余地，听者便会有将听到什么的疑问，说者的选择意味着听者的疑问。所以，如果我们创造了这样一种课堂氛围，学生可自由选择说的内容，基本的信息沟通便自然诞生了。

据 Halliday，选择是多层次的，是交际概念的基础，在不同选项中的选择过程是流利交际过程的基础，所以，交际实践可视为给学生提供一系列选项的过程，同时也是在真实时间内从选项中作出选择的过程。

（三）合理安排教学顺序

安排教学材料时，不但要考虑结构和情景，还须照顾到交际需求。如教高职理科学生时可不按通行的现在时和被动式等语法项的顺序安排教学，而是按技术型人员通常必须参与的交际行为的顺序安排材料，如将原理（generalization）排在现象（observation）前，因为后者是对前者的注解和证明，它们的结合构成了常见的科技活动交际单位。如：

1. Metals expand when heated.

2. Railway Lines get longer in hot weather.

3. Metals expand when heated. Railway lines, for example, get longer in hot weather.

如此安排的好处是随着交际活动的扩展，可自然而然地引导学生超越句子层面而进入更大的话语界面。

讲解时，借鉴高职学生的认知过程模式，某些句子的价值（value）意义通过典型的演绎推理3段式而体现：

1. Metal expand when heated.

2. Iron is a metal.

3. Therefore iron expands when heated.

3段式代表了一种使用语言实施交际的方式，它尤其适合于高职学生，因为它将主题和与之相关的语言结合到了一起，使语言与专业的相关性更加明显。这对于驱动高职学生学习动机具有重要意义。

（四）语言的意义

实际语言应用中，我们通常注意的是说出或听到的意义而非语言形式。比如：当我们要回忆某人的话时，我们首先想起的是他表述的意义，而非他使用的确切的词语。同样，表达时，我们对表达的信息先确定要表达的意义，尔后再选择语言形式，而且有意识地选择，而结构、词汇的选择或多或少是自动完成的。

外语教学的目的即扩充更多的交际场景，使学生更少地受到语言能力的限制而更多地去注意语言的意义。所以高职英语教师的主要任务便是给学生提供使用外语进行交际的机会和场所，在课堂中大量模拟各种交际场景，从而提高学生的语言能力，使学生在交际中能逐步使用准确而得体的语言。让学生有更多的机会使用语言，并指导学生将注意力集中于语言的功能意义和社会交往意义。

五、实践教学中教师的作用

实践教学的指导思想、教学重点、教学方式、教学目的与传统教学有极大的不同，教师在实践教学中所扮演的角色也发生了根本性转变。伽利略早就指出："你无法教会别人任何事情，你可能帮助他发现自我潜能。"

Johnson 认为，语言教学主要是遵循一定规律的实践活动，解决交际问题的一个诱人方法是降低教室中教师在语言使用中的参与程度，从而增加学习者交际实践的密度和强度。

Newmark 的所谓最小策略（Minimal strategy）可以这样来解释：任何控制学习的企图都极易干扰学习，就我们所知，这种控制只有在偶然情况下才是恰当的。旨在训练交际技能的自我评价活动（Self-evaluation Activities），可以由学习者很容易地安排，都必然产出目的语范例，假以时日，都自动使学习者推断出目的语特征，正如他们可能在非正式语言学习环境下所作的一样。由此，我们可以得出结论：教师的控制活动无一例外地干扰了学习者用目的语解决交流问题，坦言学习应顺其自然，而老师也不必在这一过程中进行毫无把握的干扰。

由此，教师所起的作用也随之发生了变化，教师应集中精力于：给学生提供全面技能实践机会；最大限度地调动学生兴趣，使学习者认识到课堂学习有助于实现他们的学习目标，从而激发其学习的动机。事实上，高职学生的初衷是掌握交际工具而非语言的结构系统。学习正是为了实现这一目标：提倡自然学习语言。学习是学习者自己的事，正如老师经常失望地意识到的那样，语言学习的许多方面是教师无法控制的，因为只有通过自然过程，学生自己使用语言进行交际时才产生，所以交际活动（包括教室内外）是整个学习过程的重要组成部分；创造有助于学习的环境，建立学习者之间和师生间的有指称意义的关系，这种关系使教室更人性化。

高职英语教育中，教师应扮演的角色可归纳为：

（1）学习监督者，协调、组织活动使之成为连续的整体。

（2）课堂管理者，将活动组织成课程内容，并基于实际水平。

（3）语言指导者，展示新语言，直接指导学生活动，并进行评价等。

（4）活动协调者，学习者活动正常开始后不再干扰，让学习通过独立活动来完成。

（5）顾问，在学习者独立活动中，需要时给予帮助。

教师的作用不突出了，但和以前同等重要，因为他必须在知识上、心理上帮助和支持学生，尤其是差生，改变和分析学生的活动，了解和分析每个学生的长处和短处，排解学生的疑虑，这对教师素质的要求更高，教师可扮起"交际合作者"的角色，而非主宰者，这使他（她）能从活动内部给学生提供指导和激励。

第四节　高职英语教育的实用性

　　如果说应用性主要讨论高职英语教育的教学目标，实践性焦点在于高职英语教育的教学过程和方法，那么，实用性主要涉及的是高职英语教育的教学内容，以及与特定的教学内容相关的一些教学特征。这样，高职英语教育的整体特征便呈现在我们面前。

　　高职英语的实用性体现在英语教学内容与学习者所学专业的密切相关性，以及与学习者将来职业环境下英语交际的明确针对性，表现在以培养学习者学以致用的英语交际能力的终极目标上。所以，在很大程度上，高职英语教学都带有浓重的专门用途英语教学（English for Specific Purposes，ESP）、专业教学法（content-based instruction，CBI）以及任务教学法（task-based instruction，TBI）的色彩。这也构成了高职英语教学与普通英语教学的显著差异。

一、ESP对高职英语教育的启示

（一）ESP的发展轨迹

　　从20世纪60年代始，ESP经过了5个发展阶段，即语域分析阶段、话语分析阶段、目标情景分析阶段、技能分析阶段和目前方兴未艾的以学习为中心阶段。

　　语域（register）分析主要基于Halliday的语域学说，着重研究某一领域（field）的语言特点以及与其他语域的差异，以便有的放矢地进行教学活动，它重点突出了学生们在各自专业学习和将来工作中的常用语言教学。话语（discourse）分析阶段则超越了词法和句法而研究语言篇章结构，将语言形式与意义联系起来，把语言应用而非语言用法作为选材标准，探讨如何给出意义，如何进行描述、认证、说明等，如何准确、简洁地表达意义；正如Widdowson所指出的那样，这是由于人们意识到，仅靠句子层面的语言能力还无法圆满完成交际任务，光有语言知识，而不熟悉用法，仍无法有效地进行交际；目标情景分析，指分析将来使用英语场景以及此背景下的交际内容、方式、途径及其语言特点，即将语言分析与学习者需求分析结合起来。这被称为ESP的起点和焦点，灵魂和精髓，是ESP产生和发展的动因，也是ESP大受欢迎的根本原因。用什么就学什么，学以致用，学用结合，这也正是职业教育的特点，职业技术教育的生命力所在。技能分析从语言的表层分析转向语言学习和使用的更深层次：思维过程与功能意念和交际法相关，其指导思想是：使用一定的技能可应付语言的各种表面形式；以学习为中心，探讨如何高效地学习语言，关注的焦点由教学方法转移到学习者的学习策略，以期将语言的运用和学习有机地结合起来。

（二）ESP的特质

Hutchinson和Waters认为，ESP是一种理念而非产品，与特定的语言、教学材料（内容）和方法无关，ESP有极强的针对性，它的产生基于一个简单的问题：学习者为何学习英语？ESP之教学不但受应用语言学的影响，还受其他学科的限制，这种对其他学科的"开放性"，抑或"多学科性"是ESP的显著特征，而与普通英语教学的最显著区别是强调实用效果。

（三）ESP的特征

ESP有四个绝对特征，两个相对特征。绝对特征包括：1.为学习者的特殊要求而设计。2.内容（主题）与特定的理论职业和活动有关。3.以适合于这些领域的语言以及话语分析为主。4.与普通英语相对。相对特征有：1.可能所学的技能有限（如只阅读），而非面面俱到。2.可能会按事先设定的方式去教。

（四）ESP的目标分析和学习需求分析

ESP之长期一贯的关注焦点：需求分析，文本/语篇分析，培养学习者在学习或工作环境中有效交际的能力。Hutchomsori认为，学生需求的终端产品是目的语能力，这是ESP课程深化的出发点，也是其成败关键。它包括：目标分析和学习需求分析，前者着眼于起点和结果，后者则侧重于教学过程。目标分析，主要解决学习英语目的和实际交际时，必须掌握的语言技能。包括学习目的和功能、将来使用英语状况、学习者缺陷、学习者想学什么。学习需求分析：主要探讨学习过程。包括：学生为什么选、如何学英语课、学习条件如何、学生特点、教学环境和时间等。Robbinson认为，ESP的衡量标准通常是目标引导的课程，"而课程开发基于需求分析。它旨在尽可能准确地描述学生必须使用英语做什么。"

（五）ESP是基于语言共核的概念和技能

需要指出的是，ESP是基于语言共核的概念和技能，它涵盖的教学活动横贯全部的职业活动。而错误的印象是，ESP总是必须直接地与主题内容有关。ESP的教学不一定在内容上与专业有关，但它总是反映那个学科的基本概念和业务。如学术英语应用了学术研究解决问题的方法。ESP与普通英语有许多共通之处，但更强调以学习者为中心，教师更像一个与学生平等相处的咨询者。

显而易见，上述ESP的特征无一不是高职英语教育发展现状和发展趋势的写照，无一不是高职英语教育的精华所在。正由于此，语言教学经验告诉我们，与ESP一样，高职英语教育具有巨大的潜力去增强学生学习动机，加速学习语言认知，扩宽跨文化知识，增强职业能力，使学生的语言学习更有趣，更具成就感，而且学习者会更容易成为自主的终身学习者。也正如此，高职英语教育代表了语言学习和专业学习的完美融合，它显示了重要的语言教学的转折：语言能力的获得从通过学习语言本身过渡到通过学习专业知识学习语言。

二、高职英语的两个转变

所谓高职英语与ESP一样，更多的是一种理念，而非只是教学法，对教师和学习者而言都可具有耳目一新和如释重负之功效。Widdowson指出，ESP是与（职业的）活动领域相关的，它代表了学习者的期望。教学法之力量在于语言学习与专业学习方法的结合。因为它不但给以语言学习为驱动的课程设置和零乱无章、由下而上（bottom-up）的教学方法带来了变化，而且还完成了两个重要转折，即：1.教学重点从文本作为语言目标（TALO）向文本作为信息载体（TAVI）的转移。2.注重过程和实际结果，由语法——功能——意念法到任务法（Task-based instruction）。

（一）TALO与TAVI之差异

Tony列出了TALO与TAVI在选材、准备活动、文本处理、教学活动以及课外活动方面之差异，见表2-1。

表2-1 TALO与TAVI之差异

	TALO	TAVI
选材原则	旨在阐述句子结构 一般性话题 专门写的或修改或重写的 生词受到控制 课文短且划分难易 课文由教师选定	旨在满足学生需求的价值 一定范围的原版课文 通过任务和支持划分难度 课文长短不一，逐渐加长 课文由教师，也可由学生和其他人来选
预习	几乎无 某些词汇翻译	总是有：和发现者指南一样重要可唤起兴趣，树立目标
课文处理	焦点是语言和新知识 焦点是细节和理解 所有句子和词 句法问题	焦点是信息和旧知识 猜生词 焦点在意义、功能和形式词之联系

续表

	TALO	TAVI
教/学/交际类型	教师一言堂 教师为中心：教师问，学生答，教师评价	学生协同实践 角色转换：学生互相提问、评价 自学模式 学习、学习者为中心
练习	理解性问题 语法和词汇练习	使用信息迁移、应用或推广 使用技巧

显然，TAVI在培养学生交际能力，完成高职英语教育目标方面具有很大优势。失败的学习者用支离不整的方式（fragmented approach）学习课文，而成功的学习者则注重整篇大意，用猜想和快读方式学语言和信息。显然，TAVI摈弃了由下而上的旧法，而代之以由上而下（up-down）的学习方法，即先以整篇文本为主要信息，后课文结构，尔后段落，最后才触及句子和词。因为准确、迅速地吸收信息比语言细节更有意义，理解文本的宏观结构先于语言研究，文本中信息的摄入至关重要。

TAVI的另一特色是突出学生作用。这主要因为与学习者有关的两个因素：1.专业知识。2.与专业领域有关的认知和学习过程。除去语言学习活动，高职英语还大量涉及反映学习者专业领域的活动。

高职英语学习者并不指望教师懂得专业知识。英语教师很难成为某专业专家，所以教师最好给学生提供可供选择的语言，作一个咨询者，而非先知者，让学生作出明智的选择。高职英语，尤其是高年级专业英语所涉及的，并不像普通语言教学面临的共享知识，教师须承认并利用学生的专业性知识。

所以，合理的师生关系应为 ESP Teacher——ESP Students，而不是 ESP Teacher——ESP Students。

（二）任务法的特点

高职英语教育与任务法有千丝万缕的联系，任务法有如下特点：教学以语言意义为出发点；教学旨在解决一些交际问题；教学活动存在与真实世界的直接关系；优先考虑完成任务；评估标准是结果。

Nunan建议用任务法来开展课程教学，任务教学法要求学生专注于意义而非形式。他区分了教学任务和真实世界任务（Pedagogic tasks and real world task），前者指正式的语言学习，如按照教师的指令画一幅画，后者更加实在，如填工作申请表，它与学生将来要使用语言去做的事有关。Nunan建议使用3种不同的任务来刺激学生进行互动。1.信息差（information gap），如找出两幅画中不见的部分。2.

推理差（reason in gap），如找出一幅画的缺陷。3.观点差（opinion gap），如列出你最喜欢的，并说出原因。任务法与高职英语教育已成功地在英语作为二语和外语教学中相融合，促使学生交换信息并解决问题，理解意义。

三、高职英语教育三大焦点

高职英语教育过去10年在教学理念、教学模式等方面都有所创新，它目前关注的三大焦点问题是：1.以话题为核心；2.原版语料使用；3.适合学生特殊需求。

在过去数十年，语言教学界出现了教学重点由语言知识学习向将语言作为交际工具的语言应用转移的趋向，但实际上，大多数教学，包括自称为交际教学法的，依旧遵循先语法结构，后简单的句型操练的老路，太多的教学依旧继续强调语言形式，继续自下而上的（bottom-up）教学方式，很难激起学生动机和兴趣，且很易制造受挫感和焦虑，影响了学习者自信心和积极性。

（一）以话题为中心

高职英语教育主张以话题，而非语法项为基准选用教学材料，使学习者更易学习，从而激发其兴趣，使学习者具有使用新的语言去成功做事的自信和惊喜。课堂实践是一些打破语法系统的，以话题为中心的阅读和实践活动，话题内容不再是对基于语法内容的课程的点缀和补充，而且语法学习须与话题相关联，由话题决定。

Brinton、Snow、Wesche建议，语言教育的目标就是为了避免人为的将专业与语言割裂的倾向。不幸的是，这种割裂存在于许多教学环境中，因为人们错误地认为，学语言等于学语法，意义只能通过翻译、通过第三者传达，学生必须在学习真正的专业之前流利地使用语言。许多人担心，以专业知识为重点教学会牺牲语言技能的培养。而试验证明，语言学习并没有被忽视，在高职英语教育中，语言与专业是相互作用的，正如Richard所言："学生直接置于用第二语言的有意义的话题之中可导致话题知识和语言的双重掌握。"

（二）使用原版语言

慎重、有效地将原版（authentic）材料引入课堂，这是高职英语近年来的发展趋势之一。有人担心使用原版语言会给学生增加学习难度，平添畏难情绪；也有人相信，有些词汇和语法项本来就难学，所以应先学。而实际上，分级课文比原版课文给学生带来更多的麻烦，而人工语言（artificial language）课文并不能给学生提供真实的英语交际模式，它缺乏自然的语言冗余（redundancy），剥夺了学生理解的多重暗示，分级语言和人工语言很难能有效地提高学生的语言能力。

如果材料是精心挑选的，学生又有图式知识作铺垫（即相关的语言、专业、文化背景知识），如此，利用专业与上下文相结合的办法去理解信息，学生便会开发其他语境中未知语言的语言处理机制，最终提高英语水平。

Bemhart 对所谓的"水平课文"（proficient text）和"水平读者"（proficient readers）提出了质疑，他建议用分级活动（graded activities）来代替分级课文。高职英语教育的重要部分是如何对课堂活动分级，并运用多种教学策略：如有效利用上下文，循环或螺旋式使用已有信息，利用学生的背景或图式知识，使用协作方式和教学策略等。

（三）适合学习需求

高职英语教育考虑到了学习者的语言、认知和情感差异，帮助他们作出相应调整。同时，也满足了其职业和个人兴趣要求。

1.语言差异

由于学生个体图式知识的差异，不同学生在语言特征、词汇、语法学习方面存在学习顺序以及内容取舍等方面的差异。此外，有些学生习惯于使用图式知识去推断意义，即猜测；有些对模糊的容忍程度低，对陌生语言的处理策略少，更惯于求助教师、语法书和词典去证实自己的假设，他们更喜欢记忆法。

2.认知差异

在认知层面上，学生有不同的学习风格，如有些视觉信息接受能力强，有些听觉学习效果好；有些善于演绎，有些长于归纳；有些注重整体，有些偏好局部；有些善于发现共通点，有些善于比较不同点；有些按顺序处理信息，有些平行处理信息等等。一个课堂上的认知差异是无穷的，每一种学习风格都和学习策略有关，每个学生对任何一种教学策略的反应都是不同的。熟悉教学策略，又了解学习风格的老师有得天独厚的优势去帮助学生更好地学习原版专业材料。应对不同学习风格的基本策略之一是变换讲解演示方式（presentation）。Mohan 推介了一种将"经验法"（experiential approach）和"说明法"（expository approach）相结合的教学方法，前者指角色扮演、讨论、演示与操母语者交往等，后者包括讲座、读物、讨论及演示等。

3.情感差异

大多数学生在学习原版材料和真实案例取得成功时都会激发出极大热情，个别则不然；有些习惯于独自学习，有些付出努力就希望表扬；有些不喜欢教师的明显的纠正，有些得不到纠正则不悦等等。优秀的教师应随时观察和分析学生的情感需求，争取保持 Krashen 所说的"低情感过滤者"作用。

在决定教学内容时有学生的参与有极大优点。学生参与选择话题和教学活动可使其有更好的学习动机，并使课程变化到更好地满足学生需求的轨道上来。况且，学生被采纳的主题和实践活动创造了一种学生自觉学习的氛围，极大地减轻了教师教学组织的负担，使教师更容易成为"学生学习的管理者"。

（四）核心是培养学生的英语交际能力

就广义而言，高职英语教育是语言教育的新坐标，这个新坐标的中心是培养学生英语交际能力，即在真实条件下与操母语者交际的能力。

真正的人际交流是不可能与目的语文化、交际能力之语言（paralanguage）以及非语言（non-language）特征相割裂的。这个概念与高职英语教育有密切关系。因为为了培养我们的学生在新的文化背景下生存和工作，我们必须创造教室与所学目的语文化的直接联系，显然基于语法能力的教学是无法胜任这一任务的。

Kramsch指出外语学习早已超出了纯语言的范畴，它同时也是一项社会的、文化的、历史的猎险。因为它是研究作为社会现实的语言的，所以传统的关于语言与文学，宏观文化与微观文化，语言能力（Competence）与语言使用（Performance），普通教育与职业培训的界定，早已不像先前那样清晰。

有理由相信高职英语教育将会成为最有效的外语教学途径。Krashen和Terrell将专业性课堂活动（content activities），称为课堂上有效地向学生提供提高性输入的方式。他们引用了加拿大沉浸教学法（immersion models）与ESP相结合的例子，通过用目的语学习专业，如数学、历史、科学，学生取得了巨大成功，他们声称这种教学的成功源于学生对于信息而非形式的关注。同时，这种教学方式成功地向学生显示学习英语的优势，高度关注学生在语言学习中的分析和批评能力，鼓励学生继续提高语言技能。

高职英语教育模式和方法已经出现在世界范围内，在许多外语教学场合，包括普通大学课程和语言学院课程中，并且不同程度地取得了成功。

第五节　高职英语教育的意义

美国著名未来学家奈斯比特在20世纪《大趋势》中曾预言，21世纪成功的美国人必须掌握3种语言：英语、西班牙语和电脑语。其中西班牙语是美国的第一外语。同样，作为国际性语言，作为我国第一外语的英语在21世纪也是合格的中国人的必备语言。

目前高职英语教育从未如此重要。首先，由于国际社会经济、文化的空前一体化，国际人才市场技术性人才的需求和竞争，达到前所未有的白热化，业务管理和技术应用岗位所需的人才成为全球化竞争的主要对象。据美国《焦点》杂志，2000年全世界有7500万人就职于外资公司，其中，至少有2500万人为美国境外的美国公司工作，其中近50%来自发展中国家。随着我国对外开放程度越来越大，作为工作语言的英语，就成为在外资公司就业发展的先决条件。随着我国对外开放程度的日益加大（世界走向中国）以及我国加入WTO（中国走向世界），越来越多的外资公司和组织进入中国，中资企业和组织走出国门将成为不可逆转的潮流。中国境内的中资企业和组织，也将越来越频繁地与外资企业和组织发生越来越深入、全面的接触及合作。对外交流的机会大大增加，作为国际第一语言的英语便显得尤为重要。据Gartner分析，中国在软件方面落后于印度是因为国内的总体水平仍然不高，大部分美国公司没把服务放在中国是因为在语言沟通上存在障碍。但随着英文流利程度的提升，这一情况正在发生变化。桂诗春在20世纪90年代中期曾预言："互联网将和英语一起成为我们的生活的必需！"

其次，高职教育所培养的技术应用型人才，其工作岗位在生产、建设、管理、服务第一线，是将设计、规划变为产品或现实的桥梁，他们既不同于从事理论性、学科性研究的学术型人才，又有别于专事产品设计和规划的工程型人才，亦有别于专事具体操作和生产的技能型人才。与其他人才类型的工作的区别在于：其他人才类型的工作较为单纯，个体性较强，涉及层面单一，如工程型人才囿于书斋，只负责设计、规划；技能型人才负责具体实施；而作为理论与实践、设计与实施桥梁的"中间人"的技术型人才则必须涉及多个层次，起承上启下的作用。他们既要通晓和领会设计、策划意图，又要精通操作、实施技术，熟悉运作程序。正由于此，技术型人才的组织协调能力、语言沟通能力就显得比其他类型人才更为重要。这里所说的语言沟通能力，既包括母语，也包括英语，既含书面语言（用于书面信息、科技文献），亦包括口头语言，前者主要用于各种管理、技术信息的摄取以及书面沟通，后者主要用于工作现场与外国同事的面对面交流，既包括属于语言共核（Common core）的日常用语（Survival English），也包括专门用途英语（ESP）范围内的技术与专业语言，既包括规范的语言，又包括ESP意义上不同语境下的语言使用方式。

所以高职英语教育比其他高等教育类别中的英语教育来得更为重要，这从美国普渡大学两个专业的课程设计规划中可以得到印证。该校电气工程专业（Electrical Engineering）培养工程型人才，属工程教育；电气技术专业（Electrical Technology）培养电气操作技术人员，属技术教育。电气工程专业的英语和语言类课程只开了2学期，仅有6学分；而电气技术专业的英语和语言类课程要开5学期，15学分，开课总量和学分都是前者的2.5倍。可见技术类教育对语言能力的要求要远远高于工程类教育，尽管英语是美国人的国语，但它关乎人的语言沟通能力，对我们仍有不可忽视的参考价值。

具体而言，英语教育对于高等职业教育所培养的技术型人才来说有下述几方面的意义：

第一，融入时代主流，实现自我价值

当今社会已迈入信息社会、互联网社会时代，各种媒介、载体的信息传递绝大部分都是以英文为工具的。要想了解世界，跟上时代步伐，融入世界主流，避免"局外人"的窘境，就必须及时地了解世界范围内各种时政、科技、经济信息，尤其是与自己未来休戚相关的最新动态。当然，我们可以从中文媒介中得到相当部分的信息，但它的局限及时间差不可避免，而英文媒介会给予我们实时的、更多的、意想不到的收获，使我们能直接与世界对话，使我们真正与世界同步，在掌握信息、了解专业行情方面成为名副其实的国际人，从而在国际竞争尤为激烈的技术型人才市场上占得先机，顺利地实现自我价值。

第二，提高智性，完善思辨能力

"外语学习的结果不光是语言交际能力的提高，更可以是思维方式的拓展，价值观念的重组和人格结构的重塑（良好的外语教学有助于受教育者素质的提高）"。众所周知，人与动物的根本区别在于语言，人类掌握和使用语言。语言是思想的外壳，是思维的工具，是传承人类智慧和文化遗产的载体，更是学习和交流的手段。语言能力使人成为万物之灵的根本，是人的最重要的能力。显然，技术型人才通晓的语言越多，其能力便越强。

神经生理学和心理语言学的研究表明，人们学习和使用母语时，主要动用大脑的左半球，而学习外语时，则启动了大脑的右半球。科学研究还表明，大脑左右半球既有合作，又有分工。左半球以抽象思维、听觉和分析性思维为主，而右半球专事形象思维、视觉和综合性思维，所以，英语学习可帮助技术型人才使大脑两半球均衡协调发展，有效地提高自己的综合思维能力和形象思维能力。此外，英汉两种语言模式的差异，反映了两种思维模式的不同。学习英语的过程，实际上是认知和养成一种新的思维模式的过程。优秀的语言学习者，不仅建立了目的语的语言习惯，关键是他已经建立了目的语的思维模式。养成语言习惯易，而建立思维模式难。由于工作性质不同，技能型人才获取了英语的语言习惯便可，而技术型人才则最好构建英语的思维模式。所以，学习英语实际上是拓展学习者的思维方式，开发思辨能力，提高智性，提高技术型人才的综合素质，这也符合素质教育的要求。

第三，掌握交际工具，解决实际问题

显而易见，在不久的将来，英语会成为大多数技术型人才的工作语言，成为他们获取工作机会的前提，顺利完成本职工作的保证。如前所述，与其他人才类型相比，由于技术型人才的工作岗位性质（工作现场头绪多、变化快、突发事件频繁），他们使用英语的频率更高，与人交流的机会更多，交际效率的要求更高。

就英语使用而言，他们涉及的语域（Register）更宽泛（可能是管理语言，也可能是技术语言，也可能是商贸语言），使用的语式（Mode）更繁杂（既可能通过电子邮件，也可能打电话，而更多的是面对面地交谈），采取的交际策略也更具灵活性。

第四，提高跨文化交际能力

英语教育可以赋予技术型人才以智性和跨文化交际能力，况且交际不光是语言层面，还涉及文化因素。语言交际能力，尤其与非母语文化的人的语言交际，涉及到的不单是语言问题，习俗、宗教、价值观等其他因素不可避免地渗透其中。人们有可能在相互接触时由于文化不同而产生冲突，即使是优秀的语言学习者的交际能力，也可能因文化原因而受限制，他们对周围世界的理解也可能因此而产生障碍，因此，掌握一种语言并不仅限于学习语言本身，在语言学习中，目的语的文化知识不但是培养交际能力的重要方面，而且其本身也是教育的内容之一。所以我们的教学要兼顾语言的个体性、社会性，帮助学习者熟练掌握语言技巧，并且成为成功的跨文化交际的人才。

第三章 英语教师专业发展概述

第一节 英语教师专业发展历程

虽然教师专业发展的提出是当代新近发生的历史事件，然而对于教师素质及其工作标准的认识和期许却是自古即有。首先梳理教师职业的历史发展，初步勾勒在宏观层面上教师群体与国家、社会的互动形态。其次，具体阐释不同利益相关者对教师素质要求的历史变化情况，说明在微观层面各方对教育内在特性的不同诠释。据此，在一个兼顾外在社会因素和内在专业性因素的两维框架中呈现英语教学专业的独特性。

一、教师职业的形成与发展

经历了个别化教育之后，在普及强迫教育的过程中，教师逐渐发展成一个全职的职业，并系统地承担起传输知识、价值、意识形态的重要角色。20世纪60年代，为提高教师微薄的经济收入、改善其社会地位，始有教师专业化的动议。随着教育改革在全球范围内的兴起，教师专业发展在教改实施中的作用受到关注。进而，通过对"专业性"提出不同诉求，各利益群体从不同角度对教师专业发展加以界定和推行。

（一）个别化教育时代的教师

传统中国社会官师不分，自秦朝开始便"以吏为师"。然而，教官的品阶逐渐下降，至宋朝被称为"冷官"，不及知县。不仅如此，教师的经济收入随之减少。而这一系列变化跟教师的任用资格不断放宽不无关系。汉代的太学博士，常以儒学最优之士，必博阅经典，履行忠义，年四十以上。到唐代，要求教师在学识上，不仅通经，且能讲解分明，问十得九。在品行上，德行纯洁，仪型可为师表。而实际上，据《通典》记载当时一般的教师则已"多以寒门鄙儒为主"。到明代以后，成为教师的人多数是科举考试的失利者，至清代，捐纳即可成为教师，其实则只为捐官。可谓流品趋杂，师道荡然。

然而，在观念层面，"师"一直被奉为很高的地位，所谓"天、地、君、亲、师"并立。"师"之所以能够获得君王乃至所有人的尊重主要因为"师"承担着"传道"的功能，而"道"则是当权者用以维持统治的工具。从这个角度来说，对教师的重视并非基于教育自身目的的诉求，而是为了巩固统治的需要，其中最为核心的功能是为意识形态再生产服务。可见，在中央集权的国家中，尽管在观念层面教师被赋予崇高的地位，但在实然的层面，教师群体始终依附于官职体系，官卑俸薄，难以升迁。而且，由于不断放宽其任用资格，使一些不知教养之法的庸鄙之人加入。因而，不论是从国家统治的角度还是从社会认知的角度，教师群体的社会地位和声望都不高。

西方社会也经历了大致相同的发展过程，在古希腊时代，上层阶级（自由民）在其奴仆中选择老成知礼、孱弱不胜劳役的人陪伴孩童上学。中世纪开始，教师主要由神职人员兼任，直至19世纪初，欧洲各国的教员也都不是由受过专门训练的人充当，大多是教堂里的唱诗人、旅馆的掌柜、皮匠、泥水匠、木匠等。同样地，在观念层面上，教学也被看作天职（vocation），甚至与神职同类。教师也被看作传统价值的传承人，是高尚道德的模范。教师群体在形成之初，由于其重要的社会功能，受到国家和社会层面的重视，赋予其较高的文化地位。然而，在实际生活层面，教师的资质、经济收入、政治地位却相对较低。两相对照，形成了较为吊诡的矛盾处境。

（二）制度化教育体系下的教师

从近代开始，由于基础教育的普及以及各级各类学校的发展，教师数量得以增加，而且由于授业本身的变革，教师才成为一种职业。由于学校已成为"公共教育机构"，也就需要形成一定的标准与规范，从而催生了教师职业准入标准与执业规范的形成。同时，为了提高教学效率，对教学本身的研究也开始系统化，这也为教育学科进入高等教育机构奠定了基础，并进一步为培养符合标准的新一代教师提供了条件。这些都为教师专业化的提出准备了条件。1966年联合国教科文组织和国际劳工组织发布的《关于教师地位的建议》第一次明确提出了教师专业化主张。

然而，从社会环境的因素来看，教师专业化的过程也正是各国普及教育的过程，隶属于学校这一公共机构当中的教师所提供的服务带有明显的公共性。而作为一项公共事业，当教育越来越多地被认为关系到公民的素质乃至国家的命运时，提升教师的资格和素质要求、加强教师问责也就成为题中之义。同时，教师在课程实施领域中逐渐丧失了自主权。相比于个别化时代的教育，近代工业社会背景下的制度教育，则要求教师在标准的、系统的、公共经验的基础上工作。教师被认为只是一个传声筒，而其个人在理解和分享教学内容上的作用越来越小。作为国家机器的组成部分，教师的工作必须体现国家意志，并无自主创造可言。在我国，这一观念更为根深蒂固，教师对受教育者所产生的作用，在性质、方向、范围、水平等各个方面都集中地反映了一定社会的要求。教师的工作受社会各方力量的牵制，这一特点在20世纪80年代的全球教育改革中表现得淋漓尽致。"长期以来，教师既是大多数批评的靶子，又是改革的唯一希望"。因此，以"专业性"为名，各利益相关者对教师提出了各种要求。

二、社会建构的教师专业性

从教师职业形成的历史发展中，可以发现教师被认为理应对国家意志和社会期望的各种诉求严阵以待。更重要的是，这些社会期望可能转化为评核教师的标准，以此深刻地影响教师的工作。几乎所有改革都会打着提高教师专业性的旗号，要求他们发展自身的素质以助实现教育改革的目标。"教师专业性"表达了不同时代、不同社会群体对一个"专业的教师"所应当具有的特点和品质以及所应达到的标准的理解和期待。然而，来自于不同立场的要求往往不尽相同，甚至有可能相左。因而教师专业性的内容并非固定不变，而是由社会建构（socially constructed）而成，具有动态的特征。在具体的社会情境中，不同的持分者（stakeholders）以各种方式阐明自己的诉求，其中主要包括两个不同层面：一是学术研究者对教师专业性的应然状态所提出的规定性要求，可称之为"规定的专业性"（prescribed professionalism）；一是某些特殊的实权群体所提出的指令性要求，可称之为"指令性的专业性"（demanded professionalism）。接下来我们从纵向和横向两个维度针对"规定的专业性"做一说明。

（一）"教师专业性"理解的发展

一般来说，教师专业性的研究都会从三个方面对教师所需具有的素质加以讨论，即教学所需要的知识与技能、一定的道德责任以及专业自主权。从纵向维度来看，哈格里夫斯（A. Hargreaves）根据英美等国的情况，将对教师专业性的认识发展分为四个阶段。在前专业时期，教学偏重于管理，教学任务相对单一，根据经验和常识即可进行教学。20世纪60年代以后进入自主专业时期，教师的地位、工资、国家资助和自主权都有所提高，教师之间缺乏沟通。到了80年代中后期，进入同侪专业时期。学校教育在结构和体制方面发生了很大转变，而教师间的合作学习更加有助于解决教学中的实际问题，合作的教学文化逐渐兴起。进入21世纪，在经济全球化和教育市场化的冲击下，进入后现代专业性时期。教师除了要继续争取合理的专业地位，还要发挥教师之间、教师与家长和社群之间合作的功能，并聚焦于教学以抵制去专业化的趋势。对历史阶段的划分或许不那么精准，但也大致说明了对"教师专业性"界定的历史转合，大体与对教师职业形成历史发展的梳理相契合。

2. 教师专业性的类型

从横向来看，哈格里夫斯（A. Hargreaves）和古德森（I. F. Goodson）对既有的教师专业性的概念进行了概述，归纳并提出了五种专业性：古典型专业性（classical professionalism），指的是社会学立场上的专业性，强调专业发展就是力图为教师专业澄清知识基础，从而寻求一种"科学的确定性"。灵活型专业性（flexible professionalism），注重"共享的专业社群"和"合作的文化"的建立。实践型专业性（practical professionalism）对"知识"的界定更趋于个人化，强调"个人实践知识"和"反思性实践"。扩展型专业性（extended professionalism）指的则是要求教师突破个别教师的限制，发挥同侪间合作的功能。后现代专业性（postmodern professionalism）要求教师应关心教育活动中的道德与社会政治目的，认为教师专业性应当包含审慎地判断、积极地关心学生、合作的文化、持续学习等。对"规定的教师专业性"的不同诠释表达了研究者对"可欲的教师素质"的认识，也表现出教育发展内部对专业教师认识上的更新。虽然不断有"新的专业性"被提出，但其中也不乏共通之处。例如，重视实践的作用，承认教师个体的实践知识，主张以此为基础进行反思；认为教师个人有权力且有能力参与到课程开发、教育研究等活动中；强调教师之间、教师与其他利益相关者的合作等。基于这些共识，教师专业发展也逐渐拓展为不同的方向。

通过以上对教师职业形成与发展的梳理，以及对"什么是好教师"的历史和社会层面的分析，可以看出教师职业的特点。从社会结构因素看，教师作为群体主要受制于国家权力。教师代表的"道"自秦代以来就已臣服于统治者所代表的"势"，从而导致中国的教师阶层陷入"边缘化"的泥潭。而且，教师工作的内容和标准不可避免地受到国家意志的影响，作为公共服务人员的教师理当接受国家的问责。同时，随着全球教育改革的扩展，管理主义和表现主义等市场力量在教师工作中的话语权也日益增大，教师还需接受以家长为代表的市场一方的问责。因此，在宏观上，教师群体与国家及市场的权力格局决定了教师专业化的程度。另一方面，教育自身的发展以及有关教师工作内在特性理解的深入，使得从研究层面对"教师专业性"的界定不断更新，并影响着教师专业发展的内容与方式。

从最初认为教师只是教学内容的转录机,转变为承认教师个人在课程执行与开发中的作用,进而肯定教师的个体实践知识的价值,并在根本上确立教师个人在专业化和专业发展过程中的主体地位。可以说,教师专业发展就是对专业性的提升,因此,对专业性的界定也成为教师专业发展的根本动力。而这一过程则是于外在的社会结构因素与教学内在逻辑的张力中得以展开。

三、教师专业发展的深入:教育学的多元视角

教师专业性是教师专业发展的目的,而教师专业发展是实现某种教师专业性的手段。以社会认可的专业为理想范型所开展的教师专业化,在理论和实践中遇到重重困难,进而研究者开始由内向外寻求地位、经济之提升转而向内强调教师专业性的发展;研究的重心由专业化这一社会学议题转为教师专业发展这一教育学议题;研究的落脚点也由探讨期望的专业性转为考察实际的专业性。在研究兴趣和方式总体调整的背景下,教师专业发展的理论和实践开始发掘教师实践知识的价值,尊重教师在自我成长和专业工作中的自主权,注重以实地为本(site-based)实施教师专业发展。

(一)教师专业发展的内涵转变

1.由专业化到专业发展的过渡

不论从理论研究、政策制定还是从实践发展的层面来看,使教学成为一个专业都先于教师专业发展而发生。然而,"专业"这个词在初期被认为强调权利多于责任。若一个职业要争取成为"专业",则被看作在争取提高地位和收入,改善工作条件。而对于教学这样一个一贯以奉献为特色的行业而言,追求自利的举动则更易招致反感。在这一背景下,加之对教学工作独特性的发掘,1974年霍伊尔(E. Hoyle)提出"专业主义"和"专业性"这两个概念,以区分在探讨教学与专业之间的关系问题时所对应的两种不同含义。"专业主义"(professionalism)用以表示为提高本职业的社会地位、收入和改善工作条件所采取的策略和手段。当要指称在教学过程中教师所运用的知识、技能以及程序时,则使用"专业性"(professionally)这一概念。后来,学者们逐渐倾向于采用"professionalism"来指称构成专业工作的根本要求和性质。然而,霍伊尔的这一区分恰恰契合了对教学专业之独特性的关注,研究的视角被拉回教学工作本身。

另一方面,1980年以"教师的专业发展"为主题的《世界教育年报》指出,教师专业化存在两个目标:其一,视教师为社会上职业层序乃至社会分层中的一个阶层,因此专业化的目标就在于争取专业的地位与权利以及力求集体向上流动。其二,教师亦是一个在教室内教导学生及提供教学服务的工作者,因此他们亦必

须以提高教学水平及扩展个人知识及技能为发展方向。为了与前者区分开，将以发展教师"专业能力"（professional competence）为目标的取向称为"专业发展"。至此，以教师专业发展为主题的研究日渐兴起。但显然，这一研究方向最初是在教师专业化的框架内衍生并得以展开，甚至可以说，教师专业发展是人们在促成教学为一专业的过程中批判地反思所得到的结果。

2.教师专业发展的界定

教师专业发展目前已经成为教育领域的焦点，诸如"教师成长"（teacher growth）、"教师学习"（teacher learning）、"教师发展"（teacher/staff development）等与其相近的概念也层出不穷。但是，在很多情况下人们是在宽泛的、模糊的、不严格的意义上使用它们。这主要是因为人们对教师专业性的理解和要求不同。因而，作为促进专业性发展的过程，教师专业发展也就呈现出不尽相同的聚焦点。概括来说，人们认为在教师专业发展过程中，教师独自或者和他人一起检视、更新和拓展教学的道德目的；在与儿童、年轻人和同事共同度过的教学生活的每一阶段中，教师批判地学习和发展优质的专业思想、计划和实践必需的知识、技能和情感、智能。而从形式上来看，教师专业发展不仅包括有意识组织计划的各种活动，而且还包含所有自然的学习经验。

这些活动和经验直接或者间接有益于个体、团体或学校，而其最终的目标就是提高课堂的教育质量，服务于学生的发展。但同时，教师个人在专业发展的过程中也能够满足自身成长的需要，从而获得一定程度的幸福感。长期以来，人们强调的始终是教师对于社会的工具价值，完全忽视甚至抹杀了教师自身的需要，而教师专业发展则有助于唤起教师职业的内在尊严与欢乐。也只有在此基础上，不仅教师个人的专业身份认同随之增强，教师群体的专业水平更加被社会所肯定，因而其社会地位和声望也会相应提高。也就是说，教师专业发展并不排除最终以提升教师的社会地位、提高教师职业群体对经济资源和政治权力的获得为结果，两者的发展可谓相得益彰。

（二）教师专业发展实践的深入

对专业发展内容的理解在一定程度上决定了其所采取的形式，由此，在"教师专业发展"内涵相对概括的界定之下，其实践探索却呈现出更为活泼、更为丰富的多重样貌，共同为提高教育质量发挥作用。

1.不足取向的否定

古斯基（T. R. Guskey）指出，长期以来，人们将教师的专业发展建立在培训的范式（training paradigm）上。其背后的假设是，教师的知识与技能是不足的，因此政策制定者所提供的教师专业发展课程也是建立在这种"不足-培训-掌握"

模式的基础之上（deficit training mastery model）。这种模式主要是对教师知识的"过时"或实践中的"无效"予以改进，预设教师在知识、技能和素质上的不足，并用行政指令和官僚体系制约教师专业发展以及教师教育的方向。然而，实践证明"不足模式"的培训课程往往是失败的，更无法适合教育改革持续发展的需要。进入知识经济时代，教育对知识再生产和传播的作用愈加重要，而其内部所要面对的核心议题也更为复杂和多元。在教育目标上，表现为由过去单纯的"知识本位"和"学科本位"转变为"能力本位"，重视探究、创新能力的培养。在方式上，表现为由单靠国家和教育行政来发动，转变为由教育系统内部各部分之间以及教育系统和社会其他部门之间的合作。亦更根本地在对价值基础的理解上体现为"人的价值"受到关注，不仅是学生，教师生命的价值日益得到尊重。基于对过去教育变革和教师专业发展"不成功"的反思，新近的研究不再把教师看作被动的需要被改变的对象，而肯定教师是一个主动的学习者和反思的行动者，并把学校看作学习型组织，是进行教师专业发展的最佳场域。

2.教师专业发展的多元取向

对于纷繁复杂的教师专业发展理论与实践，国内学者归纳出三种取向，分别是理智取向、实践-反思取向和生态取向。理智取向（intellectual approach）强调"知识基础"对于教学专业的重要性，而这种知识主要是科学的知识，主张教师通过掌握这些知识提高专业性。而实践-反思取向（practical reflective approach）则对知识的理解有很大不同，它将教师的专业性基于个人的、实践的知识上，教师通过反思、自我理解实现专业发展。而生态取向（ecological approach）则更关注教师专业的社会、政治、经济、文化背景及其相关因素之间的关系。虽然在实践领域三者往往也相互补充，但新近的教师专业发展对于后两种取向更为青睐。这自然与对"教师专业性"理解上的重心转移不无关系，目前的研究更加强调教师专业发展的实践性、反思性和合作性。

首先，新的教师专业发展理念肯定教学实践对于教师成长的重要价值。既有的教师培训模式认为教师可以在教学实践之外获取现成的"真理式"的知识，并自然而然地应用于自己的实践当中，这种将"知识"与"实践"两分的做法受到了不少批评。事实上，教师若要掌握一种新的教学方法和策略，需要依赖于实践，"处方式/讲座式"的模式虽然能帮助教师增加对新的教育理念和教学方法的了解，但如何将这些间接认识内化为教师个人的直接认识，从而在教学实践中适切地加以运用，还需要经过理解、消化和摸索。已有经验研究的结果也表明，只有当问题是从真实的教学情境、教学实务中衍生出来的时候，理论与实践之间"摩擦而产生的火花"才会有效地发生。换言之，在讨论教师专业发展时，必须考虑教学实践的特征和作用。让教师回到真实的教学环境中去学习，是帮助教师真正掌握有关教育理念和技巧最实际的方法。

其次，新的教师专业发展理念拓展了对教师专业知识的理解，重视教师行为的实践取向。正是因为教学是一种具有高度丰富性、复杂性和情境性的特殊实践活动，对于身处其中的教师而言，实践性知识才是他们真正信奉的知识，并在他们的教学活动中实际使用和表现出来。这一类知识超越了理论知识，是教师在具体情境的互动中建构出来的，凝聚于个人主观的知觉和经验当中，构成教师认知和实践的必要基础。有大量研究沿着舒尔曼（L. Shulman）提出的七类知识框架详尽地探讨专属于教师的专业知识的构成。研究者更为关心的问题是"教师实际知道什么"，而不是告诉教师应该知道什么。这不仅在一定程度上为教师专业化奠定了更为坚实的知识基础，而且也促使教师专业发展的概念由专业角色的客观要求，转换为关注专业自我的建构；由规约式智能的强调，发展到个人经验与价值的重视。

因此，教师专业发展不能仅仅理解为线性的知识、技能的积累，而是教师个人的整体性发展。这种发展不是依赖外在的技术性知识的灌输而被塑造的，而是一种自我理解的过程，即通过反思性实践变革自我、自主发展的过程。也就是说，教师实践知识的增长必须经由教师的反思方能实现。教师专业发展作为一种学习，被理解为一种学习者解决其内部矛盾的自我调控过程，它必须通过具体的经验、合作的对话以及个人的反思而达成。这种已被各方所熟悉的建构主义学习观目前也较为广泛地运用于教师专业发展领域。以此观点探讨教师发展的问题，焦点集中于如何培养教师成为一名反思实践者，让他们通过行动中的反思改善其教学实践。

更进一步说，以合作的方式开展教师专业发展活动也成为主要的策略。这是因为，教师希望获得能够帮助他们优化课堂教学的持续的专业发展，而伙伴同侪合作则是获得这类支持的重要途径。作为教学实践情境中的重要构成部分，情境中的人也是教师获得专业发展的丰富资源，也正是在与情境的互动中，教师的反思才得以促动和维持。这种合作除了学校内部教师之间、教师与学校行政之间，还包括学校与大学、政府、教育团体等多方建立和发展伙伴合作关系（partnership），后者也往往能够发挥支持教师学习和反思的促导者的角色。其实，合作式的教师专业发展原本就是我国学校实践的传统，诸如教学观摩、集体备课等活动也都受到研究者的重新考察。以此为基础，建立一种具有支持性的组织文化，形成合作的持续发展氛围也受到关注。正如有学者指出，"教师专业发展思想的一个重要转向就是将关注的重心从'个人化的努力'转向'学习者的共同体'，在共同体中，教师通过参与合作性的实践来滋养自己的教学知识和实践智慧"。综上，教师专业发展不仅受教师个体特征的影响，学校的支持条件也发挥了莫大的作用。

教师不可能脱离学校场域在真空中进行专业成长，教师专业发展是个体教师与现实时空情境交互作用的结果。也因此，教师专业发展活动越来越多地以学校实地为基本场域来开展。

在更为根本的价值层面，教师专业发展观念的转变意味着对教师作为能动的学习者及其主体性的认可，以及对教师专业自主权的尊重。现有的教师专业发展项目和研究更加重视教师在转变中的声音，教师专业生活的整体的、实然的生命存在样态。他们承认教师专业发展不是简单地由他人所塑造的，而是一个"自造"的过程，教师才是教师专业发展的主导者。这一改变的基本动因则是源自于对教师专业知识理解上的转换与拓展，教师自身丰富的实践知识得到发现。与此相应的是，教师专业发展的策源地也逐渐转移到教师实践中的学校与课堂，实现以一线教师和学校的教学实际及需要为本。研究者认为要改变教师在既有权力格局中的从属和服从地位，代之以基于共同发展的真诚的伙伴协作关系。也只有让教师获得自我控制、自我定义本专业特性的机会和权力，教师职业才有可能重新树立起自己的专业形象，提升专业性，从而在专业发展中形成健康的良性循环。

教育变革情境中的教师专业发展是一个持续、复杂的过程，它的发生需具备一定的条件，而新的共识认为应着力为教师准备好这些条件。所以，应强调回到教学实践、回到教师反思、回到伙伴合作，并通过形成专业学习的文化确保专业发展的持续。新的教师专业发展的概念，呼唤各类伙伴合作模式的加入，以期建立专业学习的社群（learning comoiunity），着重教师学习的长期性、持续性和合作性。更重要的是，教师在新的教师专业发展的概念中扮演了更为自主的角色。这一系列发展不能不说得益于对专业性理解的深入和丰富，由对教师知识、技能、态度较为宽泛的界定深入到对其独特性的发掘，随之而来的是教师专业发展活动的针对性、丰富性及有效性的相应提高。

当我们今天理解什么是教师专业发展以及如何进行教师专业发展的时候，不得不面对历史文化的思想积淀和社会结构的整体框架。也只有如此，我们才能真正理解当下及未来的教师专业发展"应该如何"以及"何以如此"。教师专业发展议题产生之初，特质模式将专业性落脚于专业知识及服务的理想，而权力模式则认为控制权才是专业性的根本，而历史发展模式则是将这两种理论视角放到具体历史社会情境中加以考察。虽然以特质模式和权力模式为框架的专业化之路看似行不通，但对于专业知识和控制权的讨论，并以此作为专业性基础的观点，却在之后关于教师专业发展的讨论中以隐含的方式保留了下来。对于何为"专业知识"、何为"专业自主权"以及"如何提升专业知识与权力"等问题的多元化和精细化的具体阐释，赋予了教师专业发展实践强大而持续的生命力。

第二节 英语教师专业发展要素分析

一、英语教师的专业理念

教师的教育教学行为是一种基于理念的行为，受每一位教师的教育教学价值观支配。教师专业理念的发展是指教师在职业生涯中不断适应教育的需要，更新教育观念，树立正确的人才观、课程观、学生观、教师观。调查显示，许多英语教师对"教师是一种专门职业"没有深刻的理解，还不能树立终身教师专业发展理念；有些教师对自己所处的专业发展阶段还很模糊，不能依此制定自身发展的短期和长期的目标，错误地认为教师专业发展是一个被动的、顺其自然的过程，缺乏爱岗敬业的精神，没有一颗对教育赤诚的心，没有崇高的职业道德，不能正确地自我定位，从而产生职业倦怠。还有些教师仅仅将教育事业看作谋生的职业，只注重教育的知识传承作用，只注重教师的"传道、授业、解惑"，唯上、唯书、唯教，缺乏主见和创新精神。课堂教学墨守成规，不敢越雷池一步，上课的注意中心都是知识，周而复始地重复着一项单调而乏味的工作，无法摆脱"教书匠"的角色。思想是行为的先导，滞后的理念导致教师缺少专业发展的主动性，教育教学观念陈旧、行为计划性缺失等。

二、英语教师的专业发展意识

从一定程度上说，每个英语教师的发展空间大致相同，但最后所能到达的职业生涯高度却存在差异，这主要取决于教师个体自我专业发展意识，即是否具有专业发展的自主性、自律性和自觉性。叶澜等人指出，正是教师的自我发展意识所扮演的对教师自身专业发展路线的调节、监控角色，才使得教师专业发展构成一个动态发展的循环，促使它朝着积极的方向不断发展。专业发展意识对英语教师自身心理和行为产生巨大的影响和制约，甚至决定其更替的行为风格和行为差异，对教师的发展起着极其重要的作用。教师专业发展意识越强烈，专业发展的程度也就越高。调查显示，英语教师自我专业发展意识淡薄，甚至有的教师没有自我发展意识和动机，个别教师存在"做一天和尚撞一天钟"的消极心态，这在很大程度上影响教师自身以及学生的发展和成长。对教师读书状况的调查显示，很多教师平时不读书，有些教师阅读的内容只与本学科教学、考试相关，为数不多的教师阅读教育经典著作。教师不容乐观的读书现状反映了自我发展意识不足，体现出教师发展面临一种非专业状态的可能。有些教师认为自己的专业发展由教育主管部门负责，将自我发展寄托在外部教师培训上，只是对外部要求的被动适应。专业发展意识的缺失阻碍了英语教师的快速成长。

三、英语教师的自我效能感

教师自我效能感（sense of self-efficacy）是指教师在进行某种教育教学活动之前对自己能够在什么水平上完成该活动所具有的信念、判断或主体自我把握与感受。社会学习理论创始人班杜拉（Albert BarKlura）认为，人们在有了相应的知识、技能和目标后，自我效能感就成为行为的决定因素。它影响人们选择追求的行动的进程、在特定意图中付出多大的努力、在面临障碍和失败时能坚持多长时间、从不幸中恢复的能力、思维方式是自我妨碍式的还是自我帮助式的、在应对高负荷的环节要求时体验到多大程度的应激和抑郁，以及所能实现的成功的水平。英语教师的自我效能感决定其自身行为、行为的坚持性、行为努力程度以及行为成就，在教师教育行为中发挥着关键作用。教师的自我效能感一经形成将具体影响教师的职业信念和态度、教育教学行为，甚至影响身心健康等，并进而制约其自身的发展、教师专业化的形成。研究表明，自我效能感高的英语教师对职业的认同和情感投入高，对自身工作态度积极，具有较强的自我期望与胜任感，倾向于为自己选择和设定富有挑战性的目标并为之努力，能够取得满意的工作效果和成绩。相反，自我效能感低的英语教师通常认为自己所从事的职业没有什么意义和价值，往往将教师职业纯粹地看作谋生的手段，被动地去适应教师职业的需要，在工作中缺乏主动性和创造性。自我效能感高的英语教师愿意在教育教学上付出更多的努力，积极主动地适应和改变环境，调控自我，始终相信自己有能力实现目标，寻找解决办法从而获得成功。而自我效能感低的英语教师倾向于把困难看得比实际严重，怀疑自己的能力，常常设想失败带来的后果，对困难的忍受力低、效能信念不坚定，通常知难而退。

班杜拉认为，个体自身的直接性经验、替代性经验、自身拥有的知识和技能、自尊水平、自信心、意志力、情绪及他人的期望与支持、言语劝说、环境等信息源都在传递着一定的效能信息，影响人的效能水平。基于此，结合教师专业发展和教师自我效能感的内涵分析，影响大学英语教师专业发展的因素主要分为内外两方面。

（一）外在因素

影响大学英语教师专业发展的外在因素主要是社会、学校层面对大学英语的重视程度，同行专业发展现状和大学英语教师专业成长环境等。具体表现在以下四个方面：

1.大学英语课程的地位

《大学英语课程教学要求》明确指出，大学英语课程是大学生的一门必修基础课程。这无疑强调了该课程在人才培养中的重要性，但目前在相当一部分高校，依然将非英语专业学生的大学英语学习定位于通过四、六级考试，忽略语言应用能力的培养和文化知识的普及，并且在大学英语四、六级通过后，就彻底不重视英语。其实，大学英语教学在整个高校教学中所处的地位的高低，会对教师对英语教育事业的价值判断产生重要影响，进而影响教师对英语教学的重视程度，并最终影响英语教师的一般教育效能感的高低。教师自我效能感则影响着处于教师专业结构的最高层次的教师教育信念的形成与变化。高校必须将大学英语课程放在极其重要的地位，重视英语教学尤其是非英语专业的后续课程教学，使英语教师强烈认识到自己的职业使命和职业责任，形成教师职业承诺，认同自己所从事的教师职业的专业价值与规范，并对教育职业产生积极的情感态度和行为倾向。

2.学校层面提供的专业发展空间

学校作为教师从事教育教学工作、实现专业成长的重要场所，在教师专业发展中不可避免地起着重要的作用。各高校的大学英语后续课程的开展对英语教师的跨学科知识、多种专业的背景知识提出了更大的挑战。学校给教师提供专业发展平台的重要性正如企业为员工提供进修的机会一样，教师专业发展依赖于学校提供的机会和环境。首先，学校针对课程需要，对本校英语教师组织相关进修培训，或对新招聘的教师进行培训，更新和完善教师专业知识和专业素养。其次，学校应注重校园环境的创设、校园文化的塑造，发挥学校文化这一隐性课程的重要价值，让身处其中的教师潜移默化地接受学校文化的熏陶，朝向学校所期待的方向发展。再次，合理运用奖励机制，激励、推动大学英语教师的专业发展。对优秀的教师、教学成果或科研成果突出的教师给予一定物质和精神奖励，有助于形成一种榜样效应，吸引更多教师自主进行学习、进修，这对大学英语教学质量的提高将产生重大积极影响。

3.周边同类人员的专业发展状况

由于替代强化对自我效能感的影响的存在，身边同类人员，尤其是与自己水平相当的人的专业发展状况，会增强或降低大学英语教师的自我效能感。目前，担任大学英语后续拓展课程的大学英语教师，绝大多数人一直都是只教授一、二年级的英语基础课，以四、六级为最终目标进行应试教学。现在要教授提升阶段注重英语综合应用能力的后续课程，大多数教师都很难胜任或者就按原来的应试教学来上课。他们就会产生这样的想法：大家都教不好，自己没必要努力提升自己。长此以往，就会对教师群体的专业发展产生不利的影响。倘若有教师带头进修学习，取得骄人的教学成绩，获得学校的物质奖励，产生积极的影响，随之就会有更多教师来效仿。

4.大学英语教师间的协作

校园人际关系的和谐，新、老教师之间的合作，能够共同提高自我效能感，进而推动教师的专业发展。与传统的大学英语相比较，大学英语后续拓展课程为促进学生个性化的学习和满足不同专业学生的发展需要，拓展了教学内容。除了原有的语音、语法、词汇、口语、翻译、写作等内容外，还涉及英美社会与文化、英语语言知识和技能在生活及相关行业领域的应用等多方面的内容。这就需要教师之间的合作、交流、协助，尤其是社会文化知识和相关行业领域知识。首先，英语教师之间应多交流。因为每个人对社会文化知识的积累都是有限的，相互交流学习，能更快拓宽所有教师的知识面。其次，对非英语专业的英语教学要有针对性地涉及专业英语知识的学习和应用，英语教师应该和其教授专业的其他专业课教师多进行交流沟通，了解该专业的知识重点和未来发展趋势，有针对性地给学生提供学习使用专业英语知识的机会。再次，大学英语教师还需与就业指导老师多沟通，以期帮助学生学习和掌握就业时所需的英语应用知识和能力。最后，新、老教师之间应相互帮助。新教师多向老教师请教咨询教育教学的相关问题，经验丰富的教师也应在教育教学等方面主动给青年教师以合理建议和有效帮助。

（二）内在因素

影响大学英语教师专业发展的内在因素主要是大学英语教师自身对职业的认同及基于此而形成的自我角色期望、发展需求及专业实践行为。教师的能动性、主动性和自主性都在教师的专业发展中发挥重要的作用。从教师自身出发，影响教师专业发展的因素主要有以下几点：

1.大学英语教师的专业认同度

职业认同是影响个体职业态度和行为的重要因素。教师不能仅将教师职业视作谋生的手段，而应该将其视为生活不可缺少的重要组成部分，让自己热爱这份职业。大学英语教师既然选择了英语教学和科研作为自己的职业，就应该认同英语、热爱英语，对大学英语教学的价值抱有积极的看法。这样教师的自我效能感就会得到提升，对教师的专业发展产生积极的影响。如果一名大学英语教师对英语专业都不看好或不认同，那么他的专业发展就缺少了最基本的根基。

2.大学英语教师的专业自主发展意识

教师的主动性和能动性是教师专业发展不可或缺的内在动力，这要求大学英语教师具备较强的专业自主发展意识。大学英语教师需积极追求专业知识、专业情感、专业能力等各方面的不断提升，积极面对教育教学中的变化与挑战，在实践中不断学习新的教育理念，探索、修正自己的教育教学行为，提高教学实效。尤其是大学英语后续课程开设和实施需要教师改变现有的让学生顺利通过四、六级考试的教学目标，转向新的教学追求。即提高不同层次和不同专业学生的英语语言水平和综合应用能力，充分发挥自己的积极性和能动性，通过各种途径进行自主学习、培训，促进自身的专业发展。

3.大学英语教师在从教过程中的直接经验

大学英语教师在教学过程中的直接的成功经验能够提高教师个人的自我效能感。比如在大学英语后续课程开展的过程中，教师若对某一非英语专业的教学取得成功，就能使其对其他非英语专业的教学充满信心，自我效能感得到很大的提升，进而促进教师专业发展。另外，教师获得成功的经验，其情绪和生理状态也会处于稳定状态，有利于教师专业发展。相反，多次失败的经历就会使教师自我效能感降低，对自己失去信心。在教育实践过程中，大学教师对自己教学成败的归因不同，对其专业发展所产生的影响也大不相同。若将成功或失败归于外因，则专业发展的内驱力就不足，若归于内因，则会从自身找原因，通过自己的主观能动性的发挥去改变、去提升。此外，大学英语教师宜对自己的专业发展有所规划，在实践过程中取得了相应进步时可给自己一个小小的奖励，进行合理的自我强化，推动自己不断努力、提升自己的专业素养。

四、英语教师的反思能力

20世纪80年代，世界各国在研究、探索教师教育改革过程中，教学反思理念蓬勃兴起。作为教师专业发展的中心问题，反思这一概念逐步成为教育改革和教师发展的主题词之一，它被认为是教师自我发展的重要途径而备受关注，对于西方教育的整体发展产生了深远的影响。

反思一词早期是一个哲学概念。国外较早研究反思的有英国哲学家、教育思想家洛克和荷兰哲学家斯宾诺莎。洛克的观点认为，反思是对自身心灵状态的知觉或者是对心灵运作即思维活动的注意，是以思维活动的过程为思维的对象，是对思维的思维。斯宾诺莎则提出，反思是认识真理的比较高级的方式。他把自己认识论的方法称为"反思的知识"，即"观念的认识"。观念本身是认识的结果，是理性认识的对象，对于作为认识结果的观念的再认识和对于这种再认识之所得观念的再认识，即是"反思"，是理智向着知识的推进。

黑格尔把反思看作一种反复思考的过程，一种思想的自我运动，一种把握事物内在本质的思维方式，是"对思想的思想，对认识的认识"。美国学者伯莱克从哲学和教育学的角度把"反思"理解为"立足于自我之外的批判地考察自己行动及情境的能力，使用这种能力的目的是为了促进努力思考以职业知识而不是以习惯、传统或冲动的简单作用为基础的令人信服的行动"。

对反思本义作进一步深入研究的是美国教育家杜威。他认为反思是对任何信念或假定的知识形式，根据支持它的基础和它趋于达到的进一步结论而进行的积极的、坚持不懈的和周密的考虑。在杜威看来，"序列"与"后果"两个术语是反思型思维的核心。反思型思维是一种根据支持的理由及其所导致的结果，对任何信念和实践进行积极的、持续的和仔细的考虑，并且认为思维只有在逻辑上是有序的并且包含对决策后果的考虑才能称得上是反思型的。它既回顾假定与信念以确定它们是建立在逻辑或证据上的，也展望某一特定行动进程的意义或后果。杜威认为反思型思维者对呈现在他们面前的任何思想观念都持批判的态度。他们权衡各种对立的主张从中寻求证据，以有助于他们解决疑问与困惑。在这个认识基础上，杜威把思维活动分为五步，被称为"思维五步法"：（1）感觉到的困难；（2）困难的所在和界定；（3）对不同解决办法的设想；（4）运用推理对设想的意义所做的发挥；（5）进一步的观察和试验，它引导到肯定或否定，即得出可信还是不可信的结论。Bailey等人则从不同的视角将反思分为五个层面：迅速反思，即当场自觉的反思；整理（认真思考即时反思）；反观（事件过去后的某个时间非正式的思考）；研究（持续一段时间的更为系统的思考）和重构（根据大众所接受的理论在较长一段时间内对某一现象的思考）。

在对反思内涵进行界定的基础上，杜威进一步探讨了反思在教学中的重要性。他认为教育的根本目的之一就在于帮助人们获得反思习惯，以便使他们能够从事理智行动；而教育就存在于形成清醒敏锐的、谨慎细致的和周到缜密的思维习惯之中。教师的教学需要反思，反思能够使教师以深思熟虑和带着目的的方式开展教学活动，他将"思维五步法"一直贯穿于教学思想中。与思维五步法相应，杜威提出的设计教学法也包括五个方面：（1）要安排真实的情景；（2）在情景中要有刺激思维的课题；（3）要有可利用的资料以做出解决疑难的假定；（4）要从活动去验证假定；（5）根据验证成败得出结论。对此，Schon则进一步指出，专业人员在实践中反思是其专业成长的重要途径。

20世纪90年代后期，我国学者在杜威等国外学者研究的基础上，开始探讨教师反思的内涵、反思的能力以及如何反思等问题。从字面上说，"教学反思"的两个基本要素为"教学"和"反思"，其主体是教师。对于一般教育工作者来说，"教学"就是指教的人指导学的人进行学习的活动，进一步说，指的是教和学相结合或相统一的活动。关于反思，有的认为反思就是用批判和审视的眼光，多角度地观察和分析、反省自己的思想、观念和行为，并做出理性的判断和选择的过程。有的则把它理解为对于任何信念或假设，按其所依据的基础和进一步推导出的结论所进行的主动、持久、周密的思考。

传统的教育制度把教师束缚在知识传递者的位置上，脱离科学研究、缺乏学术声誉，使教育学科的发展长期被迟缓、被窒息。知识经济时代的特点与需要，迫切要求教师由知识传递者转变为教育实践研究者。教师不是教育改革的对象和别人成果的消费者，而是教育改革的动力与主体，教师自己要在实践中进行研究，要探讨育人之规律、反思自身的教育实践，从而成为教育的研究者。张增田认为反思是教师"自我对话的基础和途径"，作为联系和加工信息的机制，反思生成和活化着师生、生生、生本对话的各种知识，并在这一过程中，使自我凸显出来并走向智慧。师生正是在这样持续的自我反思中悄无声息地建构着自我，使自我不断走向完善、走向深刻。刘捷认为，反思经验是教师专业化的研究基础，只有创造性的教师才能培养创造性的人才，创造的基础是不断的研究和反思。进行教学反思这一行动，反映了人类对教学实践合理性的不断追求，是现阶段培养优秀教师、学者型教师，加速教师专业化的有效形式。

张建伟研究认为：反思是教师以自己的教学活动过程为思考对象，对自己所做出的行为、决策以及由此产生的结果进行审视和分析的过程，是一种通过提高参与者的自我觉察水平来促进能力发展的途径。教学反思不仅仅是教师的一种认知行为，在认知过程中，伴随教师积极的情绪、情感体验，与教师的非认知因素有着密切的联系，教学反思既包括认知成分也包括非认知成分。

张立昌研究认为：教师反思是教师在教育教学实践中，以自我行为表现及其行为之依据的"异位"解析和修正，进而不断提高自身教育教学效能和素质的过程。其主要特征有实践性、针对性、反省性、时效性和过程性。但就教师的知识结构而言，教师反思的意义在于它着眼于获得和改善教师知识结构中的实践性知识，反对传统的教师培训模式只注重一般性知识的传授。而教师系统反思自身实践并从自身经验中学到的知识，就是"实践性知识"。这种实践性知识是教师所固有的实践性话语与思维方式的产物，构成了教师素质的核心。

宋明钧研究认为教师的反思的意义包含两个层面：第一是指向教师专业行为与活动的反思，即教师在教育教学实践中，通过回顾、论断、自我监控等方式，或给予肯定、支持与强化，或给予否定、思索与修正，从而不断提高其教学效能的过程；第二是指向教师专业成长过程。以教师的专业发展作为对象，引发教师对目前自我专业发展状况和发展水平的思考，促使教师更加明晰自己今后的专业发展方向。

综上所述，教学反思是指教师在教学实践中，批判地考察自我的主体行为表现及其行为依据，通过观察、回顾、诊断、自我监控等方式，或给予肯定、支持与强化，或给予否定、思索与修正，将"教学"与"学习"结合起来，从而努力提升教学实践的合理性，提高教学效能的过程。简言之，教学反思是以探究和解决教学问题为基本点，以追求教学实践合理性为动力，不断提高教师素养和教育教学能的过程。

反思（reflection）是教师对自己在教育实践中的行为和产生的结果进行审视和分析的过程。大量研究表明，反思是教师专业成长中最核心的部分和最关键的过程。反思不仅能够带来教师教学技能、方法、风格和策略等表层的改变，而且能够带来价值、信念、情感和伦理道德等深层次的改变。美国著名心理学家波斯纳（Poser）在1989年提出了教师成长的公式：成长=经验+反思，并指出反思型教学可以端正教师对经验教学的看法。叶澜教授认为，一个教师写一辈子教案，不一定会成为名师；如果一个教师能写三年反思，就有可能成为名师。由此可见，教师通过对教学实践的不断追问、思考，能够发现自己的优势和不足，从而进一步改进和提高，促进自身专业成长。调查显示，半数以上的成长期英语教师和90%的成熟期英语教师认为教师的发展过程是自我反思和自我更新的过程，但实际上教师的自我反思能力普遍不高，只有50%左右的教师能够进行日常教学反思，并使之成为自己专业成长的一部分。反思意识、反思能力、反思习惯是成为优秀教师的关键因素。这就解释了为什么一些处于成熟期的教师在取得了一定的教学经验和成功后出现停滞不前现象。究其原因，是他们安于现状，不再对自己进行否定，疏于自我反思所致。舍恩（Donald Schcm）认为，反思是"专业人士"表现出来的一种普遍的素质。当前教师教育研究普遍认为，教师的专业化发展要求教师成为研究者，其最鲜明的特色就是注重教师自身的反思性发展。反思型教师强调教师对生活于其中的教学生活世界进行惯常性的反思。教学包括各种错综复杂的内容，以教学世界为反思对象的反思型教师无疑为教师的成长提供了最为理想的平台。

可见，在教师专业发展的影响因素中，教师的专业发展意识和自我效能感属于意向性因素，是导致教师"是否想要"实现专业发展的关键因素；而教师的专业理念和反思能力属于素质性因素，是教师"是否能够"实现专业发展的前提。教师专业发展是一个不断实施自我监控和自我超越的过程，是内在职业心态的转变、专业视野的拓展、教育能力的提升。教师是教师专业发展的主体，教师个体自主发展是教师专业发展的内因，自主发展依靠教师自身努力来推动专业的持续发展，体现教师个体生命意义和教师职业人的生存价值。因此，自主发展是教师可持续发展的最理想发展样式。基于此，要做到如下几点。

1.建立自我专业认同。英语教师专业理念的培育要从建立自我专业认同着手。教师对自身职业的认识以及对本职业专业价值的认同是专业发展意识形成的前提，是教师专业理念的根本表现。英语教师要建立专业认同，就要在教育教学实践中通过不断的学习，发展和确认自己的教师角色，了解自身专业发展状态、发展需求，提升自身层次，与专业发展保持同步，愿意为这个职业奉献。

2.养成自我专业发展意识。叶澜指出，教师的自我专业发展意识按照时间的维度分为三个方面,即对自己过去专业发展过程的意识、对自己现在的专业发展状态、水平、所处阶段的意识以及对自己未来专业发展的规划意识。因此,英语教师在日常的英语教育教学中要自觉地对自己的专业发展负责,自觉地对过去、现在的状态进行反思,对未来的发展水平、发展方向与程度做出规划,并付诸实施,成为自身专业发展的主人。

3. 提高自我效能感。自我效能感是自我的一个方面,是个体对自己努力的一种主观感受,表现为面临某一活动任务时的胜任感、自信、自尊等,因此。英语教师要提高自己的自我效能感就必须树立自信心,遇到问题时要进行积极的自我暗示和正面的失败归因。比如,在教育教学中遇到困难和挫折时,要鼓励自己战胜它;在遇到不公平的待遇时,要暗示自己一切会好起来;在面对教育教学失败时,要冷静、理性地分析原因,既要看到客观事实,也要分析自身的不足,并暗示自己只要坚持不放弃,一定会取得成功。只有这样,才能提高自己的自我效能感。

4. 培养反思习惯。英语教师要进行反思,要把反思当成一种自觉行为、一种习惯。教育实践是一个复杂、动态的过程,为保证教育教学活动高质高效地进行,英语教师要主动对教育实践过程进行构建、回顾和审视,提高自我教育调控能力和应变能力。要有较强的问题意识和自我批判精神,及时反思自己的教育教学观念和行为是否适宜,时刻关注学生的学习和发展状态,关注所使用的教育方法和手段,善于捕捉教育教学中的灵感,及时调整教育策略的选择,顺应学生发展的需要,以取得最佳的教育教学效果。

没有教师对自我专业发展过程的反思,就难以实现教师的自我发展。美国心理学家G. J. Posner提出了教师成长的一个简捷的公式:经验+反思=成长。他指出:没有反思的经验,是狭隘的经验,至多只能形成肤浅的知识。如果教师仅仅满足于获得经验而不对经验进行深入的思考,那么他的专业发展将大受限制。反思对教师改进自己的工作有独特的作用,教师可以通过对自己教学经验的解释,增进对教学现实的理解,提高自己的教学水平,培养自己的职业能力。同时,在反思性教学中,可以提高教师的问题意识和教育研究能力,使教师能为其决策和行为辩护,独立解决教育教学实践中遇到的各种问题。

教师职业的专业化发展能力成为新时期教师更新更高的发展目标,而反思性教学成为实现这一目标的有效途径。反思性教学是教师从自己的教学经验中学习的过程,而真正把"反思"与"行动"结合起来,使"反思性实践"作为一个正式的术语应用于教育教学的是美国学者萧恩(Schon)。这一概念是指教师对于课堂事件的洞察与反思、以教师的"实践性知识"为基础而形成的教学。而"实践性知识"是教师系统反思自身实践并从自身经验中学到的知识,这种知识是教师所固有的实践性话语与思维方式的产物，构成了教师素质的核心。他认为，反思是指专业人员在工作过程中能够建构或重新建构遇到的问题，并对此问题做出进一步探究。反思性实践者要善于从工作环境所收集的材料中形成和提炼问题，因为"问题不会像礼物一样主动呈现给实践者，反思实践者必须从复杂、疑惑和不确定性的问题情景中建构出来"，然后再找出解释或解决问题的方法。他提出"行动中反思"和"行动后反思"两个观点。前者指个体有意识或潜意识地不断重新建构与他以往经验不符合的、未曾预料的问题情境，例如在教学时，教师经常会碰到出乎意料的反应和问题，总是要考虑这些反应以调整教学；后者是个体回顾性地思考已经发生的行为，其中包括对行动中反思的结果与过程的反思，是对行动的反思，这种"对行动的反思"既可发生在课前备课、对课堂教学的思考和教学设计上，也可发生在课后对课堂发生的一切的思考中。萧恩的这两个观点对后人的研究影响较大，特别是"反思性实践"的观点，有助于教师在教学过程中展开反省性思考，解决复杂情境中产生的复杂问题的具体实践，使得反思与实践的概念统一起来。

在上述研究的基础上，Wallace 提出了外语教师专业培养与发展的反思模式，此模式将教师的发展过程表示为一个教学实践与反思不断循环发展的过程，如图 3-1 所示：

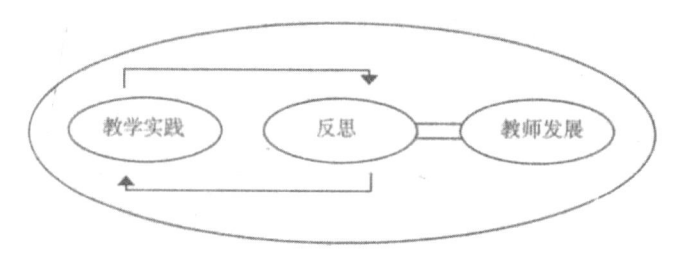

图 3-1　教师专业发展反思模式

在该模式中，外语教师所具备的理论知识（received knowledge）和经验知识（experiential knowledge）是其实践、反思的源泉和理论基础。通过实践与反思的不断循环，外语教师最终达到具备专业化素质的水平。简而言之，该模式说明教学实践和反思是教师发展的基础，而教师发展又是教师实践和反思的必然结果。

Wallace 的理论指出教师通过实践、反思、实践、反思这一反复循环的过程达到教师专业的发展，明确了教学反思、实践与教师发展的关系，突出了反思与实践在教师发展中的必要性、重要性和发展性。

第三节 英语教师专业发展实证研究

对于英语教师专业发展的实证研究，在此以"反思"性教学为例，探讨一下其问题所在。"反思"对于任何一门学科的教学都具有至关重要的作用，但是我国目前对于它的研究却甚少，这点尤其值得我们重视。

反思性教学与教师发展、常规教学是一种什么关系呢？

Richards把反思看成教师发展的一个关键要素，他认为自问和批判性思考能够帮助教师改变长期以来惯有的冲动式、凭直觉、按常规授课的方式，使之进入批判性反思的状态。Pennington把教师发展看成一个不断创新和适应环境的循环变化系统，这种变化系统有两个关键成分，即创新和批判性反思。她提出，教师通过反思，可以建立一个解决以前教学中出现的矛盾要素的教学框架。Zeichner和Liston认为反思性教学以教学过程为出发点，以不断反思、研究教学过程为手段，研究教学过程的合理性和正当性，旨在更有成效地完成教学任务。而常规教学行为主要受传统、外部权威和环境控制。

因此，反思性教学具有较强的研究性质，要求教师在教学中借助行动研究解决自身、教学目的和教学手段等方面出现的问题。如果说进行常规教学的教师只关心怎样完成任务，那么进行反思性教学的教师不仅要问怎样（how），还要问原因（why），是追问式的教学。

布鲁克菲尔德把反思型教师的思维表述为"一个立场和舞蹈"，立场就是要不断地反思，舞蹈描述了教师反思思维不断跳跃的过程。当我们以一种知识体系和思维方式进行教学的时候，反思的力量又促使我们从另外一种知识体系和思维方式思考教学。反思型教师总是在这种思维波动中不断寻求更好的教学，其核心就是教师要以开放的思维对待教学。因此，反思型教师的思维永远是一种创造性思维。

Farrell探讨了定期讨论在哪些方面可以促进反思。这项研究以韩国的三位有经验的英语教师为对象，他们每周都通过例会来进行教学反思。研究的问题包括：（1）小组讨论中教师们的谈话内容；（2）反思的程度是描述性的还是批判性的；（3）随着时间流逝，反思是否会有进展。小组讨论会被录音并根据谈论的话题来编码，这些话题会作为判断批判性反思的标准。

研究表明：（1）教师们会讨论他们个人的教学理论及教学中遇到的问题；（2）在某种程度上，对于教学的态度，三位教师都是反思性的，尽管反思的程度不同；（3）反思对于英语教师的教学是非常重要的，教师发展小组可以为教师提供丰富的发展成为专业教育者的机会。

通过对实习教师在参加教学实习课的6周内所做的20篇课堂观察报告及20篇实习教学报告的调查，Liou描述了实习教师的反思实践。他分析了描述性和批判性的话题、类型，以及在40篇报告中所体现的反思实践的发展。结果表明，实习教师谈论的话题主要和教学中出现的问题、评价别的教师及自己的教学有关。与描述性的反思相比，他们本可以做更多的批判性的反思，但是在6周内的批判反思中没有表现出实质性的发展。因而他指出，反思训练及教师发展小组会议等干涉可能需要被包含在教师教育的课程中，以便能推动反思教学的发展。

理解教师的反思与行动需要对教师学习的内容、方式、目的及其学习与工作活动的结合情况做详细的了解。大量的证据证明教师反思的宽度与广度的重要性，而教师反思来源于多元化的概念基础。这些研究对于我们通过认识可捕捉到的教师学习过程中多样性的思想，来理解教师知识构建、教师学习及专业发展的内容、方式及目的大有裨益。

在了解研究成果的范围及局限性，并确认可以确切地阐明教师学习及发展的研究领域的标准方面，Mardos&Tillema做了批判性的评价。这个评价使用了一种分析性的框架结构把前人所做的研究进行了分类。通过集中分析研究问题的类型与数据收集手段接近性的效度标准，指出如果有更详细的标准来处理研究教师反思和行动方法中的内在局限性，这样的研究将更有意义。

Mervat对实习教师在行动研究中所表现出的反思做了初步研究。他制定了分析行动研究中实习教师的反思活动的量表。这份量表用于分析一百名实习教师的行动研究报告。研究发现，调查中超过50%的实习教师在行动研究的所有阶段的反思都处于低等或中低等的水平，这个结果引人警醒。中等或是中低等的反思水平指的是不去思考问题的原因或是仅仅思考某一问题的单纯的原因或结果。在这种程度下，实习教师毫无理由地决定调查一个单一的行动或多个行动，并不去描述这个活动或是举例证明怎么来实施计划，但还是会对给出原因或是仅给出单纯原因的行动表现出满意或是不满意。他/她或许会对行动表现出满意或是不满意，给出原因，得出结论，并且会为以后的行动提出建议，而不是走向更高阶段的反思，例如意识到行动中可能的局限性、对于关系到行动的社会、文化及道德问题的看法等。研究结果表明实习教师还没有意识到问题的多重原因以及为什么做这个行动而不是别的行动的动机。他们也没有意识到行动选择的结果。而且，他们似乎也缺乏作为实习教师应有的远见卓识。这些结果或许是因为训练不足导致的。他指出后续的实证研究可以在反思研究发展的基础上，调查进修课程的有效性，促进反思的活动及以反思为导向的评价体系。

Harford&Macruairc调查了课堂中使用同级录像为工具来促进实习教师的反思实践。研究中，20名来自不同学科的实习教师参与了爱尔兰的一所大学主办的教育项目的研究生学位班。鼓励来自同一所学校的实习教师参与结构化的录像分析的做法避免了外部观察者的影响,这种做法一方面可以促进传统上被认为是孤立的职业中的观察及批判性交流文化的形成,另一方面可以培养被认可的实习教师的想法及经历。以反思实践的理论为框架,这个研究的目的就在于促进开展如何能更好支持、鼓励反思实践的讨论。

Sowa调查了行动研究项目可以采用的方式,以使教授英语学习者的教师社会化,并帮助他们发展反思实践。通过针对英语学习者的行动研究项目以及反思记录为数据,研究探索了教师对于课程工作的影响因素、教学项目对他们的作用及他们对于教授英语的看法,结果表明教师更具反思性并且对于英语教学更加自信。总体而言,近年来国外外语教学改革大力倡导反思性教学,注重引导教师以其专业知识和教学经验为基本出发点,在教学实践中发现问题,通过思考、计划、实践和评价,寻求解决问题的办法,最终达到改进实践和自我发展的目的。

在反思性教学方面,我国学者熊川武进行了比较全面而深入的论述,认为反思性教学是教学主体借助行动研究,不断探究解决自身和教学目的,以及教学工具等方面的问题,将"学会教学与学会学习"结合起来,努力提升教学实践合理性,使自己成为学者型教师的过程。反思型教师就是能够在教学过程中对教学进行不断的反思,以实现教学不断走向教学工具合理性、教学目的的合理性和教学主体合理性的教师。据此,有学者认为,对教师而言,能否以"反思教学"的方式化解教学中发生的教学事件是判别教师专业化程度的标志。还有学者认为一个教师写一辈子教案不一定成为名师,如果写三年反思,就有可能成为名师;教师专业化发展要求教师成为研究者,其最鲜明的特征就是注重教师自身的反思性发展;使教师成长为一个优秀教师的,不是他的知识或方法,而是教师对学生、对自己、对他们的目的、意图和教学任务所持有的信念,是教师在教育实践中表现出来的教育机制和批判反思能力。

饶从满在探讨了反思型教师和教师教育的思想渊源和运动发展的背景和理论基础后,提出了三个重要观点:(1)反思型教师观至少蕴涵三方面的内容:教师是专业人员,教师是发展中的个体、教师是研究者。也就是说,反思型教师和教师教育活动是建立在这样的核心理念和基本理论基础上的:教学工作是一项专业性工作,而教师则是持续发展的个体,可以通过持续的学习和探究历程来提升其专业水准与专业表现。(2)反思型教师与教师教育符合我们培养创新人才的需要。21世纪的人才必须是具有创新精神和创新能力的人,而具有创新精神和创新能力人才的培养,又必须以具有创新精神和创新能力的教师和培养这种教师的教师教育的存在为其前提。(3)反思型教师和教师教育有助于解决长期以来困扰我们的教育研究与教育实践脱节的问题。

洪明认为，反思型教师能够对自己的实践及实践发生于其中的背景进行分析，能够对教学情境做出评估并对自己下一步的行动承担起责任，即不盲从未经批判的实践或原则。张务农通过研究认为，反思型教师是在教学中能够体现教学主体地位、持有积极的反思情感和态度，能够借助逻辑推理技能运用多种思维策略对课堂教学的各种情景进行不断的反思，以不断追求并实现教学合理性的教师。吴卫东、骆伯巍认为，教师反思能力是指教师在教学过程中，把自我和教学活动本身作为意识的对象，不断地对自我及教学进行积极、主动的计划、检查、评价、反馈、控制和调节的能力，体现为教学监控能力和自我监控能力两大能力因素。对教师而言，经验是培训活动无法超越的，而教师的反思能力可以通过各种干预性研究得以加强。因此，对教师反思能力的培养成为教师教育实践的核心问题。

随着外语教学改革和教学科研的深入，人们逐渐认识到教师的发展已经成为提高外语教学质量的关键，而教师发展的核心就是反思。这些研究从不同侧面证实了反思对教学实践的积极作用，肯定了反思是教师实现专业发展的核心要素的观点。研究也表明，教师发展的过程是自主学习和提高的过程，其含义在于教师行为的改变，而这种变化来自教师内心。从这一角度来说，文献研究表明教师的专业发展亦是一种自我反思的过程。

在过去的二十多年中，教师发展的概念、内涵不断丰富，研究内容和研究视角不断拓展，逐步形成了系统的理论体系。在教师发展的研究中，反思的作用至关重要。持反思型教师观的学者认为，成熟的教师应是反思型的教师，不仅要有有效的经验行为，还要有理性的思考，能解释、反思自己的教学实践；能以研究者的心态置身于教育情景，以研究者的眼光审视已有的教育理论和教育实际问题，对教育的理论和实践持一种辩证的观点并及时把思想变为行动。可见行动与反思紧密相关。一方面，反思要求借助行动解决教学过程中遇到的问题，提高教学效果；另一方面，行动需要不断的反思来指导实践，形成"反思–实践–提高–再反思–再提高"的良性循环。研究表明，良好的教师发展应基于教学反思，旨在促进和提高教学实践。

在目前我国大学英语教学改革的大背景下，了解普通高校大学英语教师的教学反思现状，提供交流和学习的平台，保证长期有效的培训措施，对于教师的专业发展和教学改革实践具有重要作用。

接下来再以河南省H大学英语教研部46名青年英语教师为调查对象，通过问卷调查等方法，在实证研究基础上，来分析一下高校青年英语教师专业发展现状。

（一）调查对象

研究调查对象为河南省H大学英语教研部46名青年英语教师，样本男女比例为1：5.57。详见表3-1。

表 3-1　样本情况一览

学校名称	学校类别	调查对象	问卷人数	男/女人数
河南省H大学	综合性大学	大学英语教研部全体青年英语教师	46	7/39

（二）研究问题

试图解决以下三个方面的问题：

1.河南省H大学英语教研部青年英语教师专业发展现状调查；

2.通过定量研究与定性研究相结合的方法，对问卷结果进行实证分析；

3.提出相应策略，促进高校青年英语教师专业发展。

（三）研究工具

研究工具是问卷调查。问卷由两部分组成，第一部分为受试对象的教师代号、性别、周课时量、教龄、职称、学历、毕业院校类型（调查问卷见表3-2）；第二部分为受试对象的教师专业发展调查，该部分包含教师专业发展的六项内容，并分成二十八个子项进行了详细阐释，1-10子项采取单项选择，11-28子项采取不定项选择，用打"√"的方式进行回答。（调查问卷见表3-3）。

表 3-2　青年英语教师基本情况

项目名称	子项名称	青年教师人数	所占比例%
性别	男	7	15.2
性别	女	39	84.8
周课时量	<10节	0	0.00
周课时量	10~19节	32	69.6
周课时量	>20节	14	30.4
教龄	1~5年	18	39.1
教龄	5~10年	16	34.8
教龄	>10年	12	26.1
职称	助教	6	13
职称	讲师	36	78.3
职称	副教授	4	8.7
学历	本科	1	2.2
学历	硕士	43	93.4
学历	博士	2	4.4
毕业院校类型	师范类	32	69.6
毕业院校类型	非师范类	14	30.4

（四）数据收集、分析及结果

调查问卷以河南省 H 大学英语教研部 46 名青年英语教师为调查对象（占全体英语教师的 54.1%），利用该教研部召开全体教师大会之后进行调查，事先已确定该部的青年英语教师人数及对象，采取现场发问卷，现场收问卷的方式。共发放调查问卷 46 份，收回有效问卷 46 份，试卷回收率 100%。数据分析用 SPSS For Windowsl2.0 进行，得出以下结果：

1. 从性别上看，高校青年女教师所占青年英语教师比例为 84.8%，数量占绝对优势。广大青年英语女教师相对男教师而言，面临更多困难，比如结婚、生子、养育孩子、照顾家庭等，这在很大程度上影响其专业发展，甚至导致无暇考虑。从人数上看，青年英语教师占全体英语教师的比例为 54.1%，是英语教学主体，承担了 65% 以上的本科生教学任务，周授课时数大都在 20 节左右，上课、备课、批改学生作业占用了大部分时间。

2. 从教龄上看，10 年以下教龄所占比例为 73.9%，尤其是在高等教育大众化之后，在校大学生人数激增，H 大学的青年英语教师承担了近 2 万名学生的大学英语视听说、读写译授课工作，不同程度教学经验的缺乏使青年英语教师在授课过程中产生很多疑虑、困惑。

3. 从职称和学历上看，中低职称所占比例为 91.7%，硕士学历所占比例为 93.4%，普遍存在晋升职称、进一步深造的需求，发展压力巨大；从毕业院校类型上看，虽然 69.6% 的教师是师范类毕业生，但普遍存在刚毕业就直接走上讲台、教学技能不足的问题。

综合分析河南省 H 大学青年英语教师基本情况可以看出，青年英语教师专业发展存在诸多制约因素，学校应对青年英语教师赋权增能，提供良好的外部环境促进广大高校青年英语教师专业发展。

表 3-3　青年英语教师专业发展情况调查

项目名称		子项名称	选择人数	所占比例%
教师专业发展	专业发展基本认知	1. 熟悉教师专业发展理论	5	13.2
		2. 了解教师专业发展理论	38	82.6
		3. 不了解	3	4.2
	专业发展满意度	4. 非常满意	2	4.3
		5. 满意	11	23.9
		6. 一般	30	65.3
		7. 不满意	3	6.5
	培训情况	8. 接受过系统培训	7	15.2

续表

项目名称		子项名称	选择人数	所占比例%
教师专业发展	培训情况	9. 接受过培训，但不全面	11	23.9
		10. 培训流于形式，基本没效果	28	60.9
	专业发展应备素养	11. 英语专业知识扎实	43	93.5
		12. 掌握教育学、心理学理论等有关知识	37	80.4
		13. 较强的科研能力	29	63
		14. 能熟练在课堂教学中运用信息	44	95.7
		15. 具备自身发展的强烈意识	45	97.8
		16. 能不断进行自我反思	32	69.6
		17. 关心学生发展，师生沟通良好	41	89.1
		18. 能够做到公平对待每个学生	38	82.6
		19. 具备良好的教学能力	39	84.8
	制约专业发展因素	20. 缺乏有效的专家指导	40	87
		21. 缺乏教师交流平台	43	93.5
		22. 培训、进修机会少	45	97.8
		23. 科研能力弱	38	82.6
		24. 生活压力大	45	97.8
		25. 授课任务繁重	37	80.4
		26. 学校和院领导关注度不够	35	76.1
		27. 考评及晋升制度不合理	45	97.8
		28. 教育背景单一	36	78.3

1.综合分析"专业发展基本认知""专业发展满意度""培训情况"这三项，共10个子项的结果我们可以看出，绝大多数的青年英语教师关注自身发展，把教师职业视为一个终身的职业，熟悉和了解"教师专业发展理论"的教师比例高达95.8%；但与此同时，对自身专业当前发展感觉"一般"和"不满意"的比例分别为65.3%和6.5%，满意的比例只有28.2%，此结果结合青年英语教师对学校安排的教师培训评价，可看出青年教师对于学校在其专业发展中发挥的作用不满意，认为"培训流于形式，基本没有效果"的比例达到60.9%。由此可见，青年英语教师在其专业发展中常感到缺乏方法。为此，学校有关主管部门应因势利导，采取"校本培训"等有效措施促进青年英语教师专业发展。

2.在"专业发展应备素养"一项中，共设计了9个子项，调查结果显示，第11、12子项内容涉及英语教师专业发展的核心知识，其选择比例为93.5%、

80.4%，表明青年英语教师具备强烈的责任感和使命感，有努力提升自我的强烈意愿，认为术业应有专攻；第14子项的选择比例为95.7%，表明青年英语教师意识到运用信息技术能力在教师专业发展中所起的重要作用；第15子项选择比例为97.8%，表明动机是激励人们幸行动的内部力量和动因，青年英语教师具备自身发展的强烈意识，应积极引导；杜威曾指出：教师进入反思时，应该是自觉地、积极地、心甘情愿地思考自己的行动，即使不会令人满意或非常劳累也会坚持不懈"，而第16子项选择比例为69.6%，说明了青年英语教师缺乏对反思重要性的认识和反思能力；第17、18子项的结果表明青年英语教师关注自身努力对学生发展的影响，而第19子项选择比例为84.8%，则说明青年英语教师充分意识到教学能力是影响教学质量和效果的关键，是促进专业发展的主要因素。

3.对比"制约专业发展因素"的各子项选择结果可进一步看出，"培训、进修机会少""生活压力大""考评及晋升制度不合理"的选择比例均达到97.8%，结果充分表明广大青年英语教师在当前的考评和职称晋升制度下，对其专业发展的强烈愿望和无奈。青年英语教师大多是来自于各高校英语专业的毕业生，基本功扎实，但"教育背景单一"直接导致高校青年英语教师"尽管具有渊博的专业知识，但是关于学习理论和教学理论、策略、方法的知识却十分有限"，这在一定程度上限制了青年教师有效开展英语教学活动；其他子项的选择结果表明青年英语教师在发展过程中渴望得到领导、同事、学生的认可。

第四章 高职英语教学与教师专业发展的协同作用

第一节 教育改革对高职英语教师的要求

作为发展中的专业人员，教师要经历一系列不同的专业发展阶段，其专业发展的内涵也是多层面、多领域的。这个过程需要教师教育提供持续的支持。换言之，教师教育不只限于职前培养，其外延应一直延伸到教师专业生涯的终结；要根据教师的不同专业发展阶段所面临的问题和需要，为教师专业发展提供全程支持。

一、教师教育"一体化"

2001年6月，国务院召开全国基础教育工作会议，发布《国务院关于基础教育改革与发展的决定》，正式以教师教育的概念取代"师范教育"。教师职前职后教育一体化问题开始受到重视。2003年，教育部在《2003-2007年教育振兴行动计划》中又一次明确提出并具体阐述了构建教师教育体系的任务，指出要"构建以师范大学和其他举办教师教育的高水平大学为先导，专科、本科、研究生三个层次协调发展，职前职后教育相互沟通，学历与非学历教育并举，促进教师专业发展和终身学习的现代教师教育体系"。这是对教师教育现状的客观反映和未来发展趋势的把握。之后，"教师教育"这一概念开始广泛使用。"教师教育"（而非"师范教育"）意味着将教师的职前培养、入职教育和在职培训连成一体，将教师教育过程视为一个可持续发展的终身教育过程，体现了教师教育连续性、一体化与可持续发展的特征。

过去认为只要针对师范院校在校学生进行一次性的教师职前培养，就能够满足整个教师职业所需要的专业知识和技能要求，这种观点当然是站不住脚的。教师职前培养只是为教师职业奠定必要的发展基础,从师范院校毕业并不意味着已经是一个合格称职的教师,还需要经过教育实践的磨炼与在职继续教育,教师才会趋于成熟。教师的专业发展贯穿于职前与职后的全过程。

事实上,对于教师个人的发展来说,教师专业发展是一个终身、连续的过程,职前培养与在职培训是不可分割的。和未来教师一样,在职教师也需要不断学习和进修。这就需要对教师的培养培训进行一体化设计,满足教师持续发展的需要。教师教育一体化包含两个方面的含义:一是纵向意义上的一体化,即打破教师教育职前培养、入职教育、在职培训的割裂局面,将整个教师教育的过程——职前培养、入职教育和在职培训视为教师终身教育体系中互相联系、全面沟通、连续统一的整体,建立一个内部各阶段相互衔接、相互支撑和补充的教师教育体系;二是横向意义上的一体化,即充分利用各种教育资源,建立学历教育与非学历教育、正规学校学习与教师自我导向学习等非正规学习相结合的教师教育体系。"一次性"的"师范教育"不能满足教师整个教学生涯的发展需要,必须强调教师的职前培养和在职培训的整合,以求教师在变化的教学实践中能够持续性地提高素质,这是当今教师教育改革的重要趋势。

二、指向教师专业发展的英语教师继续教育

根据学者们对教师专业发展的分析,教师专业发展是一个连续不断的过程,同时具有明显的阶段性。与职前教育阶段关注专业知识与技能的积累不同,当教师从大学学习环境转向实践、创新的大学教育环境,开始以一个正式教师身份参与到教育教学过程中时,发展的重心就是专业实践。此时,随着教育环境和自身角色的变化,教师的社会期待、他人期待以及自身期待会发生质的变化。特别是教师的专业实践使其开始不断以学者、师者以及朋友的身份进行职业探索,对教师职业产生新的认知,在关注自己的教学成长、关注自己在学生心目中的地位以及关注自身职业的生命意义中不断发展。

《学会生存》指出:现代社会,每个人都是一个"未完成的人",人永远不会变成一个成人,人的生存是一个无止境的完善过程和学习过程。教育是要使教育者和受教育者都变得日趋完善,教师不仅要"育人",还要"育己"。只有当教师不断完善自己时,才能更好地促进学生不断完善。教育改革和社会的发展已经使得教师的发展不再是一次性完成的,不是职前一次性系统培养就能够终身胜任得了的。"那种想在早年时期一劳永逸地获得一套终身有用的知识或技术的想法已经过时了……我们要学会生活,学会如何去学习,这样便可以终身吸收新的知识;要学会自由地和批判地思考;学会热爱世界并使世界更有人情味;学会在创造过程中并通过创造性工作促进发展。"教师的学习和发展延伸覆盖教师职业生涯和实

践，教师应当成为一个学习者，成为学习共同体的一员。教师通过不断地自主学习、自我监控、实践反思，实现自我更新与发展。为强调专业发展每一阶段的连续性和一致性，发达国家使用"继续的专业发展（continuing professional development）"来代替在职培训（inservice training）这一术语，强调职前培养和职后继续教育的连续性，认为职前培养、入职教育和在职培训这样的区分是人为地把教师专业发展的连续体割裂开了。

教师走上了工作岗位，就开始了新的学习和发展的旅程。因为，教师需要学习来更新教育理念；需要学习来补充新的知识；需要学习来提升教育技能等。这一方面要求教师不断学习、终身学习，另一方面要求教师继续教育为教师终身的专业发展提供支持。

我国教师继续教育主要有两大类：一是学历教育，与全日制高等师范院校的培养课程类同，一般采用脱产学习、函授、面授等形式学习；二是非学历教育，如短期集中讲座、校本培训、专题讲座、实地观摩等。当前继续教育的重心正在从学历教育转向非学历教育。尽管我国已建立了系统的教师培训制度，但继续教育的功能被窄化，培训模式单一，方法手段传统，不能满足教师专业发展的需要。教师继续教育正处在改革与完善中。继续教育是一个系统工程，指向教师专业发展的教师继续教育不仅需要观念、内容、方式、评价等方面的更新与改革，更需要教师教育机构和教师教育者自身的变革。

现在的世界是一个相融共存和谐发展的大社会，我国的国家地位也在世界上不断提升，但不能否认的是，我国目前正处于发展阶段，在教育方面与发达国家还有很大差距，别国的教育发展之路无疑给我们提供了大量丰厚的经验，我们可以借鉴其经验以便在教育发展途中少走弯路。

第二节　教学改革与高职英语教师专业发展关系解读

新课改要求英语教师具有较高的教师专业化水平、教师教育理论素养，不断更新教育理念和教学模式，运用更多的教学方法、手段和教育技术，以保证全面提高学生使用英语的综合能力，为将来把英语作为交际工具、实施英语教学打下坚实的基础。这对传统的职前英语教师教育所培养的未来教师提出了前所未有的挑战。要培养出合格的英语教师，全面改革传统的职前英语教育势在必行。

现在的大学生大都要求英语教师用英语和以英语为主组织课堂教学，语速适中或快速，实现英语课教学形式和教学内容的统一，并且要求英语教师的板书工整、美观。然而，我国的大多数英语教师很难成为学生喜欢的教师。究其原因，一是英语教师对英语实践性的教学不适应。他们在教学中习惯采用传统的语法翻译法（Grammar Translation Method）和直接法（Direct Method）。这两种方法相对而言操作起来比较容易。面对新课改所要求的实践性英语教学形式他们感觉束手无措。因为他们要对语言实践活动做精心组织、巧妙设计和具体指导，由于主观和客观方面的条件限制，课堂教学操作起来难度较大。不少英语教师对于新的教学思想、教学观念知之甚少，在使用教材时往往会"穿新鞋，走老路"，教学方法还是传统方法，很多教师用汉语来组织教学。更多英语教师感觉在教学中极难做到应试教育和素质教育两者兼顾。二是英语教师自身英语综合水平的退化问题。我国的英语教师除了英语教学外，很少有英语语言实践和交流的机会。在经历长时间的英语课堂教学之后，英语综合能力方面退化现象十分严重。在这样的情形下，要想在有限的时间、固定的教材等诸多因素的制约下完成英语教育，难度还是相当大的。三是大部分英语教师缺乏研究意识。认为自己的本职工作就是上好课，一些教师甚至认为大学英语公共课教学内容简单，不需要进行研究；一些教师缺乏科研理论知识，又没有专门的科研写作指导，即使在教学中遇到实际问题也无法进行及时研究。还有一些教师除了进行日常教学外，还要参加各种培训、进修，大多数英语教师长期超负荷工作，根本无暇顾及科研。所以，大多数英语教师在英语教学过程中教学理论非常贫乏。

我国英语教师所面临的问题与师范院校人才培养模式有着直接的关系，既包括理论上的偏差，又包括实践上的不足。高等师范教育与基础教育需求相脱节的问题越来越突出，已引起有关部门的高度重视，开始了具体改革方案的研究和探讨。问题产生的原因是多方面的，要改变现状，需要各方面努力。就高等院校来说，改革课程设置是一个十分关键的问题。

一、传统的职前英语教师教育课程存在的问题

在改革开放以前，基于长期的计划经济体制，我国传统的外语教育模式是按照苏联的教育模式（即主要目标是培养"精英"型的语言专门人才）形成的。在这样的大环境影响下，我国教师教育的目标也偏重于培养学科专家型的教师，课程体系呈现单一学科纵深发展型，没有体现出教学工作的专业特点。具体问题是：

（一）课程设计中教师教育课程体系的特色不突出

大部分课程仍然以语言技能为主，高年级阶段主要以英美文学、翻译为主，虽然有一些语言学或应用语言学课程，但是教师教育专业的特色不突出，教师教育专业化的程度不高。

（二）重语言能力轻素质培养

教师教学方法陈旧，以传授语言知识为重点，忽略创新素质培养。学生学得

较为死板、被动，缺乏分析问题和解决问题的能力。

（三）重课堂理论教学，轻课程及社会实践

由于受教学理念的影响及实践基地的限制，教师常常以课堂理论教学为主，很少让学生进行语言实践，即使有教学实习，也是流于一般形式。教师很少为学生创造接触社会的机会，理论与实践常常脱节，导致学生的语言应用能力、应变能力、实际操作能力低下，毕业后学生无法很快适应工作岗位的需要。

（四）学生的知识面较窄，学习方法陈旧

在高校学分制实行真正意义上的改革前，学生只能按教学计划规定进行选课，缺乏自主权。教学中仍然以教师为中心，学生仍是被动地吸收知识，未能充分发挥自己的主观能动性。同时，受教学内容陈旧、师资水平参差不齐等因素影响，学生的知识面不宽，无法满足用人单位的需求。

因此，传统的职前英语教师教育的课程体系和培养模式已经明显滞后于社会的需要。为了实现职前教育与在职发展一体化，使终身教育、持续性学习的理念贯穿教师认知和教师发展的全过程，我们必须审时度势，根据社会的发展主动调整培养目标，改革专业课程设置，培养具有创新思想和创新素质的英语教育人才。

二、职前英语教师教育课程设置改革

（一）课程设置思路

关于高校外国语学院英语专业（教育方向）的培养方案的设置，它的修订与完善是一个渐进的过程，这样才能与时俱进。这个过程也是所有课程参与者对教师专业知识构成、从教能力发展和专业能力可持续发展的认识不断深化的过程。早些年课程设置的修订大都主要集中在专业方向的定位上，是在语言学理论方向和语言教学方向之间的选择；但随着经济的快速发展、国际交流与合作的不断加强，重点集中在了如何根据国情和实际需求，设置具有专业特色的中国英语教师培养课程，进一步调整和处理好时间、教师知识结构、从教和科研能力发展之间的关系，强化对教师理论与实践能力的培养，关注教师专业能力的可持续发展。

依据《高等学校英语专业英语教学大纲》，英语专业人才培养目标为具有扎实的基本功、宽广的知识面、一定的相关专业知识、较强的能力和较高的素质。只有具备了比一般英语学习者更高的英语应用水平和更扎实的英语文学文化基础，英语专业的毕业生才能获得发展。

同时，人才培养的目标与规格要与市场需求相适应。平顶山学院外国语学院承担着为社会及周边地区培养和输送英语教学、科研和应用专门人才的人才培养任务。随着经济的发展，英语教育的普及，人们学英语的意识不断提高，但是目

前英语教师不管是专业水平还是数量都非常缺乏，所以对师范类英语专业人才的社会需求仍会保持继续增长。

因此平顶山学院是以英语语言文学学科为本，以地区人才市场的需求为导向，来确定人才培养方案，目的是输出理论与应用技能兼备的英语人才。

（二）课程设置内容

根据大学关于创新人才培养模式的要求，制定出注重提升人才培养质量的课程设置。课程设置由普通教育课程、专业教育课程、综合教育课程三大体系组成。其中专业教育课程中包含学科基础课、专业基础课、专业课、特色课以及学科前沿和综合性课程。

在学科（专业）基础课的设置上，继续原人才培养方案注重基础的原则，牢牢把握住英语语言文学专业的"本色"，夯实学生的基本功，增设了英语专业其他相关课程，力求夯实学生的语言基本功，为其将来从事教育工作奠定基础。

在专业基础必修课的设置上，保持文学、语言学的重量比，旨在培养学生语言意识，发展理性思维，促进学生语言基本功和人文素质的提高，增强学生对西方文学的了解。增加了选修课的选择数量，加强了文化课程的开设，提高学生对文化差异的敏感性、宽容性和处理文化差异的灵活性。培养学生跨文化交际能力，使学生更好地服务于教学，又为报考本专业的研究生奠定了坚实的基础，使学生对自己未来的发展有更多的选择及更大的主动性。

在专业课、特色课的设置上，加大了师范类课程的比例，使学生了解基本的英语教学法流派，熟悉英语教学大纲、教法、教学测试及评价、养成探究的习惯、掌握研究的基本方法并能将现代教育技术应用到英语教学中。从而培养学生的社会实践和工作能力，使专业学习同岗位需求很好地结合起来。

在集中实践教学方面的设置上，突出专业特色，理论联系实际，拓展自身知识，培养动手能力，早日熟悉就业市场。

我们根据大学及学院的办学思路、办学特色、人才培养定位和平顶山学院的办学基础、发展潜力及本专业的发展水平，遵循学科发展规律修订了新人才培养方案，从而形成具有专业竞争力的学科建设架构和人才培养模式以满足社会对本专业人才的客观需要。

由于改革对于"个性化"教学提出要求，以语言基础为教学内容的通用英语EGP（Englishfor General Purposes）教学份额会逐渐减少，而特殊用途英语ESP（English for Specific Purposes）教学和通识课程类英语教学份额会逐渐增多。ESP大致可以分为两类：学术英语EAP（English for Academic Purpose），为培养知识型研究型人才服务；以及职业英语EOP（English for Occupational Purpose），为培养实用型应用型人才服务。ESP体现了"个性化"教学思想，将成为我国高校大学英语教学向更高水平发展的方向之一。

王守仁指出，各校的大学英语课程设置应体现出基础性与选择性结合的特点。基础性指培养学生初步的交际能力，以语言能力为基础，是规定动作；而自选动作则是根据不同院系学生的需求，设计出个性化的课程群。这个课程体系在结构上应当做到必修课和选修课平衡，在培养能力方式上做到输入和输出平衡，在内容上做到语言与文化相平衡。一个结构合理、内容丰富的课程体系在为学生提供更科学更合理的人才培养方案的同时，也为大学英语教师搭建了专业发展的平台。

根据课程设置体系的发展方向，结合以学生为中心的教改新模式（尤其指多媒体辅助教学模式），使得发展英语教师的专业素质这一任务显得更为紧迫。教改背景下对英语教师专业素质的要求可以具体细化为：首先，具有过硬的英语语言基本功，听说读写译俱佳，口头表达能力强；其次，熟悉教育理论，了解学生的心理及二语习得的基本规律；同时，了解中西方文化，能将文化内涵渗透在英语教学中；再者，掌握现代教育技术，能使用多媒体等计算机辅助教学手段；最后，要不断更新教学理念，紧跟应用语言学理论的发展，同时拥有宽厚的专业知识及广博的相关学科知识，具有获得知识和运用知识的能力、开拓工作的适应能力、应变能力以及发展事业的创新能力。

此外，需要强调指出的是，大学英语教师在信息化教学中必须具备现代化信息素养：首先，技术技能，包括计算机的操作能力、重要软件的安装应用、查杀病毒，数字音响技术的操作能力，网络和视频点播技术的操作能力以及视频剪辑、字幕增减等能力。其次，设计、利用和评价教学资源的能力，其中包括认识信息的重要性及对资源分类、排序、整理的能力以及沟通传递信息的能力。再者，设计管理和评价教学过程的能力，教师可以通过建立个人主页、教学博客、师生QQ群、微信圈等网络平台，构建学生课外自主学习体系，并对学生的学习情况进行指导和管理。同时，利用技术手段为学生创建个性化学习空间，利用软件和网络进行学生信息管理和教学管理，分析和改进教学中出现的问题，组织和实施评价活动。教师需要不断更新观念，具备了解新知识和新技术的意识，树立用信息技术支持终身学习的意识。

除了教师本身的努力外，教学管理部门也需要对发展教师专业素质提供有利条件。

首先，针对不同年龄段和学历层次的教师进行重点各异的培训，尽快完善大学英语教师的学科知识和跨学科知识结构。创造条件为大学英语教师提供重新学习的机会，如考研考博、在职攻读研究生课程、国内外进修学习、现代教学技术和教学理念辅导培训班等。

其次，学校及院系领导创造必要条件，支持国内外学术研讨、学术交流和调研。院系制定全盘计划，减少教师课时负担，培养学术骨干，在教学和科研中带动全体教师，重点设计出一些水平较高的实验型课程，产生示范性效应，集体合作，共同攻关，促进教学水平的全面提高和教师专业素质的全面提升。

再者，培养并不断强化大学英语教师的科研意识和科研精神，需要领导坚持不懈的倡导，形成浓厚的学术氛围，奖惩分明，将科研与评优、提职、出国进修挂钩，形成良性循环和示范作用。制定一套科学完善的大学英语教师素质水平测评和激励机制，尽量挖掘内部潜力，从物质和精神两个层面上进行奖励，多教多酬，优教优酬，重奖优秀科研成果。

文秋芳老师指出，教师专业发展具有很强的情景性、动态性。教师理念的升华、情感的变化、态度的转变、能力的提高与瞬息万变的课堂息息相关。因此，要倡导建设研究者与一线教师的合作团队，鼓励教师在专业引领和同伴互助下，开展充满创意的个性化教学，引导教师逐步成为主动的行动研究者和知识建构者，从而使教师专业态度更开放、更合作、更有效，反思性更强，创新性更强，进而在不断提升教学效果的同时，体现以人为本的科学发展观。袁贵仁强调教育应当"注重学思结合，知行统一，因材施教"。实践证明，大学英语教学改革为教师发展提供了难得的机遇和平台，大学英语教师应首当其冲，重视自身的专业素质发展，积极开展行动研究、反思教学，认真进行教学设计，不断调整、优化课堂上的教学组织行为，以更好地适应社会改革环境，扩展自身发展空间和生存质量。

第三节　通过实践促进高职英语教师专业发展

一、关系教育学

通过实践来促进高校英语教师专业的发展，我们就不得不谈到霍克斯提出的"关系教育学"。在1994年出版的《教学越界：教育作为自由的实践》(Teaching to Transgress: Education as the Practice of Freedom) 一书中，贝尔·霍克斯（Bell Hooks）系统建构了"关系教育学"（engaged pedagogy）这一全新话语的教育理论体系。在短短数年中关系教育学已成为当今西方教育学界令人瞩目的思想与主张，它与近年涌现的批判教育理论、女性主义教育运动、解放教育实践等汇合成了一股巨大的后现代教育思潮。

"关系教育学"的倡导者霍克斯认为，传统课堂教学最大的弊端是对师生之间情感沟通、互动交往的忽视。以往在师生交往中，教师更多侧重的是知识的传递与接受，缺乏与学生的情感互动与交流，因而无论教师还是学生，均把教与学作为一种乏味、缺乏兴趣、毫无激情的活动过程。对此，霍克斯认为，必须建立一种"激进"的教育学，它所关注的不应是知识与技能，而是教师与学生之间的关系——真诚的情感互动。

霍克斯认为，关怀伦理是关于人性关怀的理论，它的核心动力来源是人面对他人时所产生的关怀情意，而这正是传统教学所忽视的。关怀之所以发生是在于人面对对象时，所保持的善意、开放、接纳的态度。这种善意开放而接纳的态度所产生的关怀实践，能够开放地通过与人真正了解和贴心的情感交流，让人真正地敞开和安心。霍克斯的关系教育学要彰显的正是教育者对被教育者的关怀实践，称它为女性特质是因为它过去存在于女性实践中，因而未受到重视，甚至是被忽视的。因此，关系教育学非常重视情感和关系，它具有三个主要特征：

重视情感甚于理性。关系教育学非常重视个体的情意，主张一切教育都要发动学生的情感，而不只是逻辑理性，这也是对西方传统伦理学男性范式的质疑。这种新的伦理范式，不只是以理性的思维去引导行为，而是要研究在理性思维背后，如何去发动学生内在的情感动力，使关怀他人化为实践的承诺，落实在行动中。

重视知识的动态历程，而非静态的知识提供。关系教育学重视的不是静态的知识，而是动态的如何去获取知识的过程。个体越能掌握动态的，如沟通、交往，获取的知识就可以越深刻。因此，知识是交往双方通过互动、沟通、协商而形成的共识，而不是由纯粹理性而产生的授受式的僵化的知识，"新的认识方式，不是一个人独自站在非个人的理性格言前，而是人类以不同方式，不同深度的联结，追求他们责任的分享，诠释可以接受的解决方式"。

合理的沟通情境建立在关怀的实践中。根据关系教育学的主张，泰尔·培肯（Thayer Bacon）提出应建构教育的"关系的认识论"。传统教育教学强调客观、理性、中立、主客分离，这显然是男性特质的思维方式。事实上，人不仅是理性的，也是偶然的、有限的、社会的存在，一定要依赖与他人的关系来帮助我们发现与探求知识。这也正是关系教育学所倡导的。

关系教育学也被译为"交融教育学"或"投入教育学"，它突出教师在教育教学过程中的投入（involvement），与学生的情感交融，师生之间的理解与对话。一些日本学者认为，engaged pedagogy 不仅仅是教师的投入，更为重要的是反映了师生之间"关怀"关系的建立。因此，我们按照这一解释译为关系教育学，也是对当前教育学界对"关系"的重视的一种呼应。

作为一名女性主义学者，贝尔·霍克斯非常强调经验分享、师生共同参与、投入到学习与发展中。她提出了比女性主义教育和批判教育学更为激进、更高要求的关系教育学，即要求教师的积极参与、投入，也被称为全身心的投入。在投入教学的过程中,教师必须更积极地投入自我实践、追求自身的幸福与快乐。霍克斯相信,唯有有能力自我实践、提升自身价值与幸福的教师,才有能力提升学生的权能(empower),她提出,"关系教育学不仅仅提升了学生的权能,而且也促进了教师权能的增长"。

英语教师的实践中无避免非要涉及师生对话,而关系教育学对对话精神的主张最早可追溯到德国的文化教育学派所宣扬的"批判——交往教学"主张。他们认为,在以知识灌输为主的教育观下,由于教育者居于无可置疑的独白者地位,受教育者则成为知识的"容器",因而造成了师生间交往互动关系被割裂、扭曲为主体与客体的关系。为此,他们提出"用对话式交往关系取代独白式是我们合理的选择"。

20世纪90年代以来,许多学者发现民主教育难以实现的最主要原因是,对话在教育中的缺席,这更引发了人们对对话精神的关注与重视。事实上,对话思想古已有之,苏格拉底主张"教育不是知者随便带动无知者,而是使师生共同寻求真理的过程",并认为师生共同寻求真理的方式即对话式教学。无独有偶,我国古代教育家孔子所说的"不愤不启,不悱不发,举一隅不发三隅反,则不复也","善待问者如撞钟,叩之以小者则小鸣,叩之以大者则大鸣,待其从容,然后尽其声"反映的也正是师生交往中的对话精神。当然,对话需要教师对学生的倾听,允许学生发表不同的意见与想法。

但遗憾的是,教师与学生的交往,由于种种主客观因素的制约,往往缺乏"对话"精神。研究发现,由教师发起的师生互动中26%是要求、指令或提醒,20%是约束纪律,而情感交流互动仅占2%。

我们可以通过转向心灵交往来提升教师对话精神。

真正的对话精神体现了师生情感互动的氛围。对话不仅是一种言谈活动——倾听与倾诉的教育方式,更是一种情感互动的教育氛围,即师生双方共同创造民主、平等、温馨、和谐、积极健康的交往氛围。对话不仅是师生双方言语上的你问我答、你讲我听,更是师生双方全身心投入,包括情感、经验、思想等多方面、多层次的知识性与精神性的相互交流。在对话中,师生双方都充分展示自己的才能,发挥自己的潜力,真诚参与,共同合作。在对话中,教师投入的不仅是知识与技能,更是自己的整个人生态度、精神思想与教育智慧。因而在对话中展开的是人的"灵魂"的教育,这正符合柏拉图所主张的,"教育非他,乃心灵转向"。

二、对见习、实习意义的新认识

教师教育中常常把涉及未来或在职教师接受教师教育期间到学校实地体验、参与,以获取实践经验的活动统称为实践性课程,包括实习、见习、校本研究

（如学生观察、现场教育调查）等。在进入高等院校以来，你是否到过学校开展见习或亲身执教？见习或实习经验对你的学习有无影响？国内外的研究表明，亲身体验对于未来教师的学习与发展是非常重要的。它能帮助我们把大学中学习的教育理论与实践结合起来，能够帮助我们了解真实的教育生活，更好地认识教师角色。这也就是教师教育中安排实践体验的目的。

为什么要去见习和实习？过去，人们的认识主要是三个方面；一是验证和检验未来教师所学的理论知识，并促进未来教师把理论应用于实践；二是通过实习在实践中学会使用教育技术、技巧，提高解决教育、教学问题的能力；三是提高未来教师对教师工作崇高性的认识，巩固专业思想。由于教育实习被看作是教师培养中"检验理论""巩固思想"的环节，因而被安排在教师培养过程的最后阶段（大四学年的上学期或下学期），时间也较短。这种做法的问题是，没有将未来教师的见习与实习看成是未来教师学习如何教学的重要过程。而且，由于见习和实习安排不连贯、不系统、指导不到位，往往很难达到预期的效果。

在教师专业发展的视野下，教育见习、实习被放在促进教师终身发展的天平上来衡量，教育见习、实习的价值和意义被重新认识。例如，现在人们开始认识到，教育见习和实习不仅仅是验证和应用理论知识的环节，通过教育见习和实习获得的经验对理论学习起到重要的促进作用；而且，从教师专业发展的知识基础来看，仅有理论知识也是不够的，在实践中真正支撑教师教育教学行为的"知识"，是一种融理论知识和教师的经验、体验、信念等为一体的、个人的、实践的、综合的知识——实践性知识。实践性知识的形成需要实践经验的获得，也需要理论知识的支撑。通过理论学习与实践体验的互动来积累和建构实践性知识，才是教师专业发展的实质。这意味着，教师教育要把教师实践性知识纳入视野，为教师实践性知识的生成和发展创设平台；意味着要为未来教师安排充足的实践体验的时间，并采取措施使他们获得有价值的实践经验。

新近对见习、实习的重新认识还与人们对教师工作特性的认识有关。近年来的研究业已证明，教师的工作不仅仅是把在大学里所获取的理论应用于学校实践，教师的专业能力主要体现为在复杂多变的教育情境中反思、选择、判断和解决问题的能力。教师的专业发展，无论是其职前培养时期，还是在职培训时期，都应当与日常生活联系在一起。

让我们对教师专业发展视野下见习与实习的意义做一个概括：过去是从"检验未来教师所学理论"的角度来看待教育实习，将之安排在教师培养过程的最后阶段。而在教师专业发展的视野下，教育见习与实习被看作是教师教育的教学过程，或者说是一种基本的教学策略。它对教师培养的质量起着基础性作用；过去是从"促进实习生把理论运用到教育实践中"的角度看待实习的价值，而当前还强调实习在未来教师选择理论或技能方面的价值；此外，教育见习与实习不仅仅具有促进学生掌握教育理论或技能的作用，还具有促进未来教师人格成长和角色意识形成的作用。当然，我们仍然要肯定过去的观点中所认为的从实践中学习等观点。因为从新的视角来看待，并不意味着过去的观点就是全盘错误的，而只是其视野还比较狭窄。

美国佛罗里达大学教育学教授库姆斯（A. W. Comhs）将实习的意义概括为以下几点：

为了引发需要。关于学习，我们已经获悉的最肯定的是，当人们有求知的需要时，他们学得最有成效。……实习不仅仅是练翅羽的阶段。它是发现问题之所在和发现本人需要知道什么的金矿藏。

实习受到重视还因为它使未来教师不断接触到教学实际，接触到教师与学生、教师与学科关系的实质。它提供了探索理论与实际间关系的媒介，提供了检验、尝试和修正个人观念和价值观的媒介。

实习受到重视还因为它向未来教师提供了探索和发现自己在教学角色中的自我的机会。它是学生开始意识到个人价值和义务，并决定"教学工作是否对我正合适"的阶段。

这三个方面大体涵盖了我们所说的教育见习和实习的新意义。

当前，在高等师范教育实习的实践探索中，实习的形式也呈现多样化趋势，除了采取传统的分组带队实习的形式外，还采取了如集中蹲点实习、全委托实习、半委托实习、顶岗实习、回原籍实习等形式。有的高等师范院校还将教育实习与社会调查、社会服务、科研课题相结合。但是，我国高师院校教育实习时间过短，且集中安排在教师教育结束阶段的做法，不能满足未来教师专业发展的需求。根据国内外实践与研究，以及我国教育实习的经验总结，可以看出，今后我国的教育见习和实习将沿着"全程实践"的方向迈进。

"全程实践"是指，教师教育中的实践性课程不是被当作一个孤立的教学环节，而是作为整个教师教育过程的有机组成部分；高等师范实践性课程在时间与空间上亦不是独立存在，而是穿插、渗透在教师教育的全过程。教师教育中的实践性课程将作为一个全方位、全过程、序列化的体系，通过各种各样的内容、形式与方法贯穿于未来教师整个学习过程的始终；见习与实习将采用分散与集中相结合的办法，改一次性的短时集中见习和实习为多层次、连续性的实践体验，做到全学程内不断线，形成序列。

第五章 高职英语教师专业发展之反思性教学

第一节 反思性教学的理论基础

教师教育者的反思被认为教师教育者职业发展的核心因素。正如考文德希德所指出的那样:"成功的有效率的教师教育者,倾向于主动地、创造性地反思。"因此,反思性教学在我国教育学术界开始越来越受到重视。在新的历史条件下,教师教育者开展反思性教学,立足于自我批判与自我观察,发现教学中的不足,改革自身教学的不良行为,通过科学的、系统的分析和研究教学中的问题,对教育品质与教学质量的提高,以及教师教育者的自我发展而言具有非常重要的现实意义。本节就对反思性教学的相关理论进行探讨与论述。

一、反思性教学的产生

反思的观点是由杜威(Deway)首先提出来的。20世纪初,反思性思维与反思性教学开始受到杜威的提倡。杜威在《我们怎样思维》中对反思性问题进行了集中的讨论。在他看来,"'反思'是一种特殊的思维形式,发生于某种直接经验情境中的疑问、窘迫,由此引起有目的的探究和问题解决。"他借助以往经验中所观察到的现象进行推理,同时这些推理要进行检验,然后作为将来推理的依据。因此,通过"反思",行动与知识结合起来。杜威意识到了教学问题情境是复杂的,充满变化,并没有普遍的行之有效的问题解决方法,所以他强调"教育即生活""在做中学""在经验中反思",并非是"为未来的生活做准备"。

萧恩深受杜威的影响,于1983年发表《反思性实践者》一书,对"反思性实践"和"反思性行动"进行了详细的分析与论述。在萧恩看来,反思性教学非常注重"在行动中"进行主动尝试,对问题加以思考、设计与策划,同时形成暂时性的行动策略。同时，他认为，反思性教学在行动中展开"理论与实践"的互动非常重要，其所形成的理论是"实践中的理论"或"行动中的理论"，并不在书本中寻找现成的答案，然后在实践进行运用。

根据上面的论述，反思性教学在杜威提倡反思性思维的基础上，又经过萧恩的努力而渐渐地受到人们的关注。20世纪80年代中期以后，整个人类文化开始了大规模地反思自己的历程，由此产生了"反思性文化潮流"。在"反思性文化潮流"的推动下，反思性教学这一教育策略开始成为教育研究领域关注的一个热点问题，并被广泛地用来作为教师教育者教育、课程开发、课堂教学改革的重要方式之一。

二、反思性教学的特点

目前，学者们对反思性教学的研究中所涉及的主要是教师，针对教师教育者这方面的研究相对较少，因而以下将以教师为主体展开论述。关于反思性教学的特点，下面主要通过波拉德的观点、李向东以及上海教育科研所对其的描述加以介绍。

（一）波拉德的观点

波拉德（Pollard）对反思性教学进行了讨论与研究，认为反思性教学具有如下几个特点：主动性与质疑性、动态性与循环性、实践性与实验性、调节性与职业性、合作性与有效性以及开放性。下面分别对这些特点进行介绍。

1. 主动性与质疑性

反思性教学积极关注教学目标，具有明显的主动性。同时，反思性教学也对实现目的的方式与方式是否有效进行关注。在反思性教学中，教学目标与目标的实现是教师首先需要关注的内容。此外，由于教学与社会联系紧密，并非独立进行的，因此教师还要带有批判性的眼光来审视教育政策、教育目标以及教育价值观，进行反思，提出质疑。

2. 动态性与循环性

反思性教学是一个动态的过程，它采用循环与螺旋上升的形式，教师对自己的教学进行不断的调节、评价、改进。在这一过程完成之后，教师需要"计划、准备、实施、收集数据、分析和进行评价、做出判断和决策，然后进一步调整计划，实施下个循环的反思与研究，不断推进质量的提高。"

3. 实践性与实验性

为了支持教学能力的发展，在反思性教学中，教师需要掌握进行课堂教学研究的方法。反思性教学要求教师具备实验能力、分析能力以及评价能力。

(1) 实验能力是能收集实验中的数据，能对教学现状与教学过程进行描述，能对原因与结果进行分析。其中，数据既包括诸如考试成绩、问卷调查等方面的客观数据，也包括诸如观点、情感等方面的主观数据。

(2) 评价能力是对数据进行解释的能力。要想使事实变得有意义和价值，必须对其进行解释与分析。

(3) 评价能力是判断研究的结果，从而使结果可被应用、被借鉴。

4.调节性与职业性

教师的职业判断能力是反思性教学建立的基础。教师的职业判断能力主要来自以下两个方面。

(1) 教师的反思。

(2) 教育学科研究的理论与实践。

每位教师都有自己的教学信念与实践性理论，这些信念与理念对教师的教学以及教学中的决策具有一定的影响，是教师进行职业判断的前提。通过反思性教学，这些信念与理念实现从隐性到显性的转换，接受实践的检验，使之初步上升为具有指导价值的教学理论。此外，教育科学的研究成果也是教师职业判断能力的来源，所以注重学习教育学科理论是反思的必不可少的基础。

5.合作性与有效性

通过与同事和研究者进行合作与对话，有利于反思性教学的顺利开展，有利于促进教师的专业化发展以及个人价值的实现。教师与同事、学习者、研究者、学习者共同合作，进行反思性研究，对教学、教师以及学习者的发展大有裨益。

6.开放性

在反思性教学中，教师需要有开放的态度、高度的责任性以及全身心的投入精神。

教师要虚心听取其他人的意见，敢于对自己的信念进行质疑，主动了解来自各种不同渠道的信息，为反思性教学的顺利开展做好准备。教师还要认真思考每一个行动步骤的结构是否符合社会道德与教育价值观，教学反思活动的展开应坚持对学习者、家长、社会负责的原则。除此之外，教师还需要具有全身心的投入精神，这是成为反思性教师必不可少的条件。

(二) 李向东的观点

我国学者李向东也对反思性教学的特点进行了分析与研究，他认为反思性教学的特点主要包括如下几点：实践性、针对性、反省性、时效性、过程性。

(1) 实践性。反思性教学的实践性是指反思是在教学中发生的，而且贯穿于教学过程的始终。实践是反思的起点、基础和归宿，反思的完成必须在实际的教学实践中进行操作。

（2）针对性。反思性教学的针对性是指教师的反思主要是针对自我现行的行为与依据的规定而进行分析。

（3）反省性。反思性教学的反省性是指教师对自己的实践方式与情境进行多层次、多视角的思考，可以体现教师的自觉意识与能力。

（4）时效性。反思性教学的时效性是指"对当下存在的非理性行为和观念的觉醒、纠偏矫正和完善，具有个人化、及时化、自动化的特点"，可以使教师成长周期变短。

（5）过程性。反思性教学的过程性是指反思是一个过程，这一过程主要由意识阶段、思考阶段以及修正阶段构成。

（三）上海教学科研所的描述

上海教育科研所对反思性教学特点的描述如下。

1.以教学问题为基本点，具有很强的创新性

这一特点主要体现为以下两个方面。

第一，反思性教学作为一项实践活动，是一种可重复试验的研究意义层面上的反思，并非经验型教师在教学结束之后对自己教学情况的简单回想。

第二，反思性教学将科学方式与人文方式统一起来，来对教学的决策、技术、伦理等教学主题与目的以及教学工具等问题进行处理，力求"更好地"完成教学任务。

2.以追求教师实践合理性为动力

在教学中，教师进行教学反思的目的是使教学得到改进，这其实是向更合理的教学实践努力。"当人们努力追求合理性，并确定观念与行动，以形成对现象的新的理解和欣赏时，就要激励教师进行反思性教学。"

3.强调两个"学会"，是全面发展教师的过程

这里的"两个学会"指的是"学会学习"与"学会教学"。

"学会学习"的意义越来越丰富，包括技术的意义、人格意义等。"学会教学"的含义与"学会学习"存在一些相似点，也就是要求教师将教学过程视为"学习教学"的过程，除了学习教学的技术之外，还应对教学伦理与道德知识进行学习，善于将自己的主体性与主体间的主体性很好地结合起来。

4.以增强教师的道德感为突破口

根据反思性教学理论家的观点，对于那些师资合格的学校而言，要想提高教学质量，不能忽视增强教师道德感的重要性，而不只是一味地提高教师的教学技能与能力。其中，提倡反思就是增强教师责任感与道德感的一种行之有效的途径。

三、反思性教学的内容

关于反思性教学应反思的内容，不同的人有不同的观点。下面就选取其中的几种加以介绍。

斯巴克斯·兰格认为，反思包含以下三种成分。

（1）认知成分，指教师在教学中如何对信息进行加工，如何做出决策。

（2）批判的成分，包括情感体验、价值观、信念、道德等成分，这是教师进行决策的基础。

（3）教师的陈述，即教师自己的声音，主要涉及教师提问的问题、教师在工作中的交谈与工作、教师对课堂教学进行的描述等，这有助于教师对自己的教学决策过程有一个清晰的了解。

根据理查德与洛克哈特（Richard&Lockhart）的观点，反思性语言教学的内容应包括如下几个方面。

（1）学习者对英语学习的认识，学习者的基本认知方法。

（2）教学决策的方式与过程。

（3）在教学中教师扮演的角色。

（4）课堂教学的组织方式。

（5）课堂教学中的互动。

（6）学习者所使用的语言。

（7）教师提问的技巧。

（8）对学习者成就评价原则与技术。

伯莱克认为，反思性教学的内容应该包括以下内容。

（1）将以理论性认识为基础的经验与实践相结合，对自己的教学与实现改革为目的的学校情景加以分析与探讨。

（2）对情景进行多角度的审视。

（3）将机动方案作为自己的行动指南，同时得出行动结果。

（4）对教学的社会与道德基础加以理解。

麦伦认为，反思要从如下三个层次展开。

（1）对课堂情景中各种技能与技术的有效性进行反思，该层次主要是对反思性教学主题目的的适应性的反思以及对教学策略使用的合理性的反思。

（2）对课堂教学实践基础的假说、特定的策略以及课程的结果的反思。

（3）对道德的、伦理的以及其他关于课堂的规范性标准的反思。

我国学者李长吉与张雅君认为，教学反思活动应包括如下几个方面的内容。

（1）对教学实践进行反思。

（2）对个人经验进行反思。

（3）对教学理论进行反思。

（4）对教学关系进行反思。

基于上述学者的观点，反思性教学的内容主要包括以下几个方面：对教学理念的反思、对教学技能的反思、对教学过程的反思、对教学效果的反思。下面逐一进行论述。

（一）对教学理念的反思

英语教师应该反思自己的教学理念，用先进的理论武装自己，根据多元社会的要求转变教育理念，从而从思想上为自己的角色转换排除障碍。对教学理念的反思主要包括对自身教育观、教学观、学习观、语言观、课程观和职业观、教师价值观以及道德观的反思。

通常而言，课堂教学的组织与安排主要涉及下面这些内容：对学习活动进行选择，为学习者学习新知识做好准备；将学习活动呈现出来，根据学习活动提问；对学习者的句型操练加以指导，检查学习者的理解程度；给学习者提供机会进行语言操练，对学习者的学习过程加以监控；对学习者的学习活动提供反馈等。

在教学过程中，如果想要了解教师对上述这些教学活动是如何进行处理的，就需要审视教师的教学理念。这主要是因为教师的一切教学活动都是受其自身的教学理念所支配的。教学理念的反思有助于教师理性地反思自己的教学实践，评价自己的教学实践的合理性与有效性。

（二）对教学技能的反思

反思性教学的内容还包括对教学技能的反思，具体应考虑如下一些内容。

（1）在课堂教学中，理解性问题、开放性问题以及高层次问题提问的数量以及学习者参与的人数和次数。

（2）对问题学习者的处理。

（3）对课堂上突发事件的处理。

（4）语言知识教学所采用的方法与技巧。

（5）教学活动设计的合理性。

（6）运用教学手段的技能。

（7）课堂教学的组织与管理。

（三）对教学过程的反思

对教学过程的反思也是反思性教学的一个重要内容。对教学过程的反思主要涉及对下面的内容进行审视。

（1）教学角色是否符合教学材料、教学目标和学习者需要。

(2) 教学活动设计是否合理。

(3) 教学活动实施是否与预期目标一致。

(4) 教学技术的使用是否对学习者学习语言以及发展能力有利。

(5) 教学目的、教学工具、教学方法、教学措施以及教学过程等是否实现了理念与实践的统一。

(6) 时间安排是否合理。

(7) 学习者参与课堂学习活动是否积极，学习者取得了怎样的学习效果。

上述反思具有较强的科学研究性质，可以使教师理性地回顾自己的课堂教学行为，从中发现问题以及不足，从而改善教学，提高教学效率。

（四）对教学效果的反思

反思性教学还要对教学效果进行反思。在教学活动结束之后，教师应对整个教学实践所得的教学成效做出价值评判，主要应从如下两个方面展开。

1.学习者角度的满足程度

就学习者角度的满足程度而言，其主要是考查教学目标是否达到了教学大纲中的要求，这些要求包括语言知识、语言技能、学习策略、情感态度和文化意识等。

2.教师角色的价值感受

就教师角色的价值感受而言，其主要是考查教师在确定价值取向、实施教学活动、进行价值判断过程中自己的教学活动对学习者的影响情况、对个人经验的提升情况、对教学理论和教学理念的促进情况。

四、反思性教学的过程

由于英语这门学科的特殊性，英语教师教育者的教育对象、教学环境、人才培养方式有着自身的独特性，这就要求反思性教学的实施也遵循一定的过程。著名学者赵明仁将反思性教学的基本过程归纳为如下四点。

（一）在行动中观察——发现问题

当教师教育者在教学或研究中遇到有趣的事情，或者麻烦和困惑时，大多会做出如下三种反应。

(1) 沉溺于想入非非之中。

(2) 直接逃避，对这些现象并不理会，或者选择做其他的事情以回避。

(3) 下定决心真诚地面对这些问题和现象。

这三种反应实际上都属于反思性思维。因此，反思性教学是基于问题产生的，其起点就在于发现教学中的问题，如果教学效果未达到预期，或者超出预期时，往往会让教师教育者困惑或惊奇,导致反思性思维的产生。

在教学过程中,英语教师教育者必然会遇到一些问题。例如,教学目标设计不能适应真实的教学环境;教学环境资源由于未体现在教学设计中,导致未被充分利用和开发;教师教育者已经具备的职业技术教育、英语语言知识在教学中未得到有效使用,不能解决教学中的问题;英语语言知识与其他专业知识的训练与讲授的比重并不平衡;教学中的理论与实践不对等问题。这些问题的出现必然会给英语教师教育者造成困扰,一旦形成这种情况,也就激发了教师教育者对教学的反思。

(二) 描述问题情境——明确问题

教学中出现的问题会引起教师教育者的困惑,让教师教育者的思维更加迷茫和混乱。这时,虽然教师教育者已经有了探究问题的方向,但是需要解决的问题并没有清晰化,因此需要教师教育者对这些问题进一步明确,只有这样才能展开相应的研究。

对问题明确的方法是对问题展开详细的描述,让自己的经验尽可能在眼前呈现,让真正的问题聚焦在一起,这实际上是通过教师教育者自己对教学情境的认识来明确问题的过程。

(三) 动用已有知识和经验——理解问题

善于反思的教师教育者往往在对问题明确之后,以这些问题为中心,对收集来的资料进行分析和解读,达到理解这些问题。英语教师教育者会在固有的知识中寻找与这些问题相似的知识和信息,根据自己的固有知识及具体的实践经验,对这些问题进行分析和对比,摸清楚问题产生的原因,并总结经验,审视自己教学策略与方法,形成新的教学方法,设计出更加完善的教学计划。

(四) 提出理论假设,验证假设——行动研究

当教师教育者理解了问题之后,形成了新的行动策略与理论,这时就应该付诸实践,即行动起来,建立理论假设,并对理论假设进行验证。通过教学实践的验证,如果所期望的结果出现,就会使得新理论得到验证,并不断加强。如果所期望的结果并未出现,就会造成教师教育者的疑惑,因此教师教育者需要进一步反思,开始新的行动研究。

就上述过程和程序来看,反思性教学是让教师教育者成为一名真正的研究者,反思的过程就是教师教育者展开行动研究的过程,也是教师教育者付诸实践的过程,这对于提升教师教育者的素质和能力,推动教师教育者的专业化发展而言大有裨益。

第二节 反思性教学与高职英语教师专业发展的关系

当前，英语教师教育者面临着较大的压力，如英语教学改革、英语热、学分制改革、双语教学、科技发展等，如果不能在专业领域提升自己的能力和水平，那么就很难赶得上时代的步伐，也很难快速在专业知识和技能层面取得进步，同时也会阻碍教师教育者加薪、职称晋升等现实问题，更严重的可能会关系到教师教育者的职业生存或淘汰。

从另一角度来看，教师教育者对自己工作是否满意会对他们的生活质量产生影响。对于一名刚走上工作岗位的年轻英语教师教育者而言，由于缺乏一定的工作经验，必然会承受巨大的压力，即便是老教师教育者，也会由于多年的殚精竭虑而感到厌倦、困惑、力不从心。这些不良的情绪如果日积月累，会对教师教育者的职业、家庭、身体等带来一定的问题。因此，教师教育者的专业化发展问题必须得到重视。

就目前我国的教师教育现状而言，反思性教学的应用对于教师教育者的专业化发展意义非凡。根据Wallace的反思模式可知，间接知识与实践经验属于并列状态，二者相互发生作用，这为教师教育者的反思与实践奠定了基础。反思能够让教师教育者对自己的教学方法、教学理念、教学策略、教学效果采用批判性的态度，即对传统的教学观念提出疑问，通过自己的实践检测来验证自己的教学方法和手段是否合理，是否实现了预期的目标。通过实践与反思的循环过程，英语教师教育者逐渐提升自己的专业能力。

可以看出，反思性教学对于英语教师教育者的专业化发展有着十分重要的意义，具体而言可以归结为如下两点。

一、反思性教学有助于提升英语教师教育者的教学技能

与其他学科不同，英语课是一门实践性很强的课程，其语言技能的获得需要经过学习者的个人实践。因此，英语教学的教学效果应该从学习者的学习效果出发，而学习效果在很大层面取决于学习者的主观能动性。但是，对这些年的英语教学进行反思可知，传统教学模式中的教师教育者占据着主体地位，学习者只是充当了知识的接收器和存储器。当代实行的自主学习、合作学习、探究学习方式，为学习者开拓了更为广阔的学习空间。这些学习方式自提出以来，便被广大教师教育者运用。从此，英语课堂上也成了讨论的课堂。但是，如何才能在教学中将学习者的学习热情激发出来，让学习者学会用中学、学中用呢？这一问题值得我们思考。教学本身是一个非常复杂的过程，就本质上而言，教师教育者不仅需要

感知教学情境，还需要反思自身的内部认知过程，只有这样才能完成教师教育者的教学计划、实践自己的教学活动、评述和分析自己的教学行为，并通过思考和探究周围看似平常的教学现象，对自己的教育实践进行反省，从而创造出更符合自己教学特色的教学方法体系。

经过多次的教学实践之后，英语教师教育者应该静下心来想想是否有明确的教学目标，是否能够从学习者的学习兴趣出发，结合学习者的心理特征，对自己的教学计划进行调整；是否习惯于展开教学反思，并通过写教学日志等总结自己的教学行为；是否对与工作相关的学术动向予以关注，并关注前沿性的教学行为，与时代发展接轨；是否能够对自己教学中存在的问题进行反思，并能够客观地进行调控和分析，找到改进自身教学的方法和策略。

二、反思性教学有助于提升英语教师教育者的科研水平

反思性教师教育者不再满足于仅仅充当知识的传递者，而是将自己视为一个富有见解、理性、具有决断能力的人。他们对于教学的发展动态非常关注，会不断搜集与教学相关的信息，并展开进一步的研究。从这点可以说明，如果将教师教育者的职业视为一种生命体的话，那么教学和研究就是这一生命体的两条腿，且缺一不可。

反思性教师教育者的思维模式打破了原有的思维定式，不断地对自己原有的教学计划、教学行为等进行分析和评价，思考产生在自己周围的情境，挖掘传统教学中的问题并加以改进，追求教学过程的合理性。习惯性思维是一种"内隐理论"，而反思性教师教育者能够对主导自己行为的行动理论、生活理论等这些"内隐理论"进行深层次反思，进而重新构建自己的生活世界、改进自己的教学实践。反思性教师教育者的思维也是一种非终极性思维，能够对时代背景、社会背景进行洞察，思考对教学活动产生影响的各种主客观因素，站在更深、更高的角度审视英语教学。

反思性教师教育者超越了传统的经验性教师教育者，因为反思性教师教育者更加关注自己在教学实践中的反思，旨在通过改变理论对实践的控制，实现理论与实践二者的结合。在反思性教学中，英语教师教育者可以通过解释自己的教学经验来增进对现实的理解，提升自己的教学水平和能力。反思性的英语教师教育者能够以开放的视角看待周围事物，接纳周围的新事物，并根据自己的理解来制定新的教学决策，积极地反思自己教学活动中究竟是否给学习者带来了重大影响，从而使自己的教学向着有利的方向发展。英语教师教育者的教学是一个动态的过程，一名优秀的英语教师教育者应该善于反思与突破，也正是在这样的反思和突破中，形成自己的教学风格和思想。

英语教师教育者应该是教育活动的反思者。反思活动告诉人们，必须确立英语教师教育者在教学研究中的地位，鼓励他们在实践中总结经验，不能盲目地顺从他人的思想，应该做到创新和适切。同时，反思活动还要求教师教育者经常写教学日志、听其他老师的课、看录像等，反思自己的课堂，发现课堂中的问题并及时解决，只有这样教师教育者才能不断提升自己的教学和科研水平。

三、反思性教学使教师教育者的自主性和创造性得到了发挥

反思性教学过程是教师教育者对教学中的各个环节进行审视、调整与完善，其使教师教育者通过教学实践让自己的专业更加成熟，他们的教学实践和经验得到了应有的关注，自我教学经验也成为教师教育者获取教学知识的来源。也就是说，反思性教学使教师教育者更加自主，也有助于教师教育者的教学创新。

四、反思性教学拓展了有关教师教育者专业化知识的境界

反思性教学使教师教育者不断获得教育研究者所提供的普遍适用的、客观的科学知识，并成为教学知识的生产者。反思性教师教育者使教师教育者的发展与问题研究相结合，使教学与研究融合为一体，在教学中不断发展自己的理论，成为理论的创造者。之所以教师教育者的专业化能够持续性发展，很大部分取决于教师教育者的反思。随着英语教学的改革，反思性教学成为教师教育者实现创新的一大途径，也开创了教师教育者专业化发展的新向度。

五、反思性教学给教师教育者提供了终身学习的动力

反思性教学是建立在岗位、学校、具体情境的基础上的侧重于问题解决的一种实践性教学新模式。反思性教学要求教师教育者在教育过程中形成自己的教学理论与专业认知，通过不断地进行反思，教师教育者对问题展开分析和研究，探究新的教学理论与方法，并将这些新的理论与方法付诸实践。

可见，反思性教学是为了保证教学实践的合理性而不断探索的活动，这就要求教师教育者必须不断地进行反思与实践，从而找到适合社会与自己教学的方式和手段，不断地进行教学探究，提升自己的教学热情。

六、反思性教学能促进教师教育者之间的交流互动和校企合作能力

从一方面来说，教师教育者个体的反思需要其他教师教育者或者学校的支持。也就是说，教学反思并不是孤立的活动，而是相互关联的群体活动，是在群体互动中寻求个体发展的活动。如果没有群体的支持，教师教育者个体的发展必然受限。因此，合作研究在教学反思中有着非常重要的地位，其是教学反思的一个重

要形式，教师教育者在与同伴的交流中获得鼓励与思想，有助于增强自身的反思效果，加快教师教育者专业化发展的进程。

从另一方面来说，由于教师教育者教育采用的"工学结合"的模式，因此校企合作能力也是英语教师教育者提升自身素质和水平的重要层面。教学反思不仅局限在课堂与实训室，而应该将反思的视角扩大到社会上，尤其是与自身教学相关的企业之中，通过与企业内部人员的交流与活动，不断提高自身教学的合理性，培养出适合社会发展的英语应用型人才。

第三节 反思性高职英语教师专业发展的具体途径

大教育家孔子说："吾日三省吾身。"因此，教师教育者也需要不断反思。每一位教师教育者都有过这样的经历：在展开教学之前，形成教案之初，往往很难发现问题；当在开展教学之中，一些教案的疏漏之处就呈现出来。任何一名优秀的教师教育者都会经历有瑕疵的教学，因此教师教育者需要对这些瑕疵进行反思。自我反思不仅是教学过程的一个重要环节，也是提高教学效益的一个重要手段和方式，还是帮助教师教育者积累教学经验的重要方法。通过不断的反思，教师教育者可以获得更加丰富和宝贵的经验，及时发现教学中的问题，让教师教育者的教学提升到一个新的高度。

教师教育者反思能力培养的基础就是需要让教师教育者认识到反思的意义，尤其是反思对于教师教育者专业化成长的意义。教师教育者反思能力培养的重点就是让教师教育者把握反思策略和方法。反思性教学的方法有很多，如教学日志、教学报告、课堂教学观察、录音与录像、调查与问卷、行动研究等。下面就对这些方法进行详细介绍。

一、教学日志

在教学结束之后，教师教育者可以将自己对所教的内容、方法等感受记录下来。教师教育者记录教学日志的过程也是对自己教学思考的过程，同时教学日志可以作为教师教育者日后进行教学反思的材料。具体而言，教师教育者的教学日志的记录应就以下几个方面来展开。

（1）对教学过程中问题的质询和观察。
（2）对课堂过程中所发生事情的感受。
（3）对教学活动的有意义方面所进行的描述。
（4）需要思考的问题以及解决问题的办法。

记录教学日志的间隔可以因人而异，如可以一天写一次，也可以一周写一次，还可以一个月写一次。但是，需要注意的是，教师教育者应坚持记录日志，只有这样才能根据日志来发现自己的教学规律以及组织教学的习惯与方法。

二、教学报告

教学报告的主要内容是教师教育者对自己课堂教学中的主要特点进行的描述，从而监控自己的课程教学实施过程、教学时间分配以及教学效果。教师教育者可以提前对报告的格式、内容进行设计，在课堂教学结束之后，可以直接填写表格。

此外，教师教育者可以选择相对简单的教学报告法，在一节课结束之后，教师教育者可以针对如下几个问题来进行回答。

（1）这节课的教学目标是什么？
（2）在课堂上学习者真正学到了什么？
（3）我的教学过程是什么？
（4）对教学过程中遇到的问题是如何处理的？
（5）课堂上哪部分最成功？
（6）如果这节课重新教一遍，我会采取怎样的做法？

教师教育者将上述问题的答案记录下来，可以作为以后分析教学以及进行反思的素材。实际上，教师教育者对问题进行回答的过程就是一个自我反思的过程。

三、课堂教学观察

课堂教学观察也是反思性英语教师教育者专业发展的一种常用方法。课堂教学观察是指一位教师教育者有目的、有针对性地听另一位教师教育者的课，对其课堂教学过程中所涉及的多个方面，如导入新的教学内容、讲解教学内容的方法、组织与管理教学活动、运用现代教育技术等进行仔细观察，同时做出相应的评价。

具体而言，课堂教学观察主要是观察与教学方面相关的问题，包括教师教育者、学习者、师生关系、教学行为、教学互动、学习行为、学习活动、教学步骤的衔接性与系统性等。在具体的观察中，应根据观察目的来选择几个重要的方面进行观察与记录，然后就观察到的情况展开反思与探讨。观察的方法也有很多，如现场观察、录像观察、教师教育者说课等。观察的内容可以是课堂教学的某一方面，也可以课堂教学的几个方面，还可以是课堂教学的各个方面。

四、录音与录像

如今，现代科学技术在各个领域都得到了广泛运用，教育领域也是如此。教师教育者可以充分发挥现代科技的优势，在技术人员的帮助下，通过录音与录像的方式来对自己的教学过程进行完整的记录。在教学过程的摄制过程中，教师教育者可以指定课堂教学的某一方面让技术人员进行重点记录，如可以注重学习者对教师教育者问题的回答、可以注重教师教育者的教学活动组织、可以注重小组活动时某一小组的表现等。

在课堂结束之后，教师教育者可以反复播放课堂教学的录音与录像，从而对教学进行反思与反复研究，发现自己的问题与不足，发现自己组织课堂的精彩之处，发现学习者在学习过程中的优点与不足等。与此同时，教师教育者还可以将其中的一个片段截取下来进行详细分析，分析的内容包括教师教育者语言的特点、教师教育者的肢体语言的使用、师生之间的互动语言等，放大教学中的一些细节，这样可以进行更为细致的研究。

五、调查与问卷

教师教育者可以采取调查与问卷的形式来反思教学。教师教育者的调查与问卷可以就教师教育者自己或同事对教学的认识与看法以及学习者的学习兴趣、学习态度、学习方法等情况来展开。教师教育者可以参考其他相关书籍中的调查问题或问卷，也可以自己设计一些调查问题或问卷。

六、行动研究

行动研究也是反思性英语教师教育者专业发展的一个非常重要的方法。在英语教学中，专业化的发展要求教师教育者应该成为行动的研究者。英语教师教育者要针对一些实际问题改变教学方法，在解决问题的过程中进行自我监控与自我评价，通过评价，使原先对问题的理解得到修正与改进。

七、个案分析

个案分析也是反思性英语教师教育者专业发展的有效途径。教师教育者可以通过讲课竞赛、教学竞赛、优秀教师教育者示范、听公开课等手段展开个案分析，汲取其他教师教育者教学中的精华，补充自己教学中的缺点，充实自己的教学，从而促进自身教学的长足发展。

八、微格教学

所谓微格教学，是指教师教育者运用摄像机，将自己选择作为反思对象的某个教学方面记录下来，之后以旁观者的视角来分析，发现教学中的问题，寻求这些问题的解决方案。

微格教学使教师教育者能够对自己教学中的行为有一个清晰的了解，同时还能够与他人进行探讨。当然，教师教育者可以根据自身反思的问题，录下其他教师教育者的教学片段，通过观察其他教师教育者的做法，找到解决问题的灵感，反思自己的教学。

九、学习者反馈

学习者反馈是从学习者身上获取信息，将这些信息作为调控教学的依据，不仅可以了解学习者的学习状况，还能够了解自身的教学优缺点。在英语教学中，教师教育者获取学习者的反馈信息的有效途径是学习者评教、师生座谈、测试成绩、调查问卷等。通过学习者的反馈信息，教师教育者反思自己的角色与教学方法。

另外，通过反馈信息，教师教育者可以分析相关的数据，获取更明确的、更多的信息。可见，在英语教学中，学习者反馈是英语教师教育者专业发展的一个有效途径，可以大大促进教师教育者的自我提高，对自己的课堂进行优化，也能使得师生之间关系更加融洽，推动学习者的自主学习以及教师教育者的专业化发展。

十、合作研究

教学反思并不是个体的活动，其需要一个团队的配合。通过对教学中典型的问题展开合作研究，就能够发挥团队成员的力量，共同解决问题，寻找灵感，提高团队的反思水平，促进团队的行动研究和教师教育者群体的专业化发展。

十一、专家听课

要促进英语教师教育者的专业化发展，学校可以聘请有丰富经验的教师教育者进行督导，或者让业务过硬的专家听课，并让他们进行指导，对教师教育者的教学给予客观的评价，帮助教师教育者提高反思能力。

十二、学术研讨会

学术研讨会是学校利用反思的方法促进、提升教师教育者专业化发展的一种方式。不同学校的英语教师教育者在研讨会上提出自己的问题、发表自己的看法，然后共同讨论，最终找到解决办法；也可以将某些教师教育者的经验分享给大家，让更多教师教育者获益。

第六章 高职英语教师专业发展之行动研究

第一节 行动研究简述

在西方社会中的社会科学工作者认为,"行动""研究"这两个术语主要是用来说明不同的人从事不同性质活动的概念。"行动"指的是工作者在实际工作中所开展的实践活动与任务;"研究"指的是受过专门训练的专业工作者、学者、专家针对人的一些活动所展开的探索,目的在于找到其中的规律。

一、英语教师教育者行动研究的内涵

英语教师教育者的行动研究指的是英语教师教育者在教学实践的基础上,针对教学过程中所出现的问题所展开的规模较小的研究。目前,大多数学者进行的行动研究主要针对的是英语教师,关于英语教师教育者行动研究的理论相对较少,因而下面就主要介绍英语教师行动研究的相关内容。

凯米斯和麦克塔格特(Kemmis&McTaggart)对英语教师的行动研究进行了界定,即"教师所发起的一种课堂研究,目的在于提高教师对课堂教学的认识,引起课堂教学具体实践的变化。"

凯米斯和艾伯特(Ebbmt)认为,教师行动研究的主要目的就在于促进教师的专业发展,增加对所教授课程的了解,最终改善课堂教学。

可见,教师行动研究主要是一种解决问题的研究,关注的是某一特殊情况下的某些问题,找到解决这些问题的最佳方法。

教师行动研究指的是教师在自我的责任感、事业心等的驱使下,全身心地投入教学工作,对教学、学习中所遇到的问题进行系统研究,从而找到合理的解决办法。行动研究的核心内容就是教师的反思过程,包括对自身的反思、对教学实

践的反思、对学习者的反思等。例如：

学习者真正需要的是什么？

自己的教学所取得的效果如何？

课堂中所进行的教学活动能否激发学习者对学习的兴趣？课堂教学如何提高效率？

采取何种教学活动的形式能够利于学习者的语言学习？

课堂教学的组织与过程是否具有逻辑、渐进、系统等特点？行动研究的目的是解决教学中的实际问题，以至在研究过程中不断增强教师理论意识和科研意识，促进教师自身整体素质的提高，使教学达到最佳效果。

虽然行动研究于20世纪50年代就出现在教育领域中，然而当时并没有引起该领域中人们的重视。直到20世纪70年代中期，在学者劳伦斯（Lawrence）和约翰（John）的推广与影响下，行动研究才被越来越多的人所认识和了解。

我国学者王蔷在她所出版的《英语教师行动研究》一书中，对于行动研究提出了以下四个要点。

（1）一种具有系统性、反思性的探究活动。

（2）由教师针对自己教学过程中所遇到的问题展开直接调查、分析与研究。

（3）由一系列步骤组成。

（4）目的是不断改进教学，促进最佳教学效果的达成，同时深入理解与认识教学过程。

综上可知，行动研究是一种鼓励教师在自己的教学实践过程中针对教学相关内容展开研究的一种方法，激励教师对教学的目的、目标、过程、任务、效果进行关注，鼓励他们对具体的教学实践提出质疑，进而不断进行改革。

二、英语教师教育者行动研究的特点

当前对于行动研究的主体都是英语教师，关于英语教师教育者行动研究的理论相对较少，所以这里就主要介绍英语教师行动研究的主要特点。

教师在不断的行动与反思之间就会形成一种特点，这也是行动研究的特点，这种特点可以反映出教师反思自己的意识或行为的过程，从而指导下一步的行动，在整个过程中实现对事物的进一步认识。

国外学者郝伯特（Herbert）提出了英语教师行动研究的以下五个典型特点。

（1）行动研究是直接参与社会活动的人针对自己的社会活动与行为所展开的一种研究。如果将课堂作为一种社会的小环境，那么教师就是教学活动的直接参与与实施者，也就是说，这种行动研究中的问题是由教师提出来的，不同的问题所涉及的参与者是不同的，在有些情况下，行动研究的参与者不仅包括教师，而且还包括学习者。

（2）英语教师在行动研究过程中所研究的各种问题一般都是教师在日常教学活动中所遇到的具体且实际的问题。

（3）英语教师所进行的行动研究在过程与目标上必须与教育总体价值观、学校环境、教师工作条件等相匹配。只有在这样的基础上，教师通过行动研究才能进一步改进教学环境以及教学效果。

（4）行动研究采用的研究方法应该简便、易操作。教师在选择研究方法时，可以根据具体的研究需要以及实际条件进行，同时还需要注意不能干扰正常的教学秩序。

（5）行动研究与其他研究的区别关键并不在于研究方法，而是在于行动研究所倡导的持续行动与反思的过程，英语教师可以通过反思找到下一步的行动方案，并且所制订的新的行动方案还需要回到实践中来检验。

学者大卫·凯姆巴认为，行动研究的特点包括以下七个方面。

（1）本质上属于一种社会实践活动。

（2）目的是改进日常的教学实践过程。

（3）在过程上体现出不断循环与螺旋上升的特点。

（4）需要采用系统的研究方法来实施。

（5）具有反思性质。

（6）注重参与性。

（7）研究主题是由教师自己提出来的。

麦克尼夫（Mcniff）对于行动研究的特点也提出以下看法。

（1）参与性。对于英语教师所进行的行动研究而言，所研究的课堂是由教师本人提出的，他们可针对教学中所遇到的紧急问题进行研究、设计，进而找到解决的具体办法。在这一过程中，教师不仅参与行动研究的所有环节，而且也是课题的主人。

（2）合作性。行动研究重视教师与其他人员之间的合作关系，如教师与教师之间、教师与科研人员之间、教师与领导之间、教师与工作人员之间。通过多方面的沟通与合作，教师之间可以彼此理解、相互支持，有效增强责任心与自信心，避免产生孤立感。

（3）系统性。英语教师的行动研究就是将系统的研究过程进行公开化，其中包括发行与确定课题、设计解决问题的方案、实施计划、反思与评估结果、继续发现新的问题。

（4）实验性。英语教师的行动研究的环境是自己的教学环境，对象是自己的学习者，研究手段主要是观察与搜集数据。在研究过程中，研究者通过认真观察、记录和收集数据，然后进行分析与处理，同时进行不断反思与调整计划、评价结果，最后写出实验报告。

我国学者张正东在出版的《外语教学的研究方法》一书中，对行动研究的特点进行了归纳，具体包括以下四个方面。

（1）行动研究的对象主要是学习者或教学活动。

（2）行动研究的内容主要是研究者在教学实践过程中所遇到的各种问题，一般都比较具体。

（3）行动研究的设计、实施、评估都是由研究者来展开的。

（4）行动研究的方法通常包括反思法、内省法、准实验法。

三、行动研究和传统教育研究的区别

传统的教育研究一般都是量化或实验性研究，由研究专业人员选择研究课题，所研究的问题大都与研究者无直接关系，研究结果都是结论性或理论性、指导性的，对于教学中的实际问题却无法找到相应的解决方法。

学者霍普金（Hopkins）指出，传统的教育研究通常是采用心理统计的研究方法，要求有严格的实验设计和假设的验证，通过测试的方式检验随机抽选的被试者，检验他们在经过特定的"处理"方式后的变化和结果。但是教育环境是一个非常复杂的环境，有很多不可预测的需求和变化，教学条件不同、教学设备不同、教学对象不同、教学对象学习风格不同等都可能导致不同的教学效果。因此，传统的教育研究方式对于教师教育者开展教学研究来说是不实用的，对于课堂教学研究的意义也是非常有限的。

行动研究是对特定的环境中特定问题的研究，是对复杂社会和教育环境下的某一个具体问题的解决。由于其特殊的环境和特定的问题，一般的理论不能提供解决问题的方案，大范围的量化研究和实验设计的研究方式不适合我们的研究目的，特别是当面临教育的不可预测性和公平性的问题时，行动研究更加适合。

教育环境是一个特定的人文环境，教师教育者面对的是学习者，是人而不是机器。人有其独有的特点，如家庭背景、脾气性格、学习风格、学习需求、学习目的等都是不同的，这些都给教师教育者的研究带来了很大的难度。和传统教育研究相比，行动研究更接近教学实际，更接近教育者和学习者，更具有实践意义和实用价值。

凯姆斯对行动研究和传统教育研究进行了对比与分析，如表6-1所示。

表 6-1 行动研究和传统教育研究的对比分析

	行动研究	传统教育研究
问题的提出	教师本人提出,是教师比较关心的问题	研究员提出,与教师、学习者的关系不大
研究的对象	研究自己的学习者、教学,所展开的研究与自己有十分密切的关系	研究的对象是某些学校的教师或者某一个班级的学习者,与研究者本人的关系不大
研究者角色	设计者、实施者、参与者、评价者	设计者、指导者、评价者
研究过程	自下而上,不仅重视结果,而且重视具体的研究过程	自上而下,重视结果是否验证假设
研究方法	观察、反思、日志、座谈、调查问卷等	试验、对比、测试、调查问卷、数据统计等
研究本质	强调过程和可持续发展性(一种长期行为)	强调结果(一种短期行为)
数据分析	尊重客观的数据、主观的感受以及自然环境的影响	重视客观数据,排斥干扰,严密控制量变,量化分析
研究结论	结论可以直接应用于教学过程的改进	一般获取的是普通性的结论,用于提供宏观指导与参考
研究目的	教师职业发展,改进教学实践	验证理论、发展规律提供宏观指导和决策

第二节 行动研究对高职英语教师专业发展的意义

任何一种教学法理论,不管多么先进,都不可能成为一种最好的普遍理论,因为一种教学法理论不能涵盖所有不同的教学环境和教学对象。真正适合自己教学条件、教学环境、教学对象、学习者需要和教学目标的理论需要每个教师教育者在教学原则的指导下从自己的教学实践中去发现和发展,即在教学实践过程中进行科学研究。在实践中进行的研究被称为"行动研究"。

在课堂教学实践的基础上进行的行动研究,是一种可以形成教学原理和教学理论的应用研究,是教学实践者根据自己课堂教学中所遇到的问题,通过计划、实践、观察、反思四个步骤进行的研究,其目的是解决教学中的实际问题,进而创造性地运用教学理论解决实际问题。所以行动研究对促进教学改革,提高教学效率以及英语教师教育者专业发展有着一定的理论意义和现实意义。

一、提高教育教学水平

行动研究以改进教育教学工作为目标，以解决教学中的实际问题为目的，所以行动研究倡导从日常的教育教学活动中发现问题，确定研究方向。研究的课题来自教师教育者的教育教学实际工作中，研究的是教师教育者在自己课堂教学中和对学习者的教育中存在的问题，这样的课题是教师教育者熟悉的课题，是教师教育者所关心的课题，是教师教育者努力探究答案的课题，这样的课题才能激起教师教育者们的研究热情，才能锻炼教师教育者们敏捷的思辨力，才能发展教师教育者在实际工作中发现、分析、解决问题的能力。问题的解决促进了教育教学工作的改进和发展，提高了教育教学质量，自然也就提高了教师教育者的教育教学水平。

二、培养科研能力

行动研究主张实践者（行动者）和研究者合作互助，行动者在研究者的指导下进行研究；研究者根据实践者的具体教学实际，对他们在教学实践中所遇到的问题进行研究。实践者为研究者提供具体的研究背景，使他们做到有的放矢，使研究问题具体化、个性化，并具有很强的针对性。

实践者（行动者）在研究过程当中可以从研究者那里学到一些研究的技能和技术、方法和技巧，学到他们对问题的理性思维和解决技巧，跳出狭隘的教学小圈子，站在理论的高度对实际问题进行思考，发现有价值的研究课题，提出假设，然后进行研究。

研究者在研究过程中所运用的各种研究技术和资料分析技术，如观察法、问卷法等，可以帮助行动者解决实际问题，在解决实际问题的过程中行动者也就掌握了这些研究方法和技术，进而提高了他们的科学研究能力。

三、培养教学实践能力

有学者曾对英语交际教学法的实施情况进行过调查，调查结果表明，教学理论和教学实践之间存在着严重的脱节现象。导致这种现象存在的原因是研究者和实践者各自为战，理论的研究脱离实践活动，实践活动脱离理论的指导。研究者只管提出自己的理论，至于能否运用于实践则不是他们关心的问题，而实践者则致力于自己的教学实践，他们对于新理论的提出则事不关己，高高挂起，以不变应万变。

行动研究强调研究者和实践者的密切合作，研究者从真实的教学情景中获得第一手的教学信息，通过与实践者合作使自己的理论研究成果在教学实践中得到验证、充实、修改和完善，这种研究成果更容易为实践者所接受，并较快地应用于课堂教学实践，这种方式培养了教师教育者把所学理论运用于教学实践解决实际问题的能力。在教学实践中，行动研究的意义主要体现在如下几个方面。

（1）行动研究以改进教育教学工作为首要目标，以解决教育教学中的实践问题为目的，提高了教师教育者的教育教学水平。行动研究倡导从日常的教育教学活动中发现问题，确定研究方向。研究的课题扎根于教师教育者的教育教学实际工作中，这样的课题研究才有生命力和实用价值，才能培养教师教育者的问题意识和根据特定的问题去努力寻求问题答案的愿望。问题的解决促进了教育教学工作的改进和发展，提高了教育教学的质量，当然也提高了教师教育者的教育教学水平。

（2）行动研究强调研究过程与行动过程的结合，注重研究者与行动者的合作，这对于培养教师教育者的科研能力、职业情感和理论联系实际的作风有重要意义。行动研究主张，教育教学第一线的广大教师教育者即行动者，在专家学者即研究者的指导下，对他们在教育实践中遇到的实际问题进行研究，可以从研究专家那里学到一些研究的技能和技术，学到他们对问题的思维方式和解决技巧，能够站在理论的高度对实际问题进行思考，发现有价值的研究课题，并使之集中、纯化，不至于把因对教育研究背景的不理解而产生的问题，当成行动研究的课题。

这需要借助于理性思维的力量，提出解决问题的新设想、新方案，增强科研的预见性，避免行动中的盲目性。通过对实际问题的分析、思考、研究，增强了对问题解决的信心，增强了教育教学工作者获取成就的信心，也增强了进行教育教学研究的自信和自尊，还可以增强教师教育者们的职业情感，使其更加热爱本职工作，而这对于广大教师教育者努力工作、取得成功有重要意义。

研究者与行动者的密切合作关系，可以使研究专家们从真实的教育情境中获得第一手的教育教学改革信息，并且通过这种合作使他们的理论研究成果在教育实践中得到检验。教师教育者通过教学实践，对教学理论的理解会进一步加深，对如何将理论运用于教学实践有清楚的认识，有助于提高教师教育者们把所学理论运用于实践解决实际问题的能力。同时，研究者在研究中所运用的各种有效的定性与定量的观察技术和资料分析技术，可以帮助实践者解决实际问题。在解决问题的研究过程中行动者也掌握了这些研究的技术，提高了科学研究的能力。

（3）行动研究要求行动者参与研究，对自己从事的实际工作进行反思。而这种反思正是对自己实际工作的一种再认识和评价，肯定成功和进步，找出不足和问题，实现对自己工作的有效监控。我国著名教育家林崇德教授曾提出，"21世纪教师能力中最重要的成分是教师的教育监控能力。"这种教育监控能力由三部分组成。

其一，自我检查。教师对自己的教育教学活动进行有意识的自觉的检查、审视评价过程。

其二，自我校正。教师在自我检查的基础上，对自己教学活动中存在的问题所进行的主动改进、纠正和调节的过程。

其三，自我强化。教师主动地寻找自我强化的手段和方式，以期巩固自己已经出现的好的教育教学行为，防止原有问题的重新出现。

教师教育者的教育教学监控过程是一个螺旋式发展的过程，也是一个反思的行动研究过程，在这个过程中，教师教育者的自我监控能力不断提高，教育教学效果越来越好，教育教学水平也不断提高。

第三节 高职英语教师专业发展中的行动研究步骤与实例分析

一、英语教师教育者行动研究的步骤

英语教师教育者行动研究实施的第一步就是选题。教师教育者在观察反思自己课堂教学的基础上发现、分析问题，然后决定要研究的问题。研究问题确定下来之后，着手制订总计划，在总的计划指导下，制订行动研究方案，一切准备工作完成后，就可以根据行动方案和实施计划有计划、有次序、有步骤地进行具体的行动研究工作。

（一）选择研究课题

选择研究课题是行动研究的第一步，也是非常关键的一步。研究选题应该是来自研究者本人，而非他人的经验和实践。一般来说，研究课题通常主要来自以下三种情况。

（1）一个自己感兴趣的问题。

（2）教学中遇到的一个难题。

（3）一个自己还解释不清楚的问题。

阿尔特里克特（Altrichter）认为研究课题来自于我们发现那些有矛盾的地方或者是所期望的与现实不一致地方的问题。例如：

（1）计划与现实情况不一致的问题。

（2）现状与目标不一致的问题。

（3）学习者与教师教育者的看法不一致的问题。

（4）教师教育者的意图与课堂实施效果不一致的问题。

不论是哪一类的问题，都是行动研究潜在的研究课题。我国学者王蔷在她的

《英语教师行动研究》一书中列举了10项潜在行动研究课题，这里只引其三例以供教师教育者参考，教师教育者可参考以下范例，根据自己的课堂教学实际自己发现问题，找出自己要研究的课题。

（1）一名教师教育者感到学习者不积极提问和回答问题，于是对学习者课堂参与情况进行了调查，发现学习者不主动发言的原因是教师教育者课堂活动的设计没有给学习者很多空间去提问和参与讨论，于是教师教育者从改变活动的设计入手，力求改变学习者的参与状况。

（2）一名教师教育者发现学习者的阅读速度很慢，阅读方法也有问题，于是教师教育者设计阅读教学的方案，帮助学习者提高阅读速度，并有效地运用阅读策略。

（3）一名教师教育者在教学中发现，有的小组活动非常积极和热烈，而有的小组却活跃不起来，于是教师教育者通过问卷调查了解课堂教学活动中不同的分组形式对学习者参与活动的影响。例如，把学习好的与学习好的一组、中等与较差的学习者一组、学习好的与学习差的一组、学习差的与学习差的一组，以发现适合不同活动类型的最佳分组方式，于是教师教育者根据活动的内容和要求的不同，变换分组的方式，使学习者的参与情况发生了可喜的变化。

理查德和洛克哈特设定的研究问题如下所述。

（1）在我的口语班中，当我让学习者进行口语展示时学习者常常表现很困难。

（2）当学习者写作文时，他们很少用我教过的方法修改策略。

（3）学习者在文学考试中的答案和我的讲义基本相似，看不出他们读过什么作品。

将以上这些问题作为行动研究课题，有必要将每一个问题具体化，有利于这个问题的变化或改进，同时也要设计具体的行动研究步骤，并将之付诸实施。根据以上假设，比较具体的课题可以是：

在口语课中应该做哪些改变来培养学习者口语展示需要的技巧？

有无不同的教学技巧能使学习者更好地掌握写作中的修改策略？

文学考试中的问题应该如何改变以促使学习者加强阅读？

（二）制订总计划

确定研究课题后就要着手制订总的计划，其中需要考虑以下问题。

（1）研究题目。这是研究的第一步，也是关键的一步，因为没有具体的研究题目，就好比没有灯塔指引的航船，研究就没有明确的方向，没有明确的方向，研究不可能顺利进行。

（2）研究理论。确定了研究题目，第一件要做的事就是对自己的行动计划进行理论论证，也就是探讨本课题研究的理论依据是什么。没有理论的研究会使研究缺乏系统性、科学性，其研究结果的可靠性也会受到质疑。

（3）研究思路。说明本研究具体研究顺序、研究内容、研究假设和研究结果。

（4）研究步骤。包括研究所需时间，共分几个时间段，每个时间段的研究步骤具体工作是什么等。

（5）研究内容。包括研究的问题及其提出的原因，解决问题的方法，提出自己的假设，验证自己的假设。

（6）研究材料。可以是教材、教师教育者的教案、学习者的作业、学习档案等。

（7）研究方法。设定研究过程中所要采取的方法与收集数据的方法，如问卷、访谈、课堂教学观摩、撰写教学日志等。

（8）评价工具。论证研究的有效性以及是否符合研究的目标。

（三）制订行动研究方案

行动研究是一个不断循环发展的过程，在这个过程中，首先是发现问题并提出假设，然后设计行动研究方案，根据行动方案确定研究工作计划、选择研究方式、收集数据等，最后在分析数据的基础上评价效果，发现新的问题，为下一步的研究做准备。在设计行动方案之前，首先要制订一个总的计划，具体可涉及如下方面。

（1）给自己的行动计划起一个名称。

（2）对自己的行动计划进行理论论证。

（3）描述计划的内容和所准备使用的材料。

（4）说明如何使用这些材料。

（5）制订一个行动研究工作计划或执行方案的时间表。

（6）明确数据收集的方式和时间。

（7）说明和描述评价工具，论证其有效性及是否符合研究的目标。

（8）描述所需资源和技术支持。

阿尔特里克特总结了行动研究所遵循的三个原则：有用性、可行性、可接受性原则。我们认为除以上原则以外，行动研究还应该遵循可靠性、合作性原则。

（1）可靠性是指教师教育者在进行行动研究时要以充足的数据作支撑，这些数据必须是教师教育者从第一手材料所得。

（2）合作性原则不仅包括教师教育者与专家之间的合作，同时也包括教师教育者与同行、教师教育者与学习者之间的有效合作。同事、同行、专家、学习者等都可以提供研究建议和想法，帮助行动研究者发现问题、分析问题、提出研究建议和实施步骤。参与行动研究的教师教育者根据他人的建议、自己的教学实情做出最后决定。在实施过程中,还要根据具体情况对方案进行调整和补充。此外,设计解决问题的具体方法也是行动研究关键的一步。教师教育者要根据自己研究的问题、内容、对象等制定切实可行的研究方法。

(四) 制订行动研究实施计划

教师教育者在制订了行动研究方案以后,必须及时制订实施研究的具体计划。实施计划是行动研究的重要保障,有助于强化教师教育者的研究意识,促进教师教育者有计划地开展研究。行动研究实施方案包括以下内容。

(1) 研究课题:研究课题要具体、明确,是自己课堂教学实践中的具体问题。

(2) 研究总体计划:简单介绍本研究的整体思路。

(3) 研究所需时间:说明研究开始时间和完成时间。

(4) 研究方法:具体确定研究用的方法,如调查、日志、问卷等。

(5) 研究步骤:将研究分为几个不同的研究阶段,确定每个阶段的具体研究计划。

具体如表6-2所示。

表6-2 行动研究计划的具体内容

执行步骤	时间	数据收集	备注
设计总体计划	4.24-5.1		准备数据收集的工具以及录像机
行动计划1	5.4-5.15	录像30分钟,每周一次,记录教学日志,采访6~8名学习者	周五用2个小时观看录像,回顾教学日志和采访信息
评价	5.16-5.21		对采访学习者的数据和教师教育者日志进行比较和分析
修改行动方案	5.22-5.31	与同事交流,提出修改建议	
行动计划2	6.2-6.26	邀请同行观摩两次,采访6~8名学习者,记录教学日志	将学习者意见、同行观摩数据和自己的反思进行比较和分析,做出初步评价

(五) 行动研究的程序和方法

王蔷在她的《英语教师行动研究》中在呈现不同专家所提出的行动研究步骤的基础上高度概括了行动研究的步骤,把研究步骤归纳为两种类型:开放型研究过程和定向型研究过程，给行动研究者提供了可靠的依据。

（1）开放型研究过程。开放型研究过程如图6-1所示。

$$发现问题 \downarrow 提出假设 \downarrow 调查研究 \downarrow 重新确认问题 \downarrow 制订行动计划或实施计划 \downarrow 在实施中根据具体情况调整计划 \downarrow 观察、收集数据 \downarrow 分析、反思与评价效果 \downarrow 撰写研究报告$$

图6-1　开放型研究过程的步骤

（2）定向型研究过程。定向型研究过程如图6-2所示。

$$发现一个新观点和新方法 \downarrow 制订一个实施方案 \downarrow 在教学中实施这一方案 \downarrow 实施中调整方案 \downarrow 观察、收集数据 \downarrow 分析和评价效果 \downarrow 撰写研究报告$$

图6-2　定向型研究过程的步骤

与开放型研究相比，这一研究过程的不同之处在于课题的确定来自于学习他人的研究成果，或通过阅读理论书籍和教学方法的书籍、浏览专业论文，参加研讨会、工作坊、专业培训等渠道了解各种教学研究信息，学习新的教学方法或技巧，并把这些想法或方法实施到自己的教学中去。在实施的过程中观察和收集数据，分析和评估效果，最后撰写研究报告。

（六）数据的收集与分析

1.数据的收集

（1）访谈法。访谈是指访谈者向被访谈者做面对面的直接调查，是通过口头交流的方式获取有关资料的方法。采用访谈的方式可以使研究者了解很多在观察和问卷调查中得不到的信息，因为访谈可以使我们了解受访者的内心活动、真实的想法和观点。访谈可以是一对一的，也可以是一对一个小组的。

在教学行动研究中，我们所访谈的重要对象主要是学习者和同行教师教育者，对于学习者的访谈可以一组一组地进行，但是，有些学习者会因为是集体访谈而不愿意在其他同学面前说出自己的真实想法。如果有条件和可能，教师教育者可以让学习者自愿结成小组一起参加访谈。要想取得预期效果，教师教育者应注意以下几点。

第一，充分做好访谈前的准备。访谈前应准备好访谈提纲，将要问的问题写下来，避免访谈时离题太远或是遗漏所需信息。如必要还可以准备好录音机，在得到被访谈者的同意后，对访谈内容进行录音。

第二，选好访谈对象。首先参与访谈的学习者要有一定的代表性，人数不宜过多，但应照顾到语言能力不同层次的学习者，如语言能力的高、中、低程度以及不同性格、不同性别、不同区域的学习者等。

第三，明确阐述访谈目的。在访谈开始前，访谈者要首先向被访谈者说明访谈的目的。让学习者明白访谈与他们的学习成绩评价和综合评价没有任何关系，以便学习者放松自己，减轻压力，自由发表意见和看法，说出自己真实的想法。学习者的任何想法和意见，只要是真实的，都是受欢迎的。

第四，做忠实的听众。在访谈过程中，教师教育者要做一个好的聆听者，一边听一边点头示意，表现出对被访谈者的尊重以及对访谈内容和访谈对象观点的兴趣，不要随意打断被访谈者的发言。

第五，控制访谈时间。访谈时间不宜太长，应该在尽量短的时间内把要做的事情做完，以免时间过长引起被访谈者的厌倦情绪。

（2）观察法。同问卷、访谈法一样，观察法也是一种收集数据的方法。观察法是研究者根据自己的研究课题进行课堂教学观察的一种研究方法。教学行动研究中的教学观察是为了开展教学研究而进行的，目的是发现、分析和解决问题。

观察通常是根据研究课题的需要，有针对性地和有目的性地进行的。

观察者往往是教师教育者的同行或同事，甚至是朋友。教师教育者研究者为了有效地研究在教学或学习某一方面的问题和解决某一个问题（如课堂互动模式），邀请同行或同事有针对性地对自己的课堂教学进行观察。观察过程中，观察者着重注意互动模式方面的问题，如课堂教学互动模式（师生互动、生生互动）是单向还是双向，学习者参与的程度和学习者参与的人数和次数等，并且记录观察情况。

观察后，教师教育者及时同观察者进行交流，征求意见和交换意见。为了保证观察研究达到预期目的，研究教师教育者最好事先向观察教师教育者说明自己教学的目的、目标、方式和预期效果，然后观察教师教育者和被观察教师教育者共同商量被观察的内容及重点以及记录方式。最好事先设计一个观察表，以方便操作。

（3）课堂教学实验。课堂教学实验在教学行动研究中有其特殊的意义和作用。实验者往往就是研究者本人，实验对象通常都是研究者自己的学习者，研究问题是研究者自己在课堂教学中所遇到的问题，所以具有很强的针对性、实践性和指导性。

2.数据分析

收集数据仅仅是研究的基础，不是研究的目的和结果，只有对数据进行有效分析，才可能实现其真正的意义和价值。数据分析的关键是从数据中发现其意义，所以数据分析是研究过程中一项重要的工作，而数据分析的过程又是一项非常复杂的工作。迈尔斯（Miles）将数据分析过程总结为以下几个步骤。

（1）仔细阅读数据：在阅读数据时，要抱着仔细和认真的态度，对日志、观察笔记以及观摩记录等数据进行回顾性阅读，阅读中设法回忆当时的情形和自己的体验。想一想当时做了什么？说了什么？发生了什么事情？

（2）选择相关数据：通过阅读，将重要的与不重要的数据分开，对相关的、有联系的事件及观点进行整理和分类，简化一些烦琐和不必要的细节。

（3）呈现数据：将选择出来的数据进行重新组合和排列，按照分类加注小标题，选择比较清晰易懂的方式呈现出来，如列表、制图或列出提纲等。

（4）解释数据做出结论：围绕研究课题，解释相关数据的意义及其之间的联系，建立模式、分析规律、得出结论、讨论其理论意义。

二、英语教师教育者行动研究的实例分析

在我国，口语教学被认为是较困难、效果也是较差的。学习者口语能力的发展给人的总体印象是进步缓慢，不少人到毕业时尚未能达到课程标准的要求。为

什么会出现这种情况呢？各校普遍把培养和提高学习者外语交际能力和水平作为教学重点，在课程设置、师资（如聘请外教）以及平时训练方面都给予相当的重视。那么，英语口语教学的问题究竟在哪里？实际上，原因可能是多方面的，我们应该对此进行系统的研究和反思，找出影响自己课堂教学的问题，发现问题的实质，制订出合理的行动计划从而努力去解决问题。

为了了解英语口语教学对于来自不同班级的不同年龄、性别、性格的英语学习者的效果如何，研究者从一所学校非英专业班级中随意挑选了35名学习者，分别对他们进行了一次题为"我的大学生活"的英语口语测试，并就同样的话题写了一篇文章。还对他们进行了一次有关英语课堂学习、课堂互动和操练以及课外活动的问卷调查。

（一）调查情况

受试者年龄在18~20岁之间，来自广东某高等院校。通过问卷调查，研究者了解到该校授课方式以听说、讲解语法和词汇为主；课内练习的最终目的是使书面英语写作正确或翻译正确；课外时间与英语的接触主要是听英语磁带、阅读简易读物和看英语电影。问卷调查还表明半数受试者认为他们的英语一般，但是女生对自己的英语学习比男生更有信心。然而，在英语学习过程中的听、说、读、写四个方面，口语仍未能引起足够的重视，尽管有些学习者已开始意识到其重要性。

（二）调查分析

产生这种现象的原因可能有以下两个。

（1）课堂环境缺乏用英语交流的气氛。受试者在课堂练习和课堂交际中使用的英语绝大部分是机械的语言操练，真正需要灵活利用所学知识的练习极少。此外，由于教师教育者授课时大都用汉语讲解内容，师生之间的交流实际上还是以汉语为主。这种情况不利于激发学习者用英语表达思想的愿望。

（2）重知识轻口语的现象比较严重。教师教育者所关心的是受试者掌握语言知识的情况，除了经常用考试来检查他们这方面的水平，课堂上看不出教师教育者采用了什么特殊方法让受试者多用英语自由表达思想。考试也以笔试为主，主要考查受试者的语言知识。这种情况使受试者看不到提高口头表达能力的需要。这促使他们带着一种功利性的心态对待口语练习，即只为通过考试，因此对口语活动也就越来越不感兴趣。

（三）调查启示

英语教师教育者在教学中与学习者所关心的问题各不相同，教师教育者在面对教学中的不利情况时未能及时反思和调整自己的教育和教学活动，是对被教育者教育需要的漠视，是对自身工作价值的贬低，这种行为是学术懒惰的表现。从根本上来说，没有能够及时地解决这些教学实际问题，是因为教师教育者未能掌握一种能够解决教学实践中遇到的问题的方法和手段。通过行动研究，不仅能够发现教学中遇到的问题，还能够有针对性和系统性地制定和实施有效的行动策略，经过反复的实践过程，教学效果一定会得到改善。

第七章　高职英语教师专业发展之教材多元开发

第一节　教材多维度开发简述

在分析教材多维度开发与英语教师教育者专业发展的关系及改革途径之前，有必要对教材多维度开发的基础知识有所了解和简述。通过对教材多维度开发的含义、现状、步骤、基本要素等各个层面的分析，以便于更好地认识教材、开发教材。

一、教材多维度开发的含义

教材是物化的课程，对学习者的学习有着直接的影响。现有英语教材中存在的问题一定程度上也反映了当今英语课程的不完善之处。

传统的教育学派认为，教材是人类在历史发展过程中积累的经验，是学校各种学科科目的内容或材料。教材可以分为有形教材和无形教材。有形教材是指物质的，无形教材是指精神的。

进步的教育学派认为，教材是对一切自然现象和社会现象的解释，或是对宇宙和人生的各种实体的说明。它是关于人类行为经验的方法，既包括教学实践中的教学活动，又包括完成教学活动所要使用到的各种材料和工具。

现代课程论将教材定义为"教师为实现一定的教学目标，在教学活动中使用的供学习者选择和处理的负载着知识和信息的一切手段和材料"。钟启泉教授则认为教材的内涵包括三个方面。

（1）有关于事实、法则、概念、理论等，能够帮助学习者形成特定的知识体系。

（2）有关于心理作业与实践作业的各种方式、步骤和技术等，有助于提高学习者包括知识能力在内的综合能力的发展。

（3）有关于信念、政治观、世界观、道德观的观念、认知以及规范等，它与学习者的知识体系与能力体系密切相关，奠定学习者的世界观基础。

对于教材多维度开发，顾名思义就是对教材进行多角度、多层次、立体式的开发与研究，涉及整合与主要教材相关的参考教材、编写教学类指导用书与配套练习册、制作多媒体课件、设计教学思路、分析教学个案、总结教材使用经验等。

对英语教材进行多维度开发的过程，实际上是以英语教材为基础，对英语课程展开多方位的整合、思考与再度开发，并对新教材加以实施与提升的过程。教师教育者对英语教材展开多维度开发，不仅涉及对英语教材理念的编排，也涉及对教材体例的熟悉与理解，还涉及对教材相关教学资源的整合与课件的制作，以及在课程设置目标的基础上，教师对教材进行再编写、再开发。

教材的多维度开发是建立在现有教材的基础上，且超越现有教材。一般来说，教材的多维度开发可以从三个维度着手。

（1）对现有教材进行创造性、灵活性、个性化的运用。

（2）对其他教学材料、教学资源的选择、整合，并对这些资源进行优化。

（3）对其他新的教学资源进行自主性开发。

二、教材多维度开发的现状

自英语教学改革实施以来，我国各个层次的英语教学在教学大纲、教材、教学方法等层面都发生了巨大改变。现代的英语教学改变了传统的语法-翻译法的教学理念，而侧重于以交际为目的、以培养学习者的语言交际能力为核心的教学理念。在教材上，教学理念的改变主要体现在教材的编排方式上，以往的教材编排主要是以英语阅读文章加词汇释义的方法，但是当前的教材开始着手创设教学情境，通过各种活动的开展来培养学习者在不同情境中恰当使用语言的能力。

随着科技的发展、网络的普及，计算机在英语教学中起到了巨大的辅助作用，越来越多的音频、视频、PPT等也融入课堂之中，为学习者的英语学习开辟了新天地，提供了一个更加逼真的语言教学环境。也就是说，我国当前的英语教材开发正向着立体化的方向发展。除此之外，教材在编写和使用中也存在一些具体的问题，分析如下。

（一）教材的编写问题

1.未严格按照大纲编写

教材在编写时未严格按照教学要求进行内容的选择和设计也是当前英语教材编写的一大问题。胡壮麟教授曾在《新世纪的英语教材》一文中提到了当前的英语教材对"教学要求"认识的误区，并给予了两个例证。

第一，在1999年教育部还未发布《大学英语教育大纲》（修订本）之前，有些出版社就已经出版发行了所谓的符合《大学英语教育大纲》要求的英语教材。即使1999年的《大学英语教育大纲》最后没有成功发布，这些所谓的符合《大学英语教育大纲》要求的教材依然在市面上发售。

第二，如今的《大学英语教育要求》是2004年1月颁布的，2007年才形成正式版，在此之前的英语教材或教学系列是没有办法贯彻落实"教学要求"的。即使有的教材在2004年之后有过再版，也是在原有教材版面的基础上进行删减和综合，与《大学英语教育要求》的关联不大。甚至，在目前广泛使用的几套英语教材中，有的根本就未提及其编写参考了《大学英语教育大纲》和《大学英语教育要求》，有的语焉不详。

因此，目前的英语教材基本上都是在2004年之前编写完成的，其是无法遵循新的《大学英语教育要求》的，这些英语教材不能完全适应大学英语教育改革的需要。

2.教材内容还不够完善

受当前多元文化教育的影响，现有的英语教材中语言教学内容的安排还不够完善，有待进一步提高。其中体现出的问题主要集中在以下几个方面。

第一，真实的语言学习材料缺乏的问题。英语对于我国的学习者来说是第二语言，因此真实的语言学习材料才能提供最佳的外语学习环境，在丰富英语语境知识的同时，还能提高语言运用能力。但是，在对现有的英语教材进行研究后发现，由于教学目的的限制等原因，目前大多数的英语教材都对语言学习材料进行了一定程度上的调整，如简写、改编或修正，很大程度上影响了语言材料的真实性。因此，在编写英语教材时要注重语言材料的真实性，避免破坏原文的风格和内容的完整性，而对学习者的语言能力产生消极影响。

第二，教学内容的难度和梯度问题。教材内容的难度和梯度也是在编写英语教材时需注意的两个方面。在研究中，我们发现了很多在按难易程度对教学内容进行编排上的问题。有些教材错误地将英语文章的长度等同于难度，从而在第一册到之后的几册中，只有英语文章的长度发生了变化，而难度没有明显的增加。还有些英语教材的教学内容上没有明显的难度、梯度变化。以《21世纪大学英语》为例，其第二册的教学内容难度比第三册要高，第四册的教学内容与第一册相比，难度上也没有明显的区别。如此的教学内容安排是不科学的。

（二）教材的使用情况

1.教学观念陈旧

英语教材在使用方面的问题首先体现在一些陈旧的教学观念上，如"教材即知识""课本即根本"。一些英语教师教育者受传统的知识本位教材观的影响，习惯性地将教材视为学科知识的载体，在教学实践中一味地就教材中的内容进行详细的解释，引导学习者一步步得出教材中已经呈现出的结论。而学习者不能对教材中的结论有丝毫的怀疑，其基本的任务就是充分理解和消化教材中的内容，能够对其灵活运用。

关于教材的使用，西方学者提出了不同的观点。美国哲学家、教育家约翰·杜威（John Dewey）提出了"经验主义"教育学。他强调，教材是同学科脱离的，教材和教育的内容就是经验本身。另一位美国学者辛德尔、波林和扎姆沃特（J. Synder, F. Bolin&K. Zemwalt）提出了包括忠实观（fidelity perspective）、相互调适观（mutual adaptation perspective）和课程落实观（curriculum enactment perspective）在内的课程实施策略。人们将其称为"课程实施的三种取向"，即"忠实取向""相互调适取向""课程落实取向"。在20世纪80年代以前，"忠实取向"占主导地位，它将课程的实施视为单项的线性过程，即从课程计划的制订到课程的实施，从课程框架、课程计划的制订到教师的教学都是单向的。

到了20世纪80年代，一些学者提出了"相互调适取向"，认为课程实施是课程计划与班级或学校实践情境，在课程目标、内容、方法、组织模式等方面相互调整、改变与适应的过程。而"课程落实取向"是近年来产生的一种新的课程实施取向，它认为真正的课程是教师教育者和学习者联合创造的教育经验，已有的课程计划只是供这个可能发生的经验选择的有效工具而已。

在教材的使用问题上，"教教材""用教材教"和"不用教材教"便处于连续体的不同位置上。"教教材"和"不用教材教"位于连续体的两端，位于中间部分的是"用教材教"，它要求教师教育者要创造性地使用教材，自主开发新的材料，优化教材，以增加教材对教育情境的适应性。

美国教育家戈温（Gowin）认为教材的作用体现在五个方面。

（1）是好的思维或情感的准则的媒介。

（2）是具有潜能可促使新事件发生的过去时间的记录。

（3）是思想或过程的权威记录。

（4）是概念或知识（信息）实体的编制者。

（5）是增加意义和丰富经验的刺激物，其通过改编学习者已知的东西，吸引他们去探索新的关系模式。

可见，有些教师教育者在教学实践中感到教材的内容宽，容量大，话题广，教学时间少，压力大的情况，究其原因，是没有优化教材，没能把握教材的核心内容。因此，教师教育者要创造性地使用教材。具体而言，可以从以下四个方面入手。

第一，正确把握新的课程标准。新的课程标准中拓宽了课程目标的领域，将知识与技能、过程与方法、情感态度与价值观列入了课程目标。

第二，由"教材"转向"学材"。改变教材的组织方式，不仅将其看作是一种信息资源，更是促进学习者发展的工具和手段。

第三，体现教材范例性的特点。教材中的内容不必全部教给学习者，教师教育者要利用教材指导学习者认知、分析、理解事物，其只是学习者建构意义的中介。

第四，对教材进行结构上的优化。把握教材的本质，改变单一的教材载体形式。

有学者指出，在英语教育中，教师教育者应该"立足教材，优化教材、超越教材"。陶行知先生也曾说过，教师教育者可以分为三种类型：第一种是"拿学习者去配书本"的教师，第二种是"拿书本去配学习者"的教师，第三种是"教学习者学"的教师。这就要求英语教师教育者要结合英语教育的实际需要，灵活、恰当地对教材中的内容进行取舍和调整，根据文化环境、社会环境、学习者的差异性等，合理地选择和利用教材，从侧重教的"教材"转化成侧重学的"学材"。

2.教材使用缺乏整体性

除了陈旧的教学观念，现有的英语教材在相关性方面也不理想。受激烈的市场竞争和教材编写人员的素质的影响，现在市面上的英语教材体例不同，形式也多种多样，鱼龙混杂，良莠不齐，缺少联系和系统性。而有些学校为了平衡各家出版社的利益，会同时使用多家出版社出版的教材。但是，在现实的教学实践中，并不是所有的英语教材都会使用到，并且英语学习的整体性也受到了破坏，不利于学习者英语综合能力的提高。

3.过分依赖相关的配套资源

现有的英语教材几乎都配有与教学内容紧密相关的课件资源和试题库，这些配套资源为教师教育者的课堂教学提供了重要的参考资料。但是，有些教师教育者过分依赖相关的配套资源，对教材的使用也缺乏灵活性，有的甚至将课件资源直接作为教学内容在课上展示。这种行为丝毫不利于提高教师教育者本身的创造性和教学积极性。因此，导致的结果就是几乎所有的英语课堂结构都趋于雷同。

三、教材多维度开发的基本要素

教材的多维度开发主要包括以下要素：开发主体、开发维度、开发原则与开发方式。

（一）开发的主体

教师教育者是整个教学活动的灵魂，是教材多维度开发的主体。

作为教学任务的执行者与活动的指挥者与组织者，教师教育者不仅需要将教学内容加工成与学习者生活密切相关、操作性强的语言学习任务，还需要在课堂实际教学中，激发、组织、帮助学习者参与到教学活动中，引导学习者积极主动地参与活动，完成英语学习任务。

作为学习者英语学习的促进者和指导者，教师教育者不仅需要帮助学习者确立英语学习的目标，还需要帮助学习者从自身的学习风格、学习特点、学习策略出发，找到自身英语学习的有效途径，开发自己的英语学习潜能，培养学习者终身学习的能力。

作为课程的开发者与实施者，教师教育者不仅需要对既定课程予以适应，还需要积极主动地理解课程设计者的意图与主旨。这就要求教师教育者对现有学习者的水平、接受能力、学习需要等有充分的了解，进而不断提升自己的教学理念、知识水平与实践能力，只有这样才能更好地解读教材编者的意图，用于自己课程资源开发与设计，展现自己对教材、对英语课程的独特理解，彰显出教师教育者自己课堂的独特性与创造性。

如果进一步细分，教材开发的主体还可以分为教师教育者个人、教师教育者小组、教师教育者全体及校外单位或个人合作等层次。

（二）开发的维度

著名学者麦格拉斯（McGrath）曾指出，教材使用者可以从以下几点对教材进行加工与改编。

(1) 语目。

(2) 内容与语境。

(3) 教学过程。

(4) 课程管理。

(5) 重组。

根据这一理论，教材的多维度开发可以概括为语言维度、内容维度、结构维度与能力维度。

1.语言维度

语言是一切教材内容的载体。而英语作为外语，其"语言"更是教材中最显性的成分。"语言"涉及非常广泛的领域，大体可分为语言内容和语言技能。其中语言内容包括语音、词汇、语法、话语和语体，语言技能则包括听、说、读、写、译等。它们一起构成了教材中的学科知识和技能培养，分布于教材的各个角落，渗透于各种解释、例子、课文、练习、任务之中。

就语言维度而言,教材开发通常需要对如下问题进行探究。

(1) 教材中涉及哪些语法项目。

(2) 教材是否与学习者的学习需求相符。

(3) 教材中是否涉及充分的语法练习。

(4) 教材中词汇的数量是否恰当,词汇的难度是否得当。

(5) 教材中词汇是采用结构化有目的地呈现出来,还是任意呈现。

(6) 教材中是否需要专门的词汇教学,如何培养学习者对词汇的敏感性。

(7) 教材中语音学习是否包含了对重音、连读、弱化等的训练,且该采用哪些方式展开语音教学。

(8) 教材中是否体现了语言的合适性,是否确定了学习者语言运用情境与领域。

(9) 教材中是否充分覆盖了听、说、读、写这些项目,有没有涉及综合性的学习活动。

2.内容维度

这里的内容是指教材包含的情感、态度与文化等非语言方面,指教材的主题、选择的学科内容及通过教材所传递的社会文化价值观。语言与情境有着密切的关系,语言不可能脱离具体的情境而独自存在。如果仅仅将语言视为抽象的系统,那么这样的研究是很难培养学习者在真实语境中运用语言的能力的。因此,教材中必须对语言实际运用的情境加以真实呈现,并结合一定的社会文化价值观与主题。

此外,内容维度还需要考虑是否对学习者使用,是否能够将学习者的兴趣吸引过来,是否与学习者的知识体系密切相关。同时,还应该考虑教材中所涉及的社会文化语境能否被理解。

3.结构维度

教材结构一般是指教材内容组织的结构线索。语言学习内容都是按照一定的规律或理论,以某种方式来安排。选择什么样的教材内容、按照什么样的顺序来编写教材,都应该建立在促进学习者学习这一目的上。虽然教材的形式不同,但是其都是与功能、情境、话题紧密结合的。各种教材结构体系的区别主要体现在侧重点、主次线索的差异,因此教师教育者需要从学习者实际的接受能力出发,选择适合的内容来组织教材,恰当地调整教材的进度与顺序。

4.能力维度

在实际有效的交际中,知识和能力密切相关。但是,知识与能力获取的途径存在差异,前者是通过"发现""呈现"等手段来学习,即使掌握了也可能会忘记；后者则是靠具体的练习来把握，一旦获得就是持久性的，很难忘记。这就是人们常说的"教"知识，"学"技能。这里所说的能力维度主要侧重于语言技能与学习技能这两大层面。

在语言教材开发过程中，语言技能非常重要。作为以语言学习为主要内容的英语教材而言，除了需要对基本的语言知识有所掌握、对一定的社会文化价值观有所熟悉外，还需要学习者获得相应的语言技能，而这是最终的目的，以让学习者真正地学会应用语言。因此，听、说、读、写这四项技能的训练在语言教材中不可或缺。教师教育者对教材进行多维度开发，需要将听、说、读、写四项技能的培养在教材中充分体现出来，同时还需要保证听力材料的真实性、材料的难易程度、听力录音的清晰性；口语材料与学习者的生活情境的切合性以及学习者的真实互动性；阅读材料语言表达的地道性、充足性；写作量的恰当性、适切性等。此外，教师教育者还需要注意综合技能的开发，学习者只有不断参与各种活动，才能不断提升自己的语言能力，不断学习着运用语言。

与语言技能相比，学习技能具有广泛性。对于英语这门学科而言，学习技能主要指的是学习者采用的具体学习策略、学习方法、学习技巧，从而不断培养自己的听、说、读、写能力。

（三）开发的原则

教材多维度开发以课程标准为导向，目的是实现语言教学目标，促进学习者语言的发展。

教师教育者对教材的多维度开发不是随意而定的，而是基于课程标准，对教材进行加工、调整与处理，是教材编写者与教师教育者、学习者之间相互适应的过程，同时也是课程内容与计划与学校实际情况相适应的过程。通过对课程标准的把握，教师教育者对教材进行心理化、教学法的加工，改变与调整知识的传播途径与呈现形式，使教学内容与学习者的认知水平、心理特点更加适应，引导学习者对知识与技能的掌握，从而发掘出教材的多元化课程意义与价值。

（四）开发的方式

从开发的方式来看，教材多维度开发可以分为教材的整合、删减与补充，教材的开发与编写，教学设计与课件制作等。

四、教材多维度开发的具体方式

教材的多维度开发可以按照一些具体的方式展开，如对教材内容和资源进行增删和整合，对教材顺序与教学进度进行及时调整，对课堂教学设计与教学课件进行合理制作。

(一) 增删、整合教材内容和教学资源

英国英语教学专家杰里米·哈默认为，必要时教师可以对教材进行四步处理——删除、替代、补充和改编，即将教材中不合适的内容删除；用适合学习者的教学材料代替；增加教学活动与练习来提升学习者的实践运用能力；采用学习者容易接受的形式完成教材中的部分内容。在教材的编写过程中，编写者往往会追求体系、内容的普遍适用性。其并不是专门为某些特定群体制定的，而且教材的体系、内容难免与某个学习者群体需求存在出入。

因此，教师教育者在使用教材时应该从学习者群体的需求与特点出发，对教学内容进行重组，目的是增强教材对学习者群体的适用性。在教学过程中，教师教育者应该根据学习者的实际需求，对教材内容展开适度的删减，从而合理整合教材与教学资源，实现教学资源的有效配置。

1.补充与删减教材内容

对教材内容进行补充和删减是教师教育者处理教材的有效方法。当然，教师教育者对教材内容的补充和删减并不是依靠自己的喜好来决定，而是应该清楚地定位补充与删减的形式、内容、目的，这样才能保证教师教育者在补充和删减之后，还能保证与教材编写原则、课程标准、学习者的需求相符。

一般情况下，对教材内容进行补充往往出于三个目的：一是使教材内容更加全面与完整；二是使教材与学习者的实际需要相符合；三是使教学内容与学习者的实际生活更加贴近，保证教材内容的吸引力和缺位性。换句话说，教材内容的补充主要是为了对原教材内容上的不足予以弥补，且通过这些弥补的内容来更加符合学习者的实际需要与教学情境，激发学习者的学习兴趣和积极性。

但是，教师教育者在哪些情况下对教材内容进行补充呢？在当前的英语教学中，往往有下列情况需要对教材内容进行补充。

（1）课程标准中要求学习者应该掌握的内容在教材中未得到应有体现或者体现的程度不够。

（2）教材中各个部分的衔接与学习者的实际情况不符。

（3）教材中呈现的内容不足以让学习者对知识完全理解和掌握。

（4）短时间内国内外发生的事件、校园内外发生的事件或者与学习者密切相关的内容可以添加进去。例如，在当前"一带一路"的倡议下，教师教育者可以补充相关的中西方文化背景知识，让学习者了解不同国家、民族的风土人情、历史地理、行为规范、生活习俗等，这样可以帮助学习者在了解英语国家文化的基础上，正确理解语言，进而更好地实现交流。

对教材内容进行删减与上面所说的补充是相反的行为，是教师教育者将那些与教学要求不符、与学习者实际情况不符的内容删除。我国地大物博，东西部学

习者的英语接受能力也存在明显差异，因此统一编写的教材很难照顾到全面性，这就可能会影响学习者对语言的理解，从而影响他们消化吸收语言。因此，教师教育者有必要从学习者的实际水平、接受能力出发，对教材进行有目的的删减，并寻找一些合适的素材进行补充，以满足教与学的需要。

2.整合教材和教学资源

教材内容的整合不仅包含对教材各个单元内部知识的整合，还包含不同单元之间相近知识的整合，或者是不同版本教材的整合，更甚者是对不同学科知识的整合。而对教学资源的整合则指的是教师教育者基于教与学的需要，对固有的教学资源进行筛选、重组和利用的过程。对教材与教学资源的整合能够让教学更加适应学习者的兴趣和实际需要，让教学内容更容易被学习者理解和接受。

（二）及时调整教材顺序和教学进度

调整教材的顺序包括单元间顺序的调整、单元内课与课之间的调整，还包括每一课课内板块的调整等。教材的编写虽然是从简单到复杂的过渡过程，但是这种简单与复杂并没有绝对性的标准。教材编写者对教材内容顺序的安排也就没有了客观性的标准，因此教师教育者在使用教材的过程中，可以从教与学的需要出发，适时调整教材的顺序，既可以将各个板块的教学顺序打乱，也可以将各个板块的内容综合起来，以获得最佳的教学效果。

教学计划是教师教育者从教材内容出发，对教材进行的预先安排，但是教学活动并不是完全遵循教学计划来进行的，教学内容的不同与学习者的主观能力都会对教学计划的实施产生影响。因此，教师教育者可以从教学的难易程度出发，结合学习者对教材内容的理解程度，对教材进行适度调整，对于容易的部分可以加快教学进度，对于困难的部分可以延缓教学。当然，这需要教师教育者在教学过程中不断积累教学经验，熟悉教材，并对班级与学习者的情况有清晰的把握，以期获得最佳的教学效果，让每位学习者都学有所成，实现预设的教学目标。

（三）合理制作课堂教学设计与教学课件

教学课件是指根据课程标准（或教学大纲）要求，分析教学目标、教学内容、教学任务和教学活动，通过对展示内容、结构及界面的精心设计而加以制作的课程软件。现存意义上的课件基本上指的是多媒体课件，即从课程要求、教学需要出发，通过对教学内容整合，并以多媒体的方式呈现出来的课程软件。

随着当代科学技术的发展，原有的"教师教育者+黑板+粉笔"的模式已经远远落后了，课件制作能力已经成了教师教育者专业能力发展的一部分。在当前新的教学模式下，教师教育者需要借助多媒体、网络的辅助，基于以学习者为中心的课堂设计理念，不断提升学习者的语言能力。

课件集合了各种信息素养，是教师教育者能力与智慧在多媒体条件下的呈现。教师教育者对教材进行研究，然后将教材内容转化成可以操作的课件和教案，并通过教学予以检验，遇到不足的地方进行改进和修正，如此不断地循环重复，有助于形成良性循环，不断提升教学水平。

多媒体课件集技术、教育、艺术于一身，要想制作一个优秀的课件，离不开教学科学理论，同时还需要具备高超的教学水平与技艺表现能力，将教学内容与多媒体形式密切结合，这样才能使教学内容更好地为教学服务。课件的设计与制作也应该遵循"源于教材，高于教材，还原于教材"。所谓"源于教材"，是指课件的主要内容、主要信息应该基本从教材而来，教师教育者要以教材为纲，熟悉教材，把握教材的主要内容与主题。

课件的制作要服从于教材，并为教材服务，与教材内容相呼应，但是并不是直接把教材搬为课件，即不能照抄照搬，而应该适当取舍与增添。"高于教材"是从表现形式上来说的，是对课件提出的新要求。由于教材内容为文本形式，在表现形式与容量上是有限的，而多媒体课件能够传达出视觉、听觉信息，这要比传统教材更为直观地展现给学习者。但不得不说，教学工具、教学方法总是为教学目标服务的，因此在教学过程中，无论教师教育者采用何种教学工具、教学方法，最终都是为了实现既定目标。

第二节 教材多维度开发对高职英语教师专业发展的意义

教材的多维度开发与教师教育者的专业发展是相互促进，相辅相成的。一方面，教师教育者对教材进行多维度开发，能促进教师教育者教学能力和科研能力的发展；另一方面，教师教育者自身专业的发展又使得教师教育者具备驾驭教材、开发教材的能力，能实现对教材的更有效的多维度开发。

教师教育者进行教材多维度开发，对自身专业发展的促进主要表现在以下三个方面。

（1）教师教育者对教材进行多维度开发，能够对课程内容有一个充分的了解和把握，进而对教学资源进行有效整合，提升教学的质量，促进自身教学能力的提升和发展。

教师教育者是教学任务的开发者与设计者，是教学活动中的主角。教师教育者对教材进行多维度开发，首先需要学习和熟悉教材，掌握教材中提供的基础知识与结构编排，分析教材中呈现出的课程目标、教育目标、价值观等。当教师教育者把握了这些内容之后，对这些内容进行解读，并从学习者的行为习惯、认知水平、知识经验、思维特点出发，对教材进行处理和整合，通过对教材进行灵活的运用，有助于实现教学效果的最大化。学习者也成为教材多维度开发的受益者。

（2）通过多维度开发教材，教师教育者能够提升自己的课程意识，完善教学体系，提高教师教育者自身的教学竞争力，并促进自身教学科研能力的提升与发展。在教师教育者专业化发展过程中，科研水平不可或缺。刘润清指出，一名优秀的教师应该能够将教学与科研紧密结合，教学能够为教师提供灵感，发现课题并验证，形成自己的经验，用于教学科研；而科研能够保证教师对教学的兴趣和积极性，并引领教学的前沿性与时代感。

教师教育者科研是提升教师教育者竞争力的重要方式，有助于满足教师教育者决策的科学化、提升教师教育者素质的需要，从而更好地促进教师教育者的专业化水平。一名教师教育者只有不断提升自己的科研水平，才能获得长足的发展，且只有走科研之路，才能让教学更上一层楼。要想成为一名教育工作者，教师教育者不仅要做到终身学习，还需要不断付诸研究。

教师教育者科研的最大特点在于教学科研与教学实践为一体，具有极强的时效性、实践性以及实用性价值，其侧重于教学经验的提炼与概括。对教师教育者而言，教学活动与学习者就是最大的研究对象，教师教育者就是开展教学的实验室，而教师教育者就是实验者，问题在这一实验过程中产生，而教师教育者就需要从具体情境出发对这些问题进行解决，在教学中进行检验与验证。

夏纪梅认为教师对教材的研究是"教""研"相得益彰的最佳途径，为教而研，为研而教，在教中研，在研中教。

教师教育者在多维度开发教材的过程中，需要不断提升自身的科研能力。教学科研能力主要涉及教师教育者发现问题、恰当选题、查询资料、设计研究过程的能力，以及对搜集的资料进行分析与总结的能力。教师教育者在多维度开发教材过程中，需要不断研究课程目标如何根据培养需求而设定并通过教材得以体现，需要研究如何保证课程目标在实际教学中的有效实施，从而对教材的编排理念、课程等有更深入的理解。

教师教育者在对教材的多维度开发过程中，会经常发现教材与体系建设不符的情况，因此教师教育者需要对这些问题进行分析和思考，选择那些有预见性的、具有现实意义的、可行性强的问题，查阅相关的资料，迅速定位所需资料，进行有目的的阅读，并设计研究的过程，逻辑分析整理后的资料，发现所研究资料的实质与规律。

在此基础上，教师教育者将自己潜心研究的新思想、新知识、新方法等付诸文字，撰写科研报告与论文。在开发中，教师教育者不仅加强了自身对课程的理解，还逐步提升了课程开发意识，不再处于"国家课程论"的思维定式中，开始对课程发展、课程建设进行积极的探索与思考，发现有价值的课题，从而系统地学习相关知识，探究解决这些问题的方式，在完善课程建设的同时提升自身的科研能力。

（3）教师教育者在对教材进行多维度开发的过程中，需要与其他教师教育者合作，从而为自身的专业发展创造良好的氛围。也就是说，教师教育者的专业化发展，并不仅仅是自己的事情，而是群体的努力，因此需要更多的外部支持。

对教材进行多角度、多层次、立体式的开发与研究，需要集合同伴的力量。同时，由于教材的多维度开发并不是对以往经验的复制、粘贴，而是一种理性地提升教师教育者专业化水平的过程，因此为了实现多维度开发的目的，教师教育者与教师教育者之间应该精诚合作，分享经验，共同探讨问题与解决方式，取别人之所长，补自己之所短，这样有助于激发教师教育者的积极性与主动性。对教材进行多维度开发，为教师教育者提供了交流和学习的平台，营造了一种民主、平等、和谐、宽松的能引发思维碰撞和情感交融的良好的教研氛围。

总之，英语教材的多维度开发能使英语课程与学习者的需求更加贴近，最大限度地促进学习者的个性化发展，提升学习者的英语综合能力。同时，教师教育者也提升了科研与教学能力，改善了自身的教学效果，强化了自身对课程的认识，最终促进了自身的专业化发展。

第三节 基于教材多维度开发的高职英语教师专业发展的途径

当前我国市场上可供选择的外语教材多种多样，有国家统编教材，有从国外引进的教材，还有一些为了满足社会上外语学习与考试需要而编写的教材等。这些教材编写所依据的理论不同，对语言与文化内容的处理也不尽相同。因此，英语教师教育者应该全面有效地使用教材、合理开发与编写教材，并参与课题研究与课程建设，以促进英语教师教育者的专业发展。

一、全面有效地使用教材

教材是教学的有用之材，是教师教育者的手中之宝。教材为教师教育者职业生涯、学术发展以及教学技能的个性化发展提供了必要的基础。作为教学的载体，教材是教学大纲和教学计划在知识内容与教学目标上的产物；在知识的呈现方式上，则是教学法的体现与应用。教师教育者对教材的认识水平决定了教师教育者对教材的使用程度与使用水平，对教材进行研读、深层次把握是教师教育者专业发展的一条有效途径。

教师教育者对教材的实际运用，从教学维度来看，主要包括三个方面：其一，理解教学目标与内容，并对这些教学目标与内容予以取舍；其二，设计与安排教学环节与方法；其三，反馈教材使用结果，并预知和回想整个教材的经验。这三大层面揭示了教师教育者使用教材的大致过程。

(1) 对教材进行理解与判断，获得教学目标，选择教学内容。

(2) 组织实施教材，运用一定的教学方法，对教学活动环节予以安排。

(3) 进行预设和反思，对教学效果予以检测，总结教材使用过程中的经验。

教师教育者对教材的实际运用主要围绕上述三个维度进行。

教材是编写者课程理念和教学思想的反映。通过对教材的多维度开发，教师教育者不仅能了解"教什么""怎么教"，而且还能知道"为什么要这样教"。在教材多维度开发的过程中，教师教育者不仅是"实践家"，同时还在向"理论家"迈进。教师教育者对教材的运用也从经验的、直观的过程逐步上升到理性的、自觉的过程，从而促进专业的发展。

(一) 探究教材体现的语言学习规律

以语言学习为主要内容的英语教材，包含了教材编写者对语言学习规律的基本理念。一般来说，英语教材往往包含两种提升语言习得的方法：一是将语言现象直接呈现出来，对语言规则进行讲解，对语言运用进行解释，然后设置大量练习来让学习者复习和掌握；二是在教材中编入大量的语言实践，让学习者接触大量英语情境，在运用过程中理解与掌握语言。

通过对教材的分析可知，教师教育者能够将隐藏于教材中的学习规律挖掘出来，判断编写者是采用的归纳过程还是演绎过程，是分析还是综合，是以结果为导向还是以过程为导向等。基于此，英语教师教育者才能帮助学习者更多地接触语言情境，发挥教师教育者的指导作用，引导学习者积极地参与到活动中，最终习得语言。

(二) 学习教材采用的语言知识学习与技能培养的教学方法

现代外语教材的编写原则通常体现前沿性，并符合语言教学思想，反映出语言学习与技能培养的方法。但是这很难被教师教育者发现，导致教材编写原则与教师教育者的实际教法并不一致。在实际的英语教学中，很多教师教育者视教材中的课文为知识传输载体，将学习课文的过程作为讲解语言点的过程，在这些教师教育者眼中，只要学习者掌握了这些语言点，那么就理解了课文。

实际上，这样的观点存在一些问题。首先，学习语言并不意味着对语言点的学习。其次，所谓阅读，主要是为了培养学习者的阅读能力。可见，教材是教材编写者教学思想与方法的物化形式，对教材进行全面有效的使用，就能够挖掘出教材中隐藏的教学方法，从而为教师教育者提供处理语言知识、培养语言技能更多的方法。

利特尔约翰（Little John）认为，教材中的"任务"是了解教材设想的窗口，"教材设计者关于语言学习的最佳路径的假设正是通过课堂任务的性质而变得清晰，教师和学习者的角色由此得到界定"。教材中任务或练习的设计往往折射了编制者的学习观。

教师教育者通过研究教材，理解教材内容是如何体现隐藏在其中的教学理念，领会教材编写者的意图，理解和学习编写者通过教材传递的教学方法，从而促进专业水平的提高。

（三）理解教材中语言材料的选择思路

教材编写者首先需要考虑的问题就是从大量的语言素材中选择合适的材料。入选教材的材料通常要具有真实性与代表性，通过对这些材料展开细致分析，探究材料入选的原则与理由，能够帮助教师教育者对资料进行整合，并为增删教学内容与设计课堂教学提供指导，也为教师教育者进行教材开发提供途径。

（四）理解教材如何帮助学习者发展自主学习能力

自主学习是学习者对主导自己的学习进行主动性构建的过程，是基于教育的民主化、终身化、个性化等理念而发展起来的教育策略。随着英语教学实践的开展，加之语言学习"终身教育"理念的兴起，英语教学已经不再仅仅局限于课堂之上，其在课外也是可以进行英语学习的，这就是所谓的英语自主学习。国内外学者对自主学习进行了广泛的研究，并在诸多层面上取得了卓越成果。

迪更生（Dickinson）曾提出了理想的促进自主学习的材料具备的特性：(1)有明确的目标；(2)有意义的语言输入；(3)材料的灵活性；(4)学习指导；(5)语言学习建议；(6)反馈与测试；(7)保持学习记录的建议；(8)参考材料；(9)索引；(10)动机因素；(11)进步的建议。

加德纳和米勒（Gardner D.&Miller L.）对自主学习环境的五大因素界定为：(1)人（教师教育者等）；(2)资源（教材等）；(3)管理（系统的组织协调等）；(4)个性化；(5)目标设立与监控。

由此可见，教师教育者和教材都在自主学习能力的培养中起着重要的作用。学习者自主学习能力的培养关系到学习者个性化学习、创新学习和终身学习能力的发展。因此，教师教育者通过合理使用教材，不仅能充分理解和挖掘教材对学习者自主学习能力的作用，更能把教材体现的自主学习理念运用到实际教学中，形成以学习者为主体，教师教育者为主导的新型教学模式。

教材对学习者自主学习能力的促进主要体现在两个方面。

第一，教材能为学习者自主学习能力的培养创造条件并提供资料支持。

坎宁斯沃思提出，教材是讲授材料的资源，学习者实践和交际互动活动的资源，课堂语言活动的灵感来源，学习者在语法、词汇和语音等方面的参考书，用于自我学习和自主学习的资源，反映既定学习目标的大纲，为自信心有待加强、缺乏经验的教师提供支持。教材是课堂、学习者和教师教育者开展教与学各种活动的资源的提供者，为学习者自主学习创造了条件，为自主能力的培养服务。

第二，教材能帮助学习者形成良好的学习习惯，培养有效的学习策略。学习策略是学习者为了有效学习而采取的各种方法、技巧和步骤，通常可分为三种类型：元认知策略、认知策略、社会与情感策略。

体现自主学习理念的教材是自主学习的客体，是与学习者互动的主要材料，能为学习者提供具体的社会、文化、教育的语境。教材能满足学习者想表达的需要，并通过内容的精心组织与安排鼓励学习者独立学习。从某种意义上说，它承担了一部分传统课堂中教师教育者的角色，启发学习者思考，帮助学习者形成良好的学习习惯，并提供各种学习策略和建议。教材与学习者之间的有效互动，能够培养学习者的策略意识，提高学习者的自主能力，发展学习者独立使用语言知识的能力。

教师教育者培养学习者自主学习的过程实际上也是培养教师教育者自主学习的过程。教师教育者从以前传授知识为主，变为现在以指导、辅导学习者的学习为主，成为学习者建构意义的帮助者和指导者。教师教育者通过领悟教材蕴含的自主学习理念，结合课程内容，激发学习者的学习兴趣，努力创造符合教学内容要求的情景，提示新旧知识之间的线索，帮助学习者构建当前所学知识的意义，并在可能的条件下组织和指导合作学习，使得这种意义建构更加有效，学习者的自主学习能力得到培养，教师教育者自身的专业素养也得到加强。

二、合理开发与编写教材

程晓堂曾指出，就我国目前的情况来看，英语教师在教材编写中并没有发挥出应有的作用。究其原因，主要有四大方面。

（1）很多外语教师认为，编写教材与自己无关，编写教材是教育主管部门和教材出版部门的职责，不是教师的职责。

（2）有关教育主管部门不鼓励教师甚至不允许教师编写以及出版教材。

（3）很多教师不具备编写教材的能力，也不具备编写教材的资源。

（4）即使教师编写了教材，也可能出版不了。

而事实上，教师教育者作为教材的第一使用者，作为实现教材编者与学习者之间知识传递的桥梁，对开发和编写教材具有得天独厚的优势。教师教育者在教材编写的过程中，通常必须考虑以下的问题：围绕这门课程有哪些先进的语言理论、学习理论和教学理论，指导教材编写的课程要求是什么，使用该教材的教师教育者如何开展形成性评价和终结性评价，教材该如何照顾学习者的个性差异，教材是否考虑了教师教育者教学和职业发展的需要，使用这本教材需要什么样的支持性教材材料和教学资源。通过考虑这些问题，教师教育者对该门课程会有透彻的了解，而个人的科研和教学能力也会得到锻炼和提高。

三、参与课题研究与课程建设

谈到科研，教师教育者们常认为那是科研人员的事。其实不然，科研是每位教师教育者分内的事，是每位教师教育者心灵深处的需要。一名教师教育者只有走教学和科研相结合之路，才能将教育教学工作提高到新的境界。亦教亦研，才能常教常新。一定的教研能力是教师教育者专业水平持续发展的保证，教师教育者要实现专业的成熟，除具备娴熟的教学基本功之外，还必须对教育教学有所研究。

对教材进行多维度开发，不仅能帮助教师教育者摆脱对教材的过分依赖和崇拜，积极、自主、合理地选用和开发教学资源，应对教学情景中的种种不确定性，同时还能帮助教师教育者发现教学实践中存在的一些具有研究价值的课题，参与课题研究；还能不断丰富自己的课程知识，逐步培养课程意识，完善课程建设。

教师教育者通过参与课题研究和课程建设，又可以提高教师教育者的士气，增进教师教育者对学校课程的归属感，提高教师教育者的工作满足感和责任感，使教师教育者对教学和科研有更多的投入，并重建教师教育者的知识观和教师教育者与学习者之间的教育关系，形成良性循环，促进教师教育者专业的发展。

第八章　高职英语教师专业发展之信息素养

第一节　信息素养简述

一、对信息素养的界定

（一）国外的界定

信息素养这一概念是由西方图书馆检索技能发展演变而来的。

1974年，美国信息产业协会主席保罗·泽考斯基在美国全国图书馆与情报科学委员会上首次提到信息素养的定义："具有信息素养的人，学习过如何将信息资源运用于工作，学会了利用大量的信息工具及初始信息源形成信息解决方案来解决问题。"但是这一定义也有其局限性，即它将信息素养和利用信息的技术等同，这是由计算机发展水平导致的。

1989年，美国图书馆协会信息素养委员会发布的《终结报告》指出，信息素养包括两个方面：一是信息意识，即能够意识到何时需要信息；二是信息能力，即能够定位、评估并有效利用所需信息解决现有问题。该报告同时指出，具有信息素养的人知道知识是如何组织的，知道如何去寻找信息，知道如何使用信息能使他人获知信息，所以他们是知道如何学习的人。这一定义因为丰富的内涵而被学界广泛认可。

1992年，《信息素养全美论坛的终结报告》从信息处理过程的角度，将信息素养界定为"从各种资源中获取、评估和使用信息的能力"，并注意到了人的批判性思维。

Shapiro和Hughes将信息素养分解为以下七种元素。

（1）社会结构素养，即了解信息在社会上的分布和生产方式。

（2）资源素养，即能够了解信息资源的形式、定位、获取方法。

（3）批判素养，即能够批判地评价信息技术在智力、人文、社会层面的长处和短处以及收益和成本。

（4）出版素养，能将研究成果和想法引入电子公共领域和电子学者圈。

（5）研究素养，能够了解并使用关于目前研究者工作的信息工具。

（6）工具素养，即能够了解并使用关于教育工作的当前信息技术的实际工具和概念工具。

（7）新技术素养，即能够不断地适应、理解、评价、利用新的信息技术，能够理性地采用新技术。

美国高等教图书研究协会指出，信息素养包括以下六种能力。

（1）能确定所需信息的程度。

（2）能有效且又高效地获取所需的信息。

（3）能批判性地评价信息及其来源。

（4）能将所选的信息与自己的知识基础结合起来。

（5）能有效地使用信息实现某个具体的目的。

（6）能了解使用信息所引发的经济、法律和社会问题，能遵循伦理道德和法律规定获取、使用信息。

（二）国内的界定

由于我国的信息化起步较晚，国内学者对信息素养的界定大多引用国外的定义。

王吉庆认为信息素养包括信息意识与情感、信息伦理道德、信息常识、信息能力四个方面，是一种综合的评价。

王良成则把信息素养分为信息知识能力、信息认识和意识两个层面。

张倩苇将信息素养归纳为信息意识与信息伦理、信息知识和信息能力三个部分。

张义兵和李艺从技术学、心理学、社会学、文化学的角度将信息素养定位为信息处理、信息问题解决、信息交流、信息文化的多重建构能力。

虽然学者对信息素养提出的定义有着不同的角度或者不同的表述，但是对信息素养的核心内涵基本达成共识，都认为信息素养至少包括信息意识和信息能力两大方面，而筛选、鉴别和使用信息的能力始终被视为信息素养的核心能力。

二、什么是英语教师教育者的信息素养

教师教育者会上网查找资料，会制作课件，但这不是信息素养的全部。英语教师教育者是一种特殊的职业，因此英语教师教育者的信息素养带有明显的职业特点。目前关于教师教育者信息素养还没有相关研究或理论，但关于教师信息素养的研究已经有很多，因而这里就主要介绍教师信息素养的相关内容。

关于英语教师的信息素养，谭文芬、余丽等人、于红等人以及秦美娟和何广铿等人的研究较有代表性。

(一) 谭文芬的研究

谭文芬认为，在信息化社会，英语教师的信息素养应该涵盖信息意识、信息知识、信息能力三大方面。

1. 英语教师的信息意识

英语教师的信息意识包括以下四个方面。

(1) 对教学信息有一定的敏感度。

(2) 能意识到信息对创设英语语境的重大作用。

(3) 能意识到并具获取促进英语教学的信息。

(4) 具有将信息与英语教学整合的意识。

2. 英语教师的信息知识

(1) 理解信息学理论。

(2) 掌握信息源和信息工具的知识。

3. 英语教师的信息能力

(1) 判断信息的能力。

(2) 收集信息的能力。

(3) 批判信息的能力。

(4) 处理信息的能力。

(5) 生成信息的能力。

(6) 传递信息的能力。

谭文芬对高校英语教师的信息素养内涵的阐释体现了教师职业的特点，给读者直观的认识，但限制了概念的内涵，在严谨性方面有所缺失。

(二) 余丽等人的研究

余丽等人指出，英语教师的信息素养包括信息意识、信息知识、信息能力、信息和课程整合能力、信息伦理五个方面。

(1) 信息意识，指教师对信息的敏感度。

（2）信息知识，指与信息相关的理论知识和方法。

（3）信息能力，指教师使用信息系统以及获取、分析、加工、评价信息并创造新信息、传递信息的能力。

（4）信息和课程整合能力，指教师依据课程特点、教学原则和教学需要利用必要的媒体设计教学活动、完成教学任务、提高教学效果的能力。

（5）信息伦理，指信息安全和信息道德。

余丽等人对英语教师的信息素养的阐释比较全面，以上五个方面既相互独立又相互关联。其中，信息意识是前提条件；信息能力是信息素养的核心，信息技能的提升将反过来增强信息意识，有助于信息安全的发展；信息和课程整合能力是信息素养的目的，体现了教师的职业特点；信息安全意识的加强又会促进信息技能的进一步发展。

（三）于红等人的研究

于红等人着重从能力的角度来阐释英语教师的信息素养，强调外语教师应具备以下几种能力。

（1）高尚的信息道德。

（2）全面、客观地评价信息的能力。

（3）将信息技术与外语教学相结合的能力。

（4）终身学习的观念和能力。

值得注意的是，终身学习的观念和能力与信息素养是紧密相关的，但不能笼统地认为信息素养包括终身学习的能力。信息社会要求人具备终身学习的能力，信息素养是终身学习的基础。

（四）秦美娟和何广铿的研究

秦美娟和何广铿在分析了国内外学者的研究之后，从信息意识和信息能力两个角度探讨高校英语教师信息素养的内涵。

1.信息意识

信息意识是指英语教师应该具备怎样的认识、观念和需求。

（1）认识：英语教师应当充分认识到对ICT和网络资源的合理运用将有利于大学英语教学质量的提升。

（2）观念：英语教师应当积极转变教学观念，以适应信息时代教育发展的需求。

（3）需求：英语教师应当充分意识到信息素养是促进教师个人专业发展、提升英语教学质量的客观需求。

2.信息能力

英语教师的信息能力是信息素养的核心，包括以下七种类型的信息能力。

（1）研究能力：运用ICT进行大学英语教学研究的能力。

（2）交流能力：运用ICT与专家、同行和学习者进行大学英语教学经验交流的能力。

（3）管理能力：运用ICT对大学英语教学网络和本地资源进行收集、组织、整理和储存的能力。

（4）处理能力：运用ICT对大学英语教学资源进行教学加工的能力。

（5）评价能力：运用ICT客观评价大学英语教学资源和学习者英语学习情况的能力。

（6）获取能力：运用ICT获取大学英语教学资源的能力，包括信息的检索和下载。

（7）整合能力：运用ICT辅助大学英语课堂教学的能力。

秦美娟和何广铿从抽象到具体，对信息素养的各个层次进行剖析，每个层面的重要性和具体要求都有理论或研究成果支撑，而且提出了实践操作建议，具有很强的实践参照性，但是如果对信息素养的其他方面进行了阐释，英语教师信息素养的内涵将更加完整。

第二节 国内外英语教师教育者信息素养发展现状

一、国外教师教育者信息素养发展

在现代信息社会，信息是最宝贵的资源，信息技术是人们得以生存和发展的一种技能，同时也关系到各国社会、文化、经济的发展。因此，在培养人才方面，应该以信息素养的培养作为重点，这就要求肩负教书育人重任的教师教育者必须具备良好的信息素养。所以，各国政府、国际化组织热衷于探讨如何培养教师教育者的信息素养。

（一）美国教师教育者信息素养发展

目前，美国在教育者信息素养研究中针对的主体主要是教师，关于教师教育者信息素养的研究还比较少，因而以下就主要介绍美国教师信息素养的发展情况。

美国的教育技术起步最早且发展迅速，在世界上率先实施教育信息化。20世纪90年代初期，美国政府强调充分发挥技术在教育中的作用，推进教育信息化的发展，率先提出要把教育信息化作为新世纪教育改革的重要途径，先后制定了三个"国家教育技术计划"。更为重要的是，美国政府意识到了教师在这场教育变革中的关键性作用，采取全社会的参与保障教师信息素养的培养。其中，美国政府发挥宏观导向的作用，同时使非营利机构起着中观协调的作用，高校起着微观参与的作用。

1.政府的导向

美国图书馆协会信息素养委员会在1989年发布的《终结报告》（American Library Association）提出教师教育应当纳入信息素养教育。1996年，美国政府发布的"教育技术行动纲领"，提出实施教育技术的四大挑战，其中之一即教师整合技术与课程的技能。1997年2月，美国前总统克林顿在国情咨文中指出，要使10万名教师经过培训后可以实施网络教学。2001年，美国发布的教育报告提出，使所有教师接受培训是实现教育信息化的目标之一。美国政府的导向作用包括启动培训项目、财政支持和制定高校教师教育技术标准三个方面。

（1）启动培训项目

1999年，美国联邦教育部启动了PT3（Preparing Tomorrow's Teachers to Use Technology）项目，提供基金资助职前教师的技术教育，最初两年就资助了441个教育技术培训项目，培训学院、大学和各级各类教育结构的大量教师。

（2）财政支持

美国联邦政府、州政府、学校、公司、基金会等各级机构为教师信息技术教学投入了大量的经费。

2002年，美国政府向技术教育投入10亿美元的经费，并要求各个学区必须至少将25%的技术教育经费用于教师培训；2003年，美国联邦政府把教育技术资金的30%投放到教育技术与课程整合中，为教师提供持续、高质量的专业强化培训。

博物馆和图书馆协会划拨了936000美元的资金，支持伊利诺伊州基于网络的信息科学三个项目建设，其中一个项目就是培训高校教师的网络教学技能。

（3）制定教师教育技术标准

1995年起，美国各州纷纷将信息技术能力纳入教师资格认证或续证要求，同时各州也制定了相关的信息技术标准。其中，由美国国际教育技术协会（International Society for Technology in Education，简称ISTE）制定的《美国国家教师教育技术标准》受到了普遍的公认。ISTE提出的标准并非一成不变，而是紧随时代的步伐，不断修改完善。ISTE标准包括ISTE2000版和ISTE2008版。

①ISTE2000版从五个维度规定教师的教育技术能力，具体如下。

第一，教师准确理解技术的操作和概念。

第二，教师计划、设计基于技术支持的有效学习环境和学习体验。

第三，教师实施通过技术促进学习者学习的课程计划。

第四，教师利用技术辅助实施各种有效的测评和评估。

第五，教师利用技术增强自我的工作实效和职业实践。

②ISTE2008版包括以下五个维度。

第一，在真实和虚拟环境中，教师利用自己的知识和技术促进学习者的学习和创造力。

第二，设计、开发数字时代的学习体验和评估工具。

第三，成为数字化时代工作和学习的模范。

第四，提升数字化时代公民素质及责任意识并以身作则。

第五，教师不断进行专业发展，坚持终身学习并通过数字工具和资源的有效利用在学校和专业共同体里发挥领导作用。

《美国国家教师教育技术标准》不仅为美国教师的信息素养培养提供了参照，指明了学习者的努力方向，而且将教师培养分为四个不同阶段，即一般性准备阶段、专业性准备阶段、教学实习阶段、职后执教一年阶段。针对不同阶段的特点，对教师的教育技术能力测评提出具体要求，而且配有操作性较强的标准评估手册。经过详细分析可知，2008版标准并未规定教师如何利用信息技术开展教学，而是强调教师要应用教育技术促进学习者的发展，要求教师以身作则，突出公民素质、责任意识和全球意识，因此从侧面反映了美国教师的信息素养已经到了很高的层次。

2.非营利机构的协调

美国有许多非营利性机构参与教师信息素养发展的进程，美国远程教育委员会和教育传播与技术协会是两个典型代表。前者出版刊物为教师和研究者提供了交流远程教育的平台，后者为高校教师网络教学技能培训提供免费的技术产品和顾问服务，还定期举行会议探讨教育技术的最新动态。

3.高校的投入

在过去的十几年里，美国高等院校通过基于网络的自主学习形式、集中培训形式、混合培训形式等多元化的培训形式对教师进行网络教学技术培训。例如，美国许多网络论坛会发布网络课程模板和课件以及资深教师的网络教学心得，便于广大教师基于网络进行自主学习。再如，Anderson和Oyarzum经过对前人成果的总结，结合ADDIE（分析、设计、开发、实施、评估）模式和学习者共同体模式，设计出一种融合了集中强化培训、一对一培训、即时培训、社交联谊等形式的教师发展混合模式。

另外，美国高校与高校之间、高校与培训机构之间也通过合作共同为高校教师提供网络教学技术培训。例如，门罗社区学院与纽约州立大学网络学习中心合作完成两校教师的培训；美国远程教育和培训委员会和高校合作开展网络教学技能培训。

（二）欧洲教师教育者信息素养发展

与美国在教育者信息素养方面的研究类似，欧洲教师信息素养的研究主体也是教师，因而下面仅介绍欧洲教师信息素养的发展情况。鉴于信息化趋势对教育改革的重大影响，欧洲各国出台了一系列教育信息化政策和实施策略，积极促进教师信息素养的提升，主要体现在国家政策的支持、师资培训的启动、信息素养标准的制定。

1.国家政策的支持

20世纪90年代中后期，欧洲各国为了提升教师信息素养，都陆陆续续制定各种政策法规。例如，英国政府在1995年推出题为"教育高速公路：前进之路"的行动计划，宣布1998年为网络年，当年拨款一亿两百万英镑，次年拨款一亿五百万英镑，专门用于教育信息化建设，尤其是更新教师的ICT能力，计划在四年内培训所有教师的网络使用能力。再如，德国议会于1996年12月通过了世界第一部《多媒体法》，随后各州文教部长联席会议决定正式把媒体教育纳入师资培训内容。

2.启动师资培训

（1）英国的教师ICT培训

在欧洲，英国的教育信息化发展得最快。

1998年，英国教育与就业部颁布了《英格兰国家课程纲要：信息通信技术》（The National Curriculum for England：Information and Communication Technology），其中涉及职前教师的ICT培训认证和质量评估，要求新教师在应用ICT前要达到以下标准。

第一，能够理解ICT的使用与实现教学目标之间的关系。

第二，能够应用ICT进行教学活动和资源的设计、管理与评估。

第三，能够掌握ICT的技术、特点和ICT在教学中的应用方法等。

第四，能够理解与计算机应用相关的健康、安全、法律与伦理问题。

第五，能够运用ICT促进自我职业发展。

政府从六合彩基金中拨出2.3亿英镑设立了新机会基金（NOF），用于资助教师的ICT培训，其首要目标就是让教师能够在学科教学中正确选择和有效利用ICT。英国的教师ICT培训主要包括以下两大部分。

第一，有效的教学与评价方法。

第二，关于ICT的知识与理解，使用ICT的能力。

在这项培训计划中，政府只负责以下几项任务：教师达标标准的制定；教师需求的确定；培训机构的资格认证；培训质量的监督和考核等。

（2）欧洲其他国家的教师信息素养培训项目

欧洲其他国家也努力加强教师的信息素养教育和培训。例如，1998年初，法国教育部强调教师培训是最紧迫的任务。法国教育部增设计算机专业教师培训点，培训年轻博士从事多媒体教学，并将新教学技术作为教师继续培训的最重要内容。再如，1997年到1998年间，瑞典政府启动了"学校中的ICT"的国家级行动项目，它是一个ICT项目和学校发展项目，将为全国大约75000名教师提供在职培训作为重要任务，囊括了学龄前到成人教育各个层次的所有教育人员。

（3）欧委会的教师信息素养培训项目

除了各国国内为教师提供信息素养发展的机会外，欧委会也致力于为更多的教师提供发展机会，其中一大举措是资助教师信息素养教育/培训项目，欧委会资助的ICT4LT和TALLENT就是两个典型范例。

跨国ICT培训项目ICT4LT（ICT for Language Teachers，ICT语言教师）以教学导向开发课程资源，课程几乎包含ICT与语言教学整合的各个层面，涵盖面广。

TALLENT（Teaching and Learning Language Enhanced by New Technologies，新技术辅助语言教学）是欧委会资助开发的外语教师和培训人员ICT在职培训课程，通过研讨会和工作坊等形式，使受训教师能够在语言教学中合理运用ICT，实现ICT与语言教学的整合。

3.教师信息素养标准的制定

（1）英国《ICT应用于学科教学的教师能力标准》

《ICT应用于学科教学的教师能力标准》由英国教育与就业部等机构制定并由英国教师培训负责实施，它对学科教师展开ICT培训制定了两项标准：一是有效的教学和评价方法，二是在学科教学中使用ICT所必需的知识、理解力和技能。该标准包含18个一级指标、50个二级指标，围绕教学的实施过程，根据不同学科、不同阶段教师的特点，对学科内容的组织、学科教学方法和技术使用的方式提供指导，为培养学科教师的ICT能力提供参照，也为其他国家的教师信息素养标准的制订提供了借鉴。

2010年，英国颁布的《21世纪教师手册》对教师的信息素养培养提出了更高更多的专业标准，包括学习与教学、计划与管理、评估与报告三个方面，以及技能和实践、知识和理解、价值和品质三个层次。

《ICT应用于学科教学的教师能力标准》主要是规定的是教师在学科教学中应用信息的信息能力，而《21世纪教师手册》不仅要求教师能够将信息技术应用于学科教学，而且要求教师能够具备运用信息技术促进学习者发展、交流与合作以及自身专业发展等方面的能力。

（2）《欧洲教师ICT应用能力框架》

《欧洲教师ICT应用能力框架》是"2010教育和培训"项目下uTeacher课题组基于对欧洲各国教师ICT培训和专业发展的总结构建而成的框架。该框架包括

"自我、学习者、同事、环境四个对象维度",以及"教学、课程和学科知识、专业发展、组织、政策、道德、创新、技术八个领域维度",纵横交叉构成32个能力指标。

(三)亚太地区教师教育者信息素养的发展

亚太地区在教育者信息素养的研究上主要针对的同样是教师。亚太各国的社会状况和教育背景虽然不同,但都对信息化教育非常关注。各国都按照本国的具体国情努力开展各种ICT的教育运用,而且都充分认识到ICT对未来教育发展的重要性。然而,亚太各国在ICT教育应用与推进教师专业发展方面存在差异,这是由各国的国情导致的,以下重点介绍新西兰、日本教师信息素养的发展状况。

1.新西兰

新西兰是亚太地区信息化教育较为先进的国家,在教师信息素养培养方面卓有成效。1998年,新西兰教育部开始实施ICTPD学校群计划(Information and Communication Technology Professional Development)。

ICTPD计划共三个阶段,每个阶段的实施周期为三年,计划实施的第二阶段还纳入了师资培训和认证。参与ICTPD计划的学校群每年可以获得中央基金资助和地方财政支持,用于教师专业发展活动。学校群自由组合,至少包括来自不同区域和不同层次的两所学校,其中一所学校是核心学校。每个学校群利用ICT开发数字化资源和学习材料,并把数字化资源共享到TKI(一个以资源为中心的虚拟学习环境)。教师可以在TKI上在线学习、讨论ICT实践相关的问题。

ICTPD计划包括三个目标。

第一,促进ICT在课堂教学中的使用形式、频率和效率。

第二,提升教师ICT技能和教育理念。

第三,促进ICT在专业发展、教学管理和学校管理工作中的应用。

ICTPD计划的成效体现在以下方面。

第一,提高了教师ICT能力和信心。

第二,促进了教师对于教学中ICT角色的理解。

第三,有效地促进了教师的专业发展。

第四,很大程度上改变了教师的课堂实践。

新西兰一直非常重视教师ICT能力的关键地位。2005年底,新西兰教育部在"ICT教育策略框架"中对使用者有效应用ICT提出了三个关键要素:连接(Connectivity)、内容(Content)、信心与能力(Confidence&Capability)。其中,使用者(教师或学习者)的"信心与能力"被视为关键点。

2.日本

2000年，日本通过了"IT基本法"，全速推进教育信息化。日本政府于2001年提出E-Japan策略，2003年又提出E-JapanⅡ策略，2006年后实施IT新改革战略，目的是建成信息化先进的国家。

随后，日本政府又公布《教师使用ICT指导学习能力标准》，以更好地落实新改革策略，该标准包括以下五个能力维度。

第一，利用ICT进行校务工作的能力。

第二，利用ICT进行教学的能力。

第三，利用ICT进行教材研究、评价等的能力。

第四，指导学习者遵守信息道德的能力。

第五，指导学习者使用ICT的能力。

日本对在职教师的ICT培训提出了几项规划，目的在于适应IT新改革战略，具体如下。

第一，信息技术相关的道德规范。

第二，面向信息的社会与教育。

第三，学校网络的设计。

第四，ICT课程的设计与教材的开发。

第五，创建ICT课程。

第六，ICT教育的技术与教学方法。

第七，ICT评价与咨询顾问，对其他国家进一步开展在职教师的培训具有一定的参考意义。

二、我国教师教育者信息素养发展

（一）我国教师教育者信息素养的培养

目前，我国在教育者信息素养培养研究中的主体也是教师，因而下面主要介绍我国教师信息素养的培养情况。

自从2000年教育部高教司颁布《关于开展高校教师教育技术培训工作的通知（教高司〔2000〕79号）》，全国范围内的大规模高校教师教育技术培训拉开序幕，主要由全国高等学校教育技术协作委员会负责开展，该协作委员会成立了培训工作委员会，制订了培训计划和培训大纲，编写了培训教材并组织认证了一批适合培训的教材，初步建立起了全国高校教师教育技术的培训体系。经过几十年的努力，高校教师的教育技术能力得到了提高。

1. 面授和网络结合的教师培训

近年来，面授式的教师培训已不能满足教师发展的需求，网络式教师培训的重要地位开始凸显。2007年,教育部批准在高等教育出版社设立"教育部全国高校教师网络培训中心",负责组织精品课程师资网络培训项目。除教育部组织的培训外,各省市也有高等学校教师教育技术培训项目,如北京市高等学校师资培训中心在教师教育技术培训的组织体制、教学内容、培训方法、考核标准等方面形成了一整套科学、先进、完整的质量保证体系。

2.校本培训

校本培训作为教师信息素养培训的重要模式,已经被许多高校广泛实施。许多高校基于学校的实际需要,以本校资源为依托,有效开展校本信息技术培训,如通过邀请信息专家和技术人员开讲座、举办培训班、案例教学展示、开展多媒体课件比赛等方式,使教师能够将所学到的教育技术理论和技能运用到教学实践中去。

3.社会机构开展的培训

一些社会机构或国际组织为我国高校教师信息素养的发展做出了很大贡献。例如,国外科研机构也曾与国内高校合作,开展教师信息素养的研究和培训,如由英国高等教育基金委员会(HEFCE)资助、英国多家教育研究机构和中国的清华大学、北京师范大学、北京外国语大学合作的教师培训项目e-China Project就是一个有国际科研机构和国际基金会参与的培训项目。再如,不少出版社为高校英语教师提供信息素养方面的培训,这是具有中国特色的一种培训形式,体现出两大优势:可以弥补某些地区某些学校校本培训的不足;出版社在选择培训内容时会考虑市场经济以及外语教师的培训需求。

(二)影响英语教师教育者信息素养的因素

1.在职培训问题

高校外语教师教育者大多已经充分认识到信息技术对于教学、科研、自身发展的重要性,有着强烈的信息素养培训的需求,但在职培训的实际情况没有达到教师教育者的预期,主要表现为以下几点。

(1)培训目标、内容过于注重技术层面,忽视观念层面和理论层面的学习以及技术与教学整合方面的指导。

(2)在职培训机会不足。

(3)在培训管理上,缺乏培训前的调查和培训后的跟踪改进。

(4)培训形式单一。以短期集中培训为主,主要采取讲授与上机实习相结合的模式,大多是自上而下团队推进、整齐划一的模式,缺乏对教师教育者实际情况的考虑。研究表明,短期集中培训的作用和效果十分有限,培训机构若能在受培训者回到工作岗位后持续提供支持与各种形式的指导,培训效果就会更好。

2.职前培养问题

(1) 课程设置问题

高校英语教师教育者在高等教育阶段是否接受了有效的信息素养培训,对其在教师教育者岗位上使用信息技术的能力有一定的影响。21世纪初,我国英语师范生五类专业课程中,缺失计算机辅助外语教学之类的课程。尽管某些高校做出了一些尝试,但此类课程仍未引起普遍的重视,信息技术与外语课程整合仍在外语专业课程设置中处于边缘地位。早年我国本科阶段开设的与信息技术相关课程以操作技能为重点,鲜有涉及技术与教学的整合。外语硕士教学计划和课程设置也很少注重未来教师教育者的信息素养培养问题。因此,目前的高校英语教师教育者队伍整体信息素养普遍不乐观。

(2) 外语学科教学环境问题

大多数教师教育者的教学风格与自己求学阶段的教师教育者的教学风格有关。如果专业外语教师教育者不进行信息技术与外语教学整合,学习者走上教师教育者岗位上就极其可能沿袭当年教师教育者的教学风格,不能有效地去整合信息技术和英语教学。专业外语教师教育者对技术的使用不如大学英语普遍,很少能够有效地实现信息技术与外语课程的整合,更多用 Word、PowerPoint、CD-ROMs、电视录像、录音等作课堂展示。因此,外语专业学习者未能体验到信息技术与语言教学整合的课堂,日后运用信息技术教学时就容易产生困惑。

将信息技术融入教师教育者的职前培训中,是提升未来教师教育者的技术能力最直接、最有成本效应的方法。近几年师范院校更加重视职前教师教育者信息素养的培养,在提升职前教师教育者教育技术能力和信息素养方面做了有益的尝试。

第三节 高职英语教师提升信息素养的具体途径

我国英语教师教育者的信息素养虽然有所提升,但是程度不是很明显。事实上,英语教师教育者有着强烈的提升信息素养的需求,因此提升英语教师教育者的信息素养的途径应该被充分挖掘出来。

一、培训

培训是提升高校英语教师教育者信息素养最直接的途径。为教师教育者提供运用技术进行课堂教学的适当培训,是成功的技术整合的重要元素。

（一）培训内容

在培训内容的设计上，最初是以信息技术技能为中心，但是技术培训并不意味着教师教育者能够自发地将信息技术应用于教学，可能引起教师教育者对技术的焦虑甚至是抵触情绪。因此，后来更多强调调技术与课程和教学的整合，培训的重点从技术本身转向技术的"教育应用"。为了促进外语教学效果的优化，培训要注意以下两点。

（1）转变旧模式的理念，澄清、落实和强化新模式的理念，特别是澄清教师教育者角色的定位、教学结构、师生关系等内容。

（2）强调信息技术与外语实际课堂的整合，突出信息技术在教学中的实际应用，不但应包括人工智能、数字化和信息网络三大关键技术工具的应用，还应包括现代教育技术的理念和方法、生态型外语教学环境的构建及信息技术与外语课程整合的方法、案例讨论等内容。

由此可见，技术与外语课程整合能力培训是重中之重。

（二）培训方式

1.分层或分级培训

英语教师教育者的信息素养水平存在巨大差异，这是不争的事实。因此，根据教师教育者的不同水平进行的分级或分层培训，便不失为一种理想的选择。

刘翠萍和杨鸣放建议将教师分为三种情况，并有针对性地开展有培训，实行区别对待。

（1）第一种情况是：信息化教育技术知识薄弱、信息技术能力偏低的教师。相应的培训要求是：掌握将信息技术运用于课程教学的基本能力。

（2）第二种情况是：接受过一定的计算机教育、已有一定技术基础的教师。相应的培训要求是：进行发展性培训，使他们能够更好地设计多媒体课件和网络课件的能力、能够通过网络教学平台组织教学活动。

（3）第三种情况是：已具备中级水平并能较好地实现信息技术与课程教学整合的教师。相应的培训要求是：参加高级研修班，提升研发能力，学习开发信息技术与语言教学相结合的新产品。

2.反思性培训

传统的教师教育者信息素养培训更多采用讲授式的培训，教师教育者可能会努力地学习专家所倡导的理论和介绍的新知识，但在培训之后往往不能将理论和知识在实践中有效地采纳，仍沿着自己习惯的教学方式。因此，反思就为"倡导的理论"和"采用的理论"之间架起了沟通的桥梁。在培训过程中，让教师教育者反思自己的教学活动，分析自己的教学行为、决策和结果，从而进一步改进教学。

（1）饶爱京设计了反思锯齿形整合培训模式。该模式包括以下两条主线。

一是通过反思模式革新教学思想，使倡导的理论运用到教学中去。

二是锯齿形模式，将信息技术的提高与教学思想的革新两个过程整合起来，实现信息技术在教学中的合理应用。

该模式的一个显著特点是强调教师教育者的自我反思，实践证明这样的自我反思有利于增强培训效果。

（2）苗红意等人提出例如TRA模式，即"任务－反思－行动"（Task-Reflection-Action Research），包括以下三个子模式。

第一，任务驱动子模式。

第二，反思教学子模式，用于信息技术与学科教学整合培训。

第三，行动研究子模式。

3.体验式培训

由于教育信息化的基本特点是多媒体化、网络化、智能化，所以各级培训应在以多媒体和网络为基础的信息化环境中进行。Wood提出创建"虚拟世界技术教师发展工作坊"，旨在让教师感受多用户虚拟环境作为教学手段的潜力，培养教师运用虚拟世界技术进行教学的意识和能力。

二、自主学习

信息化环境下的教师教育者教育更多的是自主学习，据此教师教育者建立信息意识、掌握信息知识、提升信息技术与课程整合的能力。自我发展是教师教育者提高信息素养的重要途径，也是最容易实现的一个途径。

（一）自主学习的形式

英语教师教育者的自主学习包括以下几种形式。

第一，收看教学录像。

第二，参与网络教育论坛讨论。

第三，阅读相关文献。

第四，观摩他人教学。

第五，参加教学研讨会。

（二）在线自主学习的机会

教师教育者的自主学习也包括向学习者或向自己的孩子学习。目前，国内外已经有很多语言教师教育者的在线发展机会。通过以下网站，外语教师教育者既可以下载丰富的外语教学资源，了解外语教学的新动向，也可以与同行分享教学经验，参与教学问题的讨论：

21世纪网（http：//elt.i21st.cn）

TESOL国际协会（http：//www.tesol.org）

ESP教学与研究（http：//www.espchina.com.cn）

通过以下网站，教师教育者拥有网络教研和培训的平台：

全国教师教育者教育网络联盟（http：//www.unionedu.com.cn）

全国高校教师教育者网络培训中心（http：//www.enetedu.com）

通过国家精品课程资源网（http：//www.jingpinke.com），全国高校教师教育者可以获得优质教学资源，汲取精品课程的宝贵经验。

综上所述，提高教师教育者信息素养的各种途径有利有弊，应该根据教师教育者的不同发展需求，采取灵活多样的提高信息素养的途径。面对面的培训便于培训师当面指导，优点是节省时间经费、契合本校教学实际，缺点是个性化、针对性不足；网络协作学习的优点是自主灵活性，缺点在于培训组织和管理松散，缺乏效率。

第九章 高职英语教师专业发展之教学日志

第一节 教学日志简述

日志是一种常见的自我表达的方式，其在国内外都有着悠久的历史。后来，教学日志被引入教育领域，并在教学中发挥着重要作用。一直以来，教师教育者也常运用教学日志这种方式来记录教学实践以及自己和学习者的感受。近些年来，随着教育研究的发展，教学日志越来越备受关注，并且将教学日志研究同教师教育者的专业发展联系了起来。近年来，国内外很多学者都将教学日志视为一项重要的课题进行研究，希望这一研究能更好地服务教育教学。

一、教学日志的概念界定

"日志"一词源自法语，是指一个人一天中可能完成的行程，是对经验和观察的记录，在当时也就是指对一个人一天行程的记录，如船长的航海日志、飞行员的飞行日志等。后来，"日志"一词被运用到教育领域，成了学习者或教育者记录一天学习、生活及专业发展的载体。

究竟什么是教学日志？关于这一问题迄今没有统一的解释。国内外学者从不同的角度出发，发表了不同的观点和看法。

美国学者布鲁克菲尔德认为："研究日志（有的地方也称'教学日志''工作日志'或'教师日志'）是一种教师对生活事件定期地记录，它有意识地、生动地表达了教师自己。它不是仅仅罗列生活事件清单，而是通过聚集这些事件，让我们更多地了解自己的假定。"就这一定义来看，教学日志是一种教师个人的记录文件。教师在结束一堂课的教学或一天的工作后，用教学日志的形式记录自己在教学中的感受和体会，以此作为反思的基础。具体而言，教学日志是课堂仔细观察、课后立即记录的报告,它不仅仅是对"生活事件"的记录,也是教师对教学中于自己有意义、有价值事件的记录,是对自身工作、学习的反思。

我国学者王雁苓指出:"教师的教学反思日志是教师记录自己的教学行为,总结教学的得失与成败,对整个教学过程进行回顾、分析和审视,提升教师自我发展能力,完善教学艺术、实现教师自我价值的重要途径。"这一概念直观地说明了教学日志的内容与作用,但表达仍不够全面。

国内比较认可的教学日志的概念是:教学日志是教师积极主动地对自己的教学活动中具有反思和研究价值的经验进行的持续而真实的记录和描写,并在此基础上对其进行批判的理解和认识,从而不断更新观念、增长技能,促进自身专业发展的一种手段和方法。与上述概念相比,此概念表达更加合理,它指出了教学日志撰写的主动性与连续性。教学日志不仅仅是记录教师的日常教学生活,更是教师通过写教学日志给自己提出一些问题。教学日志的写作过程,就是教师反思自己教学的过程,通过写教学日志,教师可以审视自身工作中的不足,进而提出解决问题的方法。在这一过程中,教师的发展必须根植于自身的教学实践,从中获取丰富的材料,并对其进行加工整理,从而反思构建自己的教育生活。

综上所述,教学日志就是教师积极主动地对自己的教学经历予以概括、反思和评价,发觉自身问题,更新观念、思路和措施,进而增长技能,促进自身专业发展。教学日志指对教师个人与思维的研究,在促进教师专业发展方面发挥着重要作用。

二、教学日志的内容与类型

教学日志主要是记录教师教育者在教学中具有一定意义的事件、想法和感受,它可以真实地记录教学的情景,教师教育者自己的观点、情感、理念及变化等。通过教学日志,这些情景、观点等不会因为记忆有限而被遗忘,教师教育者通过教学日志可以观察自己的教学的发展史。通过教学日志,教师教育者必然会对自己的教学进行反思,进而使反思成为经常性行为。而要写好日志,首先要明确教学日志所包含的内容,然后还要了解教学日志的常见类型。

(一)教学日志的内容

教学日志的内容并不是预先预设的,而是对已经发生的教学实践的总结与回顾,具体包含以下几个方面。

1.教学理论与教学方法

教学理论是指为了使教学情景更加合理,以便达到教学目标所建立的一套具有处方功能的系统理论,包括某些教学思想方法的渗透与应用过程,教育学、心理学中一些基本原理使用的感触等。在具体的教学中，教师教育者可将教学理论与自己的教学实践结合起来，从中发现自己教学中的问题。

教学方法包括教师教育者对自己教学方法的反思，也包括对学习者学习方法的指导，如目前流行的教学方法适合哪种课型，自己的教法有何创新，哪种教学方法更有利于促进学习者的学习等。

2.教学内容

关于所教课程的内容，不同的教师教育者有着不同的理解和认识，主要包括教师教育者教什么，如何教，教学计划执行情况等问题。教学日志可将教学内容的设计，组织安排，教学中临时应变得当的措施，层次清楚、条理分明的板书，以及教学活动中出现的疏漏之处详细地记录下来，以供课堂教学时参考使用。

3.自我意识与反思

自我意识与反思是教师教育者对自己优点与不足的认识，也是教学日志的重要内容。教师教育者的教学活动中有成功也有不足，因此教师教育者在教学中要善于捕捉教学中的灵感闪光点，这也是教师教育者教育机制的体现。在具体的教学过程中，师生的思维发展及情感交流的融洽，往往会因为一些偶发事件而产生瞬间灵感，这些"智慧的火花"常常是突然而至的，若不及时利用课后反思去捕捉，便会很快消失。通过撰写日志，可以捕捉、记录在教学过程中产生的灵感、奇思妙想，这样不仅利于未来教学，同时能反思教学中的失败之处及其原因，进而想出补救方法，提出更加切实可行的教学方案。

4.学习者情况

教学日志中还应包括学习者的学习情况，具体包括学到了什么，学习者在课堂上的反应，学习者对本次课堂内容的理解程度，学习者学习本课的积极性和主动性，学习者在课堂上的见解，学习者课堂纪律情况，教学过程中学习者的迷惑点及突发事件等。在学习过程中，学习者会有一些创新的想法和独到的见解，对此教师教育者应给予充分肯定，这样可使学习者好的思路得到推广，教师教育者也能从中反思自己的教学情况，扩宽教学思路，提高教学水平。将这些记录下来，可为今后的教学提供丰富的资料。

5.教学评价

教学日志也应包含教学评价这项内容。具体而言，教学评价包括督导及学习者对课堂教学正面和反面的评价。教学评价为教师教育者提供了一个科学了解自身教学状况的窗口，使其明了自己在教学中存在的不足和今后努力的方向，为教师教育者自身的发展提供了良好的途径。

（二）教学日志的类型

教学日志的撰写并没有固定的格式和特殊的要求，教师教育者可根据自己喜欢的方式进行记录，可自由展现自己的特点与风格。目前，常见的教学日志类型有以下几种。

1.提纲式

提纲式就是通过对课堂教学实践的分析，提纲挈领地列出具体的教学内容、教学方法的开展情况、教学情景的实施情况，以及学习者表现与自我表现的成功与不足等。这种教学日志一般在课后完成，能够较为全面地评价课堂教学。

2.点评式

点评式就是在教案各栏目相对应的地方，针对教学的实际，言简意赅地加以批注、评述等。这种形式的教学日志适用于教师教育者捕捉和记录在课前或课中的突发奇想以及瞬间的灵感。需指出的是，点评式教学日志仅适用于教师教育者应急时使用，如想要有效促进教师教育者的专业发展，建议使用其他形式的教学日志。

3.随笔式

随笔式就是教师教育者对自身产生的问题进行反思式的记录形式。这种教学日志形式注重教师教育者对某一问题、事件的感受以及教师教育者思维方式的记录，能够反映教师教育者的内心世界与感受。

4.专题式

专题式就是抓住教学中最突出的问题进行分析，反思教学行为背后所蕴含的教学理念，从而确立正确的教学行为。这种教学日志多在课后进行，周期性也较长。

三、教学日志的语言特征与产生背景

（一）教学日志的语言特征

教学日志是一种不规范的文体，有其独特的语言特征，具体表现在以下几个方面。

1.运用生活语言

教学日志不需要用华丽的辞藻、正式的语言来表达，只需要用通俗易懂的生活语言来表达对教学的感受即可。这样，一方面可以使教师教育者自由表达自己的感受；另一方面，通俗易懂的语言给人以亲切感，能更好地和其他分享其日志的人沟通。

2.以第一人称叙述

教学日志常以第一人称进行叙述，这是因为教学日志是教师教育者个人内心世界的真实反映，是个人情感的释放，是关于"我"的经历、想法和做法等。而且这种叙述方式有助于教师教育者对教学中出现的问题进行理性的判断与思考。

虽然教学日志应具有上述语言特征，但撰写教学日志的最终目的是促进教师教育者的专业发展，继而使教师教育者成为研究者，所以在撰写完日志后，教师教育者应对教学日志加以整理并尽量采用专业术语，这样才能促进教师教育者教育教学理论水平的提升。

（二）教学日志产生的背景

虽然将教学日志引入教育领域，作为促进教师教育者专业发展的研究对象的历史并不长，但作为一种理论研究，教学日志也有着深刻的历史根源。

1.自然主义研究与定性研究方法的影响

西方自然主义教育思想对现代教育理论的发展有着重要的影响作用和"现实性"意义，为现代教育理论与实践问题提供了历史的反思视野与经验参照。自然主义教育以人性为核心的，提倡以人为中心，重视人的地位和作用，把发展学习者的学习积极性，培养学习者的独立思考能力，促进学习者的个性发展作为教育目标并给予高度重视。自然主义教育思想对人的关注与研究，吸引了许多教育人士的思考和探索，开始关注学习者、关注自身、关注自己的主观感受，而教学日志正是关注学习者、关注自我并达到自我实现的一条有效途径。

定性研究方法是根据社会现象或事物所具有的属性和在运动中的矛盾变化，从事物的内在规定性来研究事物的一种方法或角度。定性研究主要是从研究者本人内在的观点出发去了解他们看到的世界。定性研究借以发展知识的方法是通过对个案的深入细致研究来收集以语言信息为主的资料，然后用分析归纳法来研究这些资料。这种研究不是采取中立或客观的态度，而是融入自身的情感和经验。这一研究方法在教育中的应用也就是教育定性研究的发展说明了教学日志的价值。教学日志的撰写就是教师教育者对自己内心世界的表白，对自身行为的反思。通过教学日志，教师教育者可反思课堂教学中学习者以及自己的表现，并从中发现闪光点以及不足之处，进而可以加深对理念的理解和对教学实践的新认识。

2.后现代主义思想及现象学的影响

后现代主义是20世纪后半叶在西方社会流行的一种哲学、文化思潮，吸收了分析哲学、解释学及后结构主义的研究方法，为教育理论研究注入了一股新鲜的空气，为教育研究提供了新的视角。后现代主义强调以语言范式取代以往的意识范式，主张研究焦点从认识主体和意识内容转向对语言学及主体群之间的活动的讨论。现代主义的发展促进了教学日志的发展，主要体现在教师教育者在注意学习者个体差异的基础上撰写教学日志，在教育实践活动中大胆地提出自己的教育观念和想法，用自己的语言来表达自己的观点和感受，体现了后现代主义对人的解放的诉求。

现象学是德国哲学家胡塞尔创立的现代西方哲学最重要的哲学思潮之一，是一门对现象进行研究的科学，"现象"一词所指涉的是"对我们感官所显现的东西"或"我们所能意识到的东西"。

1980年，范梅南（Van Manen）从荷兰引入了现象学及经验的本质，他指出"从现象学的观点来看，研究就是对我们感受世界和理解世界的方式提出疑问。理解世界就是以某种方式深刻地存在于这个世界，研究质疑形成理论的行为就是使我们与世界密切联系的有目的的行为，可以使自己更好地成为世界的一部分，甚至融入这个世界之中。"

现象学提倡回到实事本身，用还原的方法，描述事情的本质，它关注的是在日常生活中人们发现的所有形形色色的现象，其出发点在于情境，通过对嵌入情境中的典型的意识节点的分析、阐释来说明生活体验。在现象学的影响下，研究者关注的是研究对象的经历和体验，研究目的是获得对我们日常生活体验的本质或意义的深刻理解，为我们提供了一种从人文视角探索教育的方法论。而这些都对教学日志的研究具有显著的促进作用，使得教学日志强调以教师教育者所经历的真实教学情境为内容，通过教师教育者的意识产生意义。

3.教育行动研究的深入

以前，教师教育者并不被认为是研究者，教师教育者也几乎没有机会进行研究。学问的研究一直被认为是在大学和研究机构的专业人员的工作。人们普遍认为研究人员应脱离于"真正实践世界"，追求所谓的独立和客观。而现在，众多的研究人员开始进入真正的实践世界，充分利用自己的主观感受，进而教师教育者和研究之前就建立起了紧密的联系。

教育活动是一项重要的社会活动，因而行动研究得到教育研究的极大关注，并成为教师教育者常用的研究方法之一。"行动研究是在一个设定的困难区域内的反思过程，在这个区域内，人们试图提高实践或个人理解，实践工作者执行探究。"

教学日志实际上就是教师教育者开展的行动研究。在这个过程中，教师教育者是主要的研究者，以学校、班级教学相关活动为研究题材，以教学活动的改进为主要目的。教师教育者通过记录自己从事教学工作的所见、所闻、所感，并对此进行分析研究，从而获得对自己工作的比较全面的认识，其目的是解决教学中存在的问题。

本质而言，教学日志写作的过程也就是教学研究的过程，通过教学日志的撰写，教师教育者可以对自己的教育教学行为进行定期回顾和反思，在不断的回顾和反思过程中发现问题，进而形成自己的教育信念与教学理论。

4.教育对话研究的启示

对话本是一种关于人类生存的哲学命题，近年来开始被引入教育研究领域。学习活动是探索与塑造自我的活动，是编织自己同他人关系的活动。通过学习活动，客体、自身与他人的关系之中形成三种对话实践。在教学实践活动中，教师教育者不断与他人、客观世界以及自己对话。而和自己对话就体现在教学日志的撰写过程中。在教学日志的撰写过程中，教师教育者通过自我的内部对话，改造自己所拥有的意义关系，重建自己的内部经验。教师教育者通过撰写日志来关注自身、关注学习者、关注教学及客观世界，从而达到教师教育者自我的专业发展。

5.互联网的应用普及的影响

随着信息技术的快速发展，互联网也成了教学日志的重要载体之一。通过互联网，教师教育者从单一的信息索取者成了信息共享者。而且，教师教育者博客（又称"网络教学日志"）得到了快速发展，这一方面可使教师教育者的话语权得到进一步释放，另一方面也使得教师教育者有了可以分享实践经验的更大空间。

第二节　教学日志对高职英语教师专业发展的意义

现在，教学日志在教育教学中体现出顽强的生命力，这主要源于其内在的价值。教学日志作为教师教育者专业生活的一种反思和叙事，其价值在于可以使教师教育者探究教育教学方面所经历事件的不同方面和意义，从而改进和优化教学实践，不断提高专业水平，最终通过提高自身的认识能力、教学能力、创新能力及交流能力而达到自我实现。

一、教学日志是教师教育者提升自我认识的有效途径

随着教育的持续发展，人们对教育职业的认识也在不断发展。对于教师教育者的职业状态，有学者将其分为了三种类型：以谋生为目的的生存状态；以体验人生为目的的享受状态；以服务社会和完善自我为目的的发展状态。由此可以看出，教师教育者对教师教育者职业有着不同的态度和认识，也会由此产生不同的选择和发展水平。

通过教学日志的撰写，教师教育者可以对自己的教学实践进行反思形成自我评价，而且可以在与自己的对话过程中对自己以及自己的职业有一个更加清晰的认识，能对自己的职业身份和角色有一个更正确的认识，进而可以正确对待自己的行为。教师教育者自身的反思、评价以及改造是教师教育者发展的第一步，最

终能促进教师教育者专业发展的是教师教育者对自己形象的确立，对自己教学行为的总结与审视，对自己教学实践的反省。

二、教学日志能促进教师教育者专业的成长

成熟的教师教育者应该就有一定的思想，而教学日志能够促使教师教育者养成思考的习惯，在思考的过程中，教师教育者形成自我评价，通过自己与自己的对话更清晰地认识了自己及自己的职业，认识自己组织教学的特点，了解最适合自己的教学方式，帮助自己成长。教学日志的撰写过程也是自我反思的过程，没有反思的经验是狭隘的经验，如果教师教育者仅满足于经验，而不对经验进行反思，那么教学日志的撰写也就失去了其本身的意义。

总之，教学日志的撰写过程是教师教育者自我思维的过程，也是促进教师教育者专业成长的过程。同时，教学日志的撰写过程也是教师教育者表达、思考、评估的过程，是教师教育者知识创新的过程，也是教师教育者自我完善、自我发展的过程。

三、教学日志可以促进教师教育者之间的交流与学习

教学日志具有公开性与共享性，可以拿来和同事、专家共同分享。教学日志可以有广泛的读者，包括领导、专家、同事、家长与学习者等。通过家长的反馈，教师教育者可以了解教学中的一些不足；通过与同事交流分析，可以获得更加丰富的经验和技巧；通过与学习者交流，可以更好地了解学习者。

尤其是近年来发展的教师教育者博客，已成为教师教育者与他人沟通的工具及渠道。教师教育者博客是一种开放的交流平台，教师教育者通过经常性的、众多的信息交流，尤其是与具有同一专业背景的老师进行交流，从中得到启示，产生新的理念、新的思想火花。通过博客，教师教育者还可以就教学活动中一些问题进行讨论，相互交流教学经验。这种交互式的交流平台能使交流上升至更高的层次，反思更加有力度，能够使教师教育者的认识不断得到升华。

四、教学日志可提高教师教育者的教学研究水平

教师教育者工作在教学的第一线，有着丰富的教学实践经验，这为他们创作科研论文提供了最直接的灵感和素材。教师教育者作为教育研究者，需要将反思中的重要观念和教学策略进行归纳总结。而经过长期的积累，就会催生科研成果。教学日志是培养教师教育者反思能力、促进教师教育者专业发展的重要方法，但它不仅仅是一种方法，也是一种研究，是对教师教育者及对教师教育者思维习惯、理论水平的研究。所以，通过教学日志的撰写，可有效提高教师教育者的研究水

平，进而可以更好地服务于教学。

第三节 高职英语教师教育者教学日志的个案分析

为了进一步分析教学日志，以下选取一篇具有代表性的日志作为案例分析，并在此基础上说明如何撰写教学日志。

一、个案分析

案例

周日课后布置作业时，我说："请大家回去背5单元的Grammar focus，明天早晨我们检查默写。"

周五晨读，我走进课堂，细心的课代表已经在领着大家朗读，然后要求开始默写。

我看着一大片一边翻书、一边准备做默写状的学习者，还有那几个根本不理会老师和课代表布置作业的学习者，知道他们现在的感觉就是：这个默写对他们来说好像没有关系。我马上添加了一句："还不会写的同学可以先看看书，只要你专心看，五分钟左右就会记住，写出来。"我这个说法就是说给那些没打算写的学习者听的，我想看看他们在老师给的退路和选择面前怎么做。"你们先写好的可以举手，我到座位上来改。"

有十几个孩子很快地写好了，我一一走到座位上，这时的学习者是最关心自己的默写结果的。我认真地看着："哎呀，有一个标点符号没有写，真遗憾！99分。"一个学习者拿回自己的成绩，听到"水声"的孩子，马上悄悄地检查自己的标点符号写对了没有。"你看，应该用Does he have a…？你用成I Do he have a…？这个要扣2分哦！"这个要求马上就被孩子们悄悄传开，小动作开始动起来，我心里悄悄乐着：这比我在课堂上反复讲五遍还有授课效果！你们慢慢改吧，我心里想。"啊，真不错！100分。再帮老师检查检查其他同学的，要仔细啊！"

"老师，他把刚才默写的改了。他听到你说……错了就改了。"开始有孩子打小报告了。有正直、诚实的孩子在举报。"没关系，他知道改错，改了我们给他90分，也不错啊！"我看到秦阳拿着本子过来了。"老师，我肯定100分。"他怀着的那种心情是侥幸的，以为我不会知道他是"加工"后写出来的。我仍然煞有介事地给他看着，评判着。"你看，这两个单词挨得太紧，成一个单词了，扣1分；这里句末该写问号，哦，有五个地方是这样的啊，扣5分；这里，单词的字母应是volleyball，不是uolleyball，是没注意吧？（我故意给他找的理由）……1、2、3、4……哎呀，扣11分，89分。""老师，给我打90分吧。"他这样说，他真的很需要这样的鼓励，尽管平时上课他讲小话、搞小动作、交头接耳、不按时完成作业，但是看着大家都在认真地默写，好多同学都是100分，这也激起了他的参与积极性，对于他这种瞬间闪现的积极性，我应该保护和呵护，不能打消他难得的积极性。"好吧，你把它工整地抄写一遍，我就给你100分。""哦，好！"看着他愉快地拿着本子回到座位，告诉几个同伴我的要求后，几个同伴也跃跃欲试了。晨读课的默写，原本不是这样要求的，我想起平时严厉的听写和默写，老师瞪着眼睛巡视着四周，跟"110"一样准备逮住"弄虚作假"者，结果，像这些无法默写的孩子，连动弹的机会都没有了。今天灵活的默写方式，让我看到了英语学习困难的孩子们的求学的积极性，也更促使我要动脑筋想办法激励学困生投入学习。没有平时的积极投入，没有他在学习中的一点成功感，英语学习对于他们而言就更加困难。

我今天一天都在为这个晨读的默写而高兴和反思。

案例分析

篇首介绍这是关于一篇对作业检查的日志。

详细叙述事情发展的经过，对作者自己的语言，学习者的神情、动作、语言都做了详细的描写，说明作者及时对所教授的课程做了记录与回忆。只有这样，才能把当时的情况叙述得栩栩如生。

听写方式的转变体现了教师教育者的教学机制以及对学习者心理的认识。

对于"差生"瞬间闪现的积极性的呵护，体现了教师教育者宽容、睿智的教学机制。

从作者的叙述中可以发现他对自己这节课的教法是颇为满意的，但作者大部分只是叙述事件，只用了一句话进行反思，显得过于简单。

分析：

上述教学案例是一篇具有代表性的教学日志。可以看出，教师对教学事件进行了简单的叙述，虽然其中包含教师的情感倾向，但并没有清晰地表达出来，只是在日志的最后加了总结性的评价。实际上，大部分教师的教学日志都属于此类。反思是教学日志的灵魂，是教师专业能力提升的关键，简单地叙述并不能有效发挥教学日志的指导作用。如果上述教学日志能够在最后记录下课堂的闪光点与不足，反思自己的教学方法，思考教学中所蕴含的理论以及学习者心理等，教师便会从中得到更多启发。

二、教学日志的撰写

通过上述内容可了解到，教学日志并不是简单地罗列课堂教学中所发生的情况，而是不断地发现、提出和解决问题。英语教师教育者作为教学反思的主体，应在教学实践中不断地记录、丰富和升华日志来提高自身的反思能力和专业水平。因此，英语教师教育者应重视教学日志的撰写，并应注意以下几个方面。

（一）及时记录当日的教学活动

教学日志的写作要及时，如果不及时记录，教学中很多当时的认识、感受以及情景就会稍瞬即逝，并且很快被遗忘。教师教育者应及时、客观地记录教学中发生的各种事件，记录要详细，应包括未预见到的事件、行动中的反思、情感参与、教学评价等。

（二）将教学日志上升至理论层次

教学日志不仅仅是课堂教学事件的简单罗列，教师教育者还应静心沉思，思考在教学方法上应该有哪些创新，知识点上有哪些新的发现，组织教学上有哪些新的方式，此外还要思考教学中的失误有无改正，学习者的外语知识、应用技能及情感态度价值观是否能得到统筹兼顾等。总之，就是将教学中的心得进行优化，进而形成理论体系，更好地指导教学实践。

（三）终身学习，不断发展

教师教育者应该注重自身的终身学习，寻求持续发展。教师教育者可以通过观摩同行教学，将同行中比较优秀的教学设计、教学活动及教学方法借鉴过来研究、分析，以得到共同的提高。

此外，网络教学日志的应用也为教师教育者的终身学习搭建了良好的平台。网络教学日志出自不同学科、不同地域的教师教育者，体现着不同的教育资源，教师教育者可以利用网络媒体，将许多有价值的、最新的信息及时与大家分享。通过网络教学日志，教师教育者可以根据不同的教学实践，来选择和借鉴他人的教学经验，并结合自身的教学活动撰写适合自己的教学日志。

总体而言，英语教师教育者应注重教学日志的撰写，并通过教学日志来反思自己的教学活动，提升自己的专业发展，进而更好地组织和开展英语教学。

第十章 高职英语教师专业发展之学习共同体

第一节 高职英语教师专业发展途径之学习共同体（一）

教师学习共同体产生于20世纪80年代美国的教师教育改革运动，是一种以教师自愿为前提，以分享（资源、技术、经验、价值观等）、互作为核心精神，以共同愿景为纽带把教师联结在一起、互相交流共同学习的学习型组织，是教师专业发展的重要途径之一。借鉴教师学习共同体，教师教育者同样可以通过学习共同体的途径提升自身的专业水平与能力。

一、英语教师教育者学习共同体概述

（一）英语教师教育者学习共同体的内涵

目前，关于教师教育者学习共同体虽然还没有相关研究或理论，但关于教师学习共同体的研究已经形成了相对完整的理论体系，为此，下面主要针对教师学习共同体的内涵展开分析。通常而言，可以从"共同体""学习共同体""专业学习共同体""学术学习共同体"几个方面了解英语教师学习共同体的内涵。

1.共同体

如果对共同体的概念进行纵向分析不难发现，其内涵与外延始终都处在动态的变化中。甚至还有一些学者指出，人们对共同体的概念缺乏深入的认识，并没有给出一个非常明确的解释。还有些人在认识共同体时掺杂着个人的主观成分。例如，一些观点认为，社会上的每一个个体都能决定其自身共同体的构成形式，如可基于邻里关系、民族群体以及工作同事等形成共同体。并且，一个人还可以同时属于多个共同体。但是，每个人对这些共同体的依附程度可能存在着一些不

同，这样一来，也就使得对共同体概念的理解趋向于更加复杂。

"共同体"的英文表述是community，该词存在着多种译法，如社群、社区以及共同体等。在1981年，德国著名的社会学家滕尼斯（Ferdinand Tnnies）在他所著的《共同体与社会》这本书中第一次提出了"共同体"这一概念。在这一著述中，他对两种比较常见的社会生活群体community与society进行了明确的区分。

其中community具体指的是同质的、自然形成的，如家族、村庄和家庭等。society具体指的是随后形成的，属于有目的的人工制品和联合体。以滕尼斯的观点来看，共同体是建立在相关人员本能的习惯制约的或者中意的适应或者共同记忆基础上的。与之相反，社会是产生在诸多个人思想以及行为的有目的、有计划的协调，诸多个体为了实现其共同的、特定的目的而聚合在一起。与共同体类似，社会其实也属于一种人的群体。这些群体中的人以和平方式相互共处地生活和居住在一块儿，但是，他们的这种共处不是结合在一起的，而是基本上处于分离的状态。

共同体具有古老的特点，但是，社会却是不断发展的。以萨乔万尼（Thomas Sergiovanni）的观点来看，社会往往会受理性的引导，是建立在规则的基础之上的。但是，共同体属于共享的观念和价值，是建立在规范基础之上的。换句话说，共同体属于自然社会，它是以血缘、地缘和地理等因素为基础的，但是，社会属于人为的联合，是以分工和合作、理性与规则为基础的。

然而，步入现代社会之后，伴随着都市化、工业化以及社会流动等的加剧，滕尼斯所谓的自然的、同质的、原始的共同体开始逐渐走向衰落。就像涂尔干（Emile Durkheim）所说的那样，异质的、强调分工与合作的、团结起来的"有机关联"（社会）得到了迅速的发展，并将"机械关联"（共同体）取代了。这种利益强化的、理性驱动的建立在情绪、情感以及传统习惯基础上的共同体开始慢慢地被利益驱动和理性主导的社会所取代。韦伯（Max Weber）认为，"本质意志"被"选择意志"所取代已经成为社会发展的大势所趋。

鲍曼（Zygmunt Bauman）也曾经指出，从一方面来看，对于现代社会中的人们而言，共同体虽然是好的，但是也往往夹杂着一些怀旧的情感成分，主要是因为共同体这一成分所传递出的含义通常都预示着快乐，并且这种快乐通常是需要我们去经历并体验的。

2.学习共同体

学习共同体的概念是以共同体为基础形成的，指在班级教育活动中，以共同愿景、价值和情感为基础，以真实任务为核心，师生、生生之间持续的、深层的合作和互动，共同成长、共同进步的学习组织与精神追求。这一界定不仅将学习共同体看成了一种组织与实体，同时还将其看成了一种意识和精神。

我国学者卢强还从课堂教学的视角对学习共同体的内涵进行了重新审视,并从有形场和无形场这两个层面建构了学习共同体。

3.专业学习共同体

20世纪90年代,"专业学习共同体"这一概念开始受到广泛关注。

赫德(Hord)指出,专业学习共同体是由有共同愿景的教师和教育管理者共同建构的团队,他们在学习中共同探究、相互分享、注重实践,以此达到教师和学习者的共同发展。

贝克(Baker)认为,高校中的学习共同体是由学习者、教师、管理者以及其他有着明确的团队归属感、共同愿景和广泛交流机会的人组成的团队,通过协作学习活动项目来实现促进教育学的目标。

迈阿密大学教学促进中心主任米尔顿·克斯(Milton D. Cox)教授把教师专业学习共同体定义为"一个由跨学科的教师和学校职员组成的学习项目团队"。

纽曼(Newmann)认为,教师专业学习共同体具有以下要素。

(1)共享的价值和愿景。

(2)关注学习者。

(3)反思性交流。

(4)活动公共化。

(5)注重合作。

希普和霍夫曼(Hipp&Huffman)则认为教师专业学习共同体包含以下内容。

(1)支持和分享的领导权。

(2)共享的价值和愿景。

(3)集体学习和学习的应用。

(4)支持条件。

(5)共享的个人实践。

杰瑟琳(Jocelyn)认为教师专业学习共同体是一个从目标到过程的双循环学习过程,包含共同探究、合作文化和行动试验等相互影响的诸多要素。

4.学术学习共同体

教学虽然是大学的首要职能,但随着科研在高校中占据越来越重要的地位,教学在大学管理和教师自身工作中的关注度有所下降。"教学学术"的提出,打开了理解大学教学的新思路,并为大学教学地位的提升提供了理论依据。大学教学学术共同体的建立,对教师个体专业发展和整体素质提高具有重要意义。

20世纪90年代,针对美国大学的教学和科研严重不平衡、整体教学质量下降等情况,美国卡内基教学促进会前主席博耶(Ernest L. Boner)主张高校教学发展要推行新范式。他批判当今学术等同于科研的普遍现象,主张重新定义"学术"

概念。他认为教学应当富有探究精神，并归属于学术这个范畴，由此提出"教的学术"（scholarship of teaching）。他指出："一个学者的工作还意味着把自己的知识有效地传给学习者。"他认为，给予"学术"更加广泛、更有内涵的解释，能够给大学教师的全部工作以合理性。大学的任务就是探究学术，并将学术分为四类，其中一类是"通过咨询或教学来传授知识的学术"，即"教学学术"概念。

李·舒尔曼（Lee Shulman）将"教的学术"拓展至"教学学术"（scholarship of teaching and learning）。他认为学术应该具备以下三个特征，同时这三个特征也应是教学学术所具备的。

（1）成果公开。
（2）由学术学习共同体成员共同批判、审视。
（3）提高成员们的学术思维和创造能力，为同行所用。

这三个特征勾勒出了李·舒尔曼的"共同体学习"理念，促进了学术内涵的进一步探讨。

在继承博耶的"探究学习"和李·舒尔曼的"共同体学习"理念前提下，胡博（Huber）和何钦（Hutchings）提出了"教学学术之四环节"理论，为教学学术活动的开展提供了一个实践指导框架。这个框架以卡内基教学学术协会的学者们身体力行的教学学术实践为实证蓝本，归纳了教学学术四个环节的实践内容。

（1）探寻教学问题。
（2）研究教学问题。
（3）改变教学方法并重新认识教学。
（4）公开教学研究成果，供同行教师借鉴之用。

（二）英语教师教育者学习共同体的历史演变

由于教师教育者学习共同体还没有相关研究或理论，但关于教师学习共同体的研究已经形成了相对完整的理论体系，为此，下面主要针对教师学习共同体的历史演变展开分析。

20世纪80年代，学校教育与教师教育成为美国教育界的主题。1988年，美国教师在报告中提出设立"专业实践学校"（professional practice school）？Goodlad也分别于1990年和1994年发表《我国学校的教师》和《教育革新：更好的教师、更好的学校》，倡导大学和中小学构建"共生伙伴关系"（symbiotic partnership），以"共变"（co-reform）。"标准本位"教师教育模式（performance standards-based teacher education）产生，有学者从知识的社会性角度出发，认为"学习是知识的社会协商，所以应建立'学习共同体'"。由此，"教师专业学习共同体"得以产生，促进了大学与中小学的协作一体化。

同时，20世纪70年代后，校本培训逐渐受到人们的关注，因为由大学师训机构或某行政机构组织的培训，常常不利于处理学校细小而棘手问题，培训与实际工作脱节，同一学校的受训教师与未受训教师之间缺乏及时的交流沟通，使得受训者在学校失去分享经验的可能性，未受训者失去与外界交流，因而"校本"研究（school-based）的兴起，产生了"教师专业学习共同体"的另一种形式：在学校内教师之间的协作。

二、英语教师教育者学习共同体的理论基础

虽然目前关于英语教师教育者学习共同体的研究相对较少，然而可以肯定的是英语教师教育者学习共同体的理论基础与英语教师学习共同的理论基础基本是一致的。为此，本节重点探讨英语教师学习共同体的理论基础。英语教师学习共同体的理论基础主要有社会互依理论、终身教育理论、建构主义学习理论以及人本主义学习理论等。

（一）社会互依理论

积极的合作既是英语教师学习共同体的基础，也是社会互依理论的精髓与要义。英语教师学习共同体成员的积极互依，成为构建英语教师学习共同体的关键。

20世纪初，格式塔心理学派创始人科特·考夫卡（Kurt Koffka）首先创立了社会互依理论。科特·考夫卡提出团体是一个互动的整体，团体成员之间具有动态变化的相互依存关系。

20世纪40年代，考夫卡的同事科特·勒温（Kurt Lewin）又发展了社会依存理论。他认为，团体成员因共同的目标而具有相互依存的关系，这种关系是团体的本质所在。团体作为一个互动的整体，其任何成员或者子团体的变化都会引起其他成员或者子团体的相应变化。

美国明尼苏达大学戴维·约翰逊（David Johnson）教授在其《社会互依性：在理论、研究和实践间的联系》中将社会互依结构分为两种类型：积极的社会互依与消极的社会互依，并从行动、心理过程、互动形式和结果四个方面对这两种互依结构进行了相关阐述。

社会互依理论至少包含以下两个方面的内涵。

一是积极的社会互依即合作，导致积极的互动，个体之间相互鼓励，关系融洽，相互促进；消极的社会互依即单纯的竞争，个体成员之间关系淡漠，甚至阻挠他人取得成功。

二是个体要想获得成功，必须借助他人的力量，单纯依靠个人的努力难以实现。

消极社会互依状态下的英语教师孤军作战，从单薄、孤立的经验学习中学会教研，不愿意去求助同行或者专家。同时，对同行的教育、教研和教学工作也不愿做深刻的实质性评判与指导，长期处于自我封闭的消极保守状态，不利于高校教师专业发展。

英语教师应该梳理好个人发展和群体发展间的关系，认清个体的成长不应是通过孤独个体的单纯自我成熟实现的，要善于在英语教师学习共同体群体中，通过与其他人的对话交流、互动协作和分享，在一个积极的社会互依氛围中不断进步。

（二）终身教育理论

终身教育的思想产生于20世纪60年代。1965年，法国著名成人教育学者保罗·朗格朗（Paul Lengrand）在联合国教科文组织的第三届促进成人教育国际委员会上，以Education Permanente为题发表了演讲，后联合国教科文组织将education permanente译为lifelong permanente，即"终身教育"。终身教育理论认为，教育应该贯穿于人生的各个阶段，不受年龄、性别、地域的影响，每个人都应不断学习、不断进步。终身教育的目标是使人不断充实自己，吸收一切有益的东西，不断扩充新知识和新才能，使生活更和谐。具体体现在两个方面。

（1）培养新人。终身教育使人不断学习，在接受教育和训练的过程中适应各种人生中的变化，塑造新的自己。

（2）实现教育民主化。终身教育要实现教育的民主化，即做到教育机会人人均等。实际上，终身学习的过程即体现了教育机会的均等，因为人人都可以进行自主的学习，在事事学习、时时学习、处处学习中提升人生价值。

终身教育理论对英语教师的专业发展产生了重要的启迪。英语教师在完成基本教学任务的基础上，还要不断充实自己，实现终身学习，长远发展。

（三）建构主义学习理论

建构主义学习理论（Constructivist Learning Theory）的来源基础是20世纪60年代瑞士心理学家皮亚杰（Jean Piaget）提出的建构主义理论。这一理论很好地阐释了人们智力的来源、学习行为的产生、意义建构的过程以及理想的学习环境应该包含的要素等。皮亚杰还提出了同化（assimilation）和顺化（accommodation）两个基本概念，正是因为同化作用与顺化作用才形成了个体的认知结构。学习者的学习过程同样也存在着外界环境的刺激、个体的主动发现、以原有知识为基础的新认知结构的建构等。建构主义的基本观点便是学习者对客观存在的外界世界的认知，是以自身的经验为基础进行理解并赋予意义的。随着实践的发展和研究的深入，不少学者又从多角度、多方面发展了建构主义理论。

建构主义学习理论注重培养学习者对各种知识间内在联系的理解能力和对知识的灵活运用能力。该理论发展了早期认知学习论中关于"建构"的思想，认为学习者的学习过程是一种根据自己已有的经验和知识积累对外部信息进行主动的选择、加工、处理和建构的活动。学习者新认知图式的建立是主动选择的结果。因此，教学活动要以学习者为中心，学习者是信息加工的主体和意义的主动建构者。教师起着指导、引领的作用，是促进者和帮助者，而不是知识的灌输者。

概括来说，建构主义学习理论的基本观点可以分为以下几点。

（1）学习者的学习过程是在原有的认知结构与新接受的感觉信息相互作用的基础上，通过新旧知识经验间反复的相互作用，对外部信息主动加工和处理的过程。

（2）学习过程中的建构包含两个方面。

一是运用已有经验进行新知识意义的建构。

二是对原有经验的改造和重组。

（3）提倡合作式学习。因为每个个体意义建构的方式或角度等都是独特的，只有彼此间相互合作才能弥补个人对知识理解的不足，减少理解的偏差。

建构主义学习环境的四大要素分别是情境、协作、会话和意义建构。

（1）情境是学习者进行学习活动的社会文化环境。

（2）协作是学习者与学习者之间、教师之间或与网络交流者之间进行合作学习。

（3）会话是在协作过程中，通过多种方式的信息交流，实现信息共享。

（4）意义建构是学习过程的最终目标。

（四）人本主义学习理论

人本主义学习理论（Anthropologismus Learning Theory）兴起于20世纪50年代。人本主义重视态度、情感等非理性因素在教育中的作用，强调学习者的自我发展。人本主义学习理论依据经验原则，主张从人的直接经验和内部感受中了解人的心理，强调人的本性、尊严、兴趣和理想。此外，该理论还认为决定人行为的因素是为了实现自我而进行的创造。人本主义学习理论的主要代表人物有马斯洛（A. H. Maslow）和罗杰斯（Carl Ranson Rogers）等人。

马斯洛认为，学习活动只能依靠学习者的主动，不能被强迫；学习者要自主选择和决定学习活动，教师只是指导者，二者在教学活动中的角色是不同的。

罗杰斯的主要理论是"以学习者为中心的教学模式论"。他认为传统的教育模式十分单调无味，不仅损害了学习者参与学习的积极性，教师的绝对权威也使学习者处于恐惧和缺乏安全感的学习环境中。因此，他主张培养学习者的独立性和创造性，强调学习者的主体地位。在教学中，教师与学习者共同承担教学责任。教师的任务不是传授知识，也不是教会学习者如何学习，而是为学习者提供学习的手段，使学习者在自主学习的过程中实现个人意义。其中，个人意义有四个方面的含义。

（1）学习者在学习中全身心地投入，包括情感投入和认知投入。

（2）学习者在学习中具有主观能动性，自我发现、自我获得、自我掌握、自我领会。

（3）学习能够影响学习者的行为、态度，甚至个性。

（4）学习者对学习过程具有最深刻的认识，包括需求是否被满足、疑问是否被解答。

概括来说，人本主义学习理论的基本观点可以分为以下几点。

（1）学习者能够自己教育自己，学习者是学习的主体。

（2）学习是人自我实现的一种方式，能够形成丰满的人性。

（3）强调人的价值，人具有主观能动性。

（4）良好的人际关系也是有效学习者的重要条件。

三、英语教师教育者学习共同体的发展现状

目前，关于教师教育者学习共同体虽然还没有相关研究或理论，但关于教师学习共同体的研究已经形成了相对完整的理论体系，为此，下面主要针对教师学习共同体的发展现状展开分析。

早在19世纪，西方学术界就提出了"学习共同体"这一理念，随着这种教育理念的逐渐普及，越来越多的人开始热衷于这方面的研究。在这些学者的不懈努力之下，"教师学习共同体"的理论体系不断丰富和完善。近年来，学习共同体已经成为教育学界研究的焦点，教师成为变革的核心。与国外英语教师学习共同体的研究相比较而言，显然我国对这方面的研究起步较晚。

作为一种新生事物，教师学习共同体在国内学者的努力研究中取得了理论以及实践上的进步。在我国，很多高校以及部分中小学开始进行基于学习共同体的教育实践改革，同时很多专家以及学者也对这方面的课题进行了研究并取得了理论上的成果。

（一）几种代表性观点

近年来，我国许多高校和部分中小学也纷纷开展基于学习共同体的教育教学实践改革，对学习共同体的研究与运用如火如荼。

1999年，哈尔滨南岗区教育局开始探索用学习共同体理论进行学校管理的理

论和实践研究，取得了丰硕成果。

2000年，首都师范大学王陆教授带领团队展开学习共同体课题研究，开发了虚拟学习共同体智能网络教学平台，并于2003年免费向各中小学开放。

2000年，清华大学张建伟博士从学术性支持、认知性支持和人际性支持三个层面对网络学习共同体进行了研究，提出了学习共同体的概念以及功能。

2006年，中国未来研究会教育分会和中国未来研究院共同组建了中国学习共同体研究所，聘请佐藤学教授担任首席顾问，致力于学习共同体的研究。

2009年，宁波大学邵洁进行了"基于学习共同体的课堂教学模式研究与实践——以程序设计类课程为例"的课题研究。

2010年，陈瑶论证了"课堂应当是一种凸显学习社会性、自主性、生活性特征的'学习共同体'。……课堂可以是一种'学校教育制度下有限的学习共同体'"。

2010年，赵玲提出了基于网络学习共同体的大学英语教学模式。

2011年，郭永志进行了基于学习共同体理论的大学英语教学设计。

2012年，原霞研究了"教师学习共同体：高校教师教学学术发展的一种新范式"。

2013年，赵健发表了《网络环境下教师学习共同体运行效果的调查分析》这篇文章。

2015年，李艳探讨了"教师学习共同体建构的个案研究"。

2016年，彭婷论证了"共生理论视域下教师学习共同体分析"。

综合多年来国内对共同体研究的成果，有以下几种较突出的认识。

1.学术共同体是学校改革的哲学

钟启泉引入佐藤学的观点。他认为，学习共同体是学校改革的哲学，能使教师成为反思性实践家。它也是学习者学习成长、教师专业发展、社区的家长和居民参与学习的场所。"公共性""民主主义""卓越性"三个基本原理是构成这一哲学的基础。

（1）公共性

"公共性"是指为了实现每一个学习者的学习权利、完成建设民主主义社会的公共使命而组织起来的，各式各样的人相互学习的公共空间。它具有宽容和尊重多样性的精神，要求师生、生生之间、家长和学习者之间要相互倾听，相互理解。

（2）民主主义

"公共性"原理是由"民主主义"原理所支撑的。这里的"民主主义"意味着"各式各样的人合作生活的方式"，学习者、教师、校长、监护人都必须是"主人翁"，每一个人的学习权利、尊严、多样化的思考方式和生活方式必须受到尊重，从而使学习共同体成为不同个性得以交响的场所。

（3）卓越性

学校是教师和学习者追求其活动和理念"卓越性"的场所。"卓越性"是指学习共同体在任何困难条件下都尽其所能，实现最初既定的目标。

这三个原理形成了建构学习共同体的哲学基础。教师教育者要实现成为反思性实践家的专业成长，就必须投身于学习共同体这一生态化的情境中，与学习者建立平等关系，在学习共同体中寻求文化的建构；与学习者、同事和家长形成良性合作，进行自我实践，分享实践经验，增长实践中的智慧。

总之，教师教育者借助反思性教学的实践，在学习共同体中成为有效的构建者和辅助者，有效推动学习共同体的发展。

2.建构新型学习共同体课堂

王鉴、李录琴提出要建构新型的学习共同体课堂，具体如下。

首先，在课堂教学价值取向上，课堂教学要从"知识世界"回归"人的世界"，倡导多元和全面评价。

其次，在课堂教学模式的建设上，日常生活世界中的经验、体验和交往是教学生活或世界中教师从事教学工作和学习者进行学习活动的基础，不仅在教材内容、教学方法上注意人的直接经验与知识文本的间接经验的结合，而且共同体成员的互动也要彰显人性化、生命化的特点，是在课堂教学过程中教师与学习者专业生活世界之外的日常生活世界的时间与空间。

3.多维度构建学习型课堂

纪德奎借鉴了彼得·圣吉学习型组织的三部分架构，即指导观念，基础设施创新，理论、方法和工具，提出从以下三个维度来构建学习型课堂。

（1）信念，即课堂中师生的共同愿景。

（2）结构，即学习共同体。

（3）能力，即课堂中学习者的学力与研究能力。

此外，纪德奎还提出重建学习共同体要做到以下三点。

（1）培育良好的互动情境。

（2）选择适当的研究性课程内容和多元的课堂策略。

（3）保证课堂的开放性和资源开发的持续性。

4.学习共同体是一种社会交往

赵健将学习共同体的内涵概括为"一种关于学习和学习者的社会性安排，并提供机会，学习者在其中进行社会交往，这种社会交往是以共同建构知识为目标的；这种社会交往是以活动为载体的，其中蕴含着多种层次的参与，包括边缘的和核心的、在场的和虚拟的等。每个成员都能获得同伴的帮助以及人工制品的协助,并从各自的水平和角度介入合作、争论和评价以形成共识性知识,在这个过程中确立自己的身份感"。

5.其他观点

屠锦红和潘洪建吸收了有效教学理论和佐藤学的观点,构建了大班额学习共同体课堂的基本原则——和而不同、对话协商、活动体验和合作共享,基本机制——大班分解、建立学习共同体群、拟定目标、创设问题与情境、活动交流、意义建构和评价共享,丰富基于课堂场域的学习共同体的可持续发展。

夏正江认为,学习共同体是学习者以相互学习和共同成长为目标,同时在其中相互倾听和回应、相互切磋和激励的学习型群体。

黄利玲认为,学习共同体课堂最本质的特征是师生具有共同的学习目标,将外在学习要求转变为内在的自觉行为和主动探索,并借助基于学习共同体,顾名思义,就是将学习置于"共同体"环境中形成的团体,那么学习共同体的特征一定是来源于作为其支架的"共同体"的本质属性。因此,也有学者将学习共同体的特征概括为共识性、异质性、脱域性和角色互嵌。

(二) 发展现状

国内高校学者均把课堂理解为学习共同体,旨在建构一种新型的以学习者为本位的课堂教学世界。以上观点基于不同的理论,有助于我们从不同侧面理解学习共同体课堂的构成与运行机制。然而,当前的研究也存在着一定的缺陷与不足。

(1)对学习共同体课堂的概念、标准、构成要素及其内在关系的界定不尽相同,使得研究结果表面化、零散化。

(2)对如何深入提升学习共同体的内在凝聚力,如何充分发挥学习共同体的行为约束力,如何保持个体目标与群体目标一致性等方面研究较少。

(3)研究以学术为主,着重学习共同体课堂理论的完备性和逻辑的自洽性,缺乏实践性和情境性,均是泛学科研究,而中小学教师关心的是立足学科本位的各种课型的具体操作模式,致使研究成果难以顺利转化为基层教师的教学行为。

1.定位模糊

从目前的研究来看,学术界对学习共同体的内涵和定位还存在较大分歧。学习共同体究竟是一个真实存在的组织实体,还是一种只存在于人们头脑中的理念?有学者认为它是一种理想的形态,作为一种理想信念存在,对学习共同体的追求是学校未来发展的一种取向,它不能作为一种实体存在。有学者甚至指出,学校本来就是一个共同体,"只是人们的关注点一直集中在学校情境下的学习活动,而未给予这个古老的、日常化的、生活化的社会学习形态足够的承认和重视"。

对此,我们认为,对学习共同体概念进行界定就是在追问学习共同体是什么,再对学习共同体的含义、特征、条件做基本的界说，再形成关于学习共同体的基本观念。这实际上是研究的本体论承诺，也就是说，我们总要对研究对象的范围、属性有所规定，才能为研究与实践提供认识起点与行动框架。当然，这并不是在否定我们从不同的预设出发进行探索。实际上，不同的本体论承诺可能导致不同的研究路径。

如果把学习共同体作为一个实体，我们就会用某种标准、规范来要求、调控现实的学习组织，将现实中的班级或小组进行改造，使之合乎学习共同体的规范，并致力于使之不断完善与优化。如果把学习共同体仅仅作为一种理念、理想，那么在实践中就没有必要对现存的学习群体进行改革与重建。换言之，这两种本体论承诺及其实践追求遵循着不同的路线，前者是激进主义路线，可能急躁冒进；后者是改良主义路线，可能流于形式。

因此，共同体是当代社会建设的一种基本理念与价值追求，是社会发展与组织建设的趋势。对于学校发展而言，不仅要吸收其基本理念，引导学校组织的发展，更重要的是要付诸行动，用共同体的标准、规范进行学习共同体的建设，进行学校组织制度的创新。否则，学习共同体的概念就可能流于口号、陷于空泛，学习共同体的建设极有可能停留在理念层面，难以真正落实。

2.理论基础薄弱

就目前的研究来看，对学习共同体的理论基础已进行了一定的探讨，但研究还不够深入，存在明显的不平衡性。

首先，就我们搜索到的文献看，对学习共同体的产生背景、概念、特征的研究很多，对学习共同体理论基础方面的专门研究则较少。

其次，关于学习共同体的知识论、社会学方面的研究较多，为学习共同体建设提供了一定的理论支撑，但有关学习共同体的心理学、生态学、人类学的探讨甚少。

再次，已有的关于学习共同体理论基础的研究不够深入，存在表浅化和缺乏理论深度的问题。

我们认为，对学习共同体理论基础的研究还有待夯实，视野还有待拓展，应从多种视角对学习共同体进行透视，加大研究的力度、深度，夯实学习共同体的理论根基，为学习共同体的建设提供扎实的理论基础。

3.实践研究有待加强

通过阅读已有的学习共同体的研究文献可以发现，人们对学习共同体的基本理论问题研究较多，而对学习共同体的实践问题研究很少，即便是关于学习共同体的实践研究，也大多停留在对学习共同体的构建原则、阶段、策略等一般问题的研究上，缺乏深入而扎实的个案研究、行动研究。

事实上，实践操作中的问题远比理性的思考复杂得多，如果没有深入扎实的实践与探索、实验与行动，理论研究则缺乏动力、源泉。只有理论与实践彼此互动，对学习共同体的研究才有可能走向深入。今后对学习共同体的研究应深入学科层面与课堂层面，绝不能空泛地一般性议论。即使我们只进行理论上的探索，也要密切联系实际，努力做持续的、系统的、与教学实践密切结合的研究，这应该成为今后进行学习共同体研究的基本方向和理论发展的生长点。

因此，对学习共同体的研究应脚踏实地，在不同学段、不同年级、不同学科开展实实在在的实验研究与行动研究，采用量化研究与质性研究等多种研究模式，积累丰富的典型案例与研究资料，促进学习共同体研究的具体化与可操作性，为学习共同体的理论研究提供丰富的实践资源。

总之，学习共同体的研究需进一步拓宽视野、范围，大力强化实践研究、行动研究，全面提升学习共同体研究的水平，引领学习共同体迈向更高层次。

第二节 高职英语教师专业发展途径之学习共同体（二）

学习共同体的建立是英语教师教育者专业发展的有效途径，同时成为提升我国英语教师教育者素质和教学效果的必要措施，对于我国英语人才的培养也大有裨益。本节主要从英语教师教育者学习共同体与专业发展的关系出发，对学习共同体的建构步骤与策略以及建构的现状进行总结。

一、英语教师教育者学习共同体与专业发展的关系

教师教育者学习共同体就是在英语教师教育者专业发展的情况下应运而生的，同时教师教育者专业发展也给学习共同体的建构提供了重要的发展平台。

（一）学习共同体与教师教育者专业发展相互联系的基础

教师教育者专业发展之所以和学习共同体相互联系是有一定的基础作为支撑的，首先是由于传统教师教育者专业发展模式带有自身的局限性；其次是由于教师教育者学习共同体建构的可行性。

1.传统教师教育者专业发展模式的局限

传统教师教育者专业发展思路包括"外控"的教师教育者专业发展模式以及"自然发展"的教师教育者专业发展模式。

（1）"外控"的教师教育者专业发展模式的局限性

"外控"的教师教育者专业发展模式主要指的是教师教育者专业发展主要依靠强制性的培训完成。

例如，我国很多英语教师教育者的专业发展是通过"职前培训"和"职后教育"的方式进行的，带有一定的强制性。由于培训是一种单向传递，教师教育者的专业发展往往都是消极的、被动的。除此之外，这种外控的专业培训内容缺乏针对性、培训模式单一，从而限制了教师教育者专业发展的步伐。

（2）"自然发展"的教师教育者专业发展模式的局限性

"自然发展"的教师教育者专业发展模式指的是教师教育者的教学带有孤立性以及发展的保守性。

我国传统的英语教学是单向的知识灌输，因此教师教育者往往以班级为单位独立进行教学设计与研究，很少或者几乎不会寻求同行或者专家的协助。

教师教育者发展的保守性指的是教师教育者在孤立性的影响下，不会批评或者指导其他教师教育者的教学工作。

因此，无论是从外部因素出发还是从自身因素出发，教师教育者的专业发展模式都呈现出一定的局限性，从而限制了教师教育者的发展。新的教学和教师教育者发展形势下，教师教育者应该梳理好"个人的教育"和"群体的教育"之间的关系，厘清教师教育者个体的成长不应是通过个体孤立的自我成熟实现的，而应该是在教师教育者群体中通过彼此的交流、协作来实现的。

2.构建教师教育者学习共同体的可行性

构建教师教育者学习共同体是一项科学、系统的教学项目，其构建需要一定的因素作为支撑。具体来说，构建教师教育者学习公共体的可行性表现在以下几个方面。

（1）学校的每门学科都有自己的专业组织，便于形成科学高效的专业队伍，这是教师教育者专业发展的一个重要因素。

（2）教师教育者通常都接受过高等教育，因此具有一定的学术科研能力，从而为学习共同体的构建奠定了有利的基础，有利于反思型教师教育者、研究型教师教育者的培养。

（二）教师教育者专业发展对教师教育者学习共同体的要求

教师教育者学习共同体的建构需要相关教学工作者以教师教育者学习共同体为平台进行科学的发展。同时，在构建过程中需要对此过程有一定的监督与要求，这样才能更加系统、科学地提升教师教育者素质。

1.以学习者为本

在教师教育者学习共同体中，一切活动基本上以结果为基础进行评估。学习者是英语教学的中心，对于教学任务的设计与实施有着极大的影响作用。教师教育者学习共同体的建立需要以学习者为本，将学习者的发展作为最终评价的指标。

将教师教育者专业发展评价的重点定位在教学的成果，从而设计更适合学习者发展的教学过程。

除此之外，教师教育者还应注意"学习者模块"的设计，从而让学习者在自主状态下参与教师教育者学习共同体的构建。教师教育者可以利用调查的形式进行学习者模块的管理，分析教师教育者学习共同体的发展状态。学习者也可以在教师教育者学习共同体构建的过程中发挥自身的学习主动性，积极向教师教育者提出问题，进行必要的交流。

2.注重合作性

传统的科目教学一般只关注本学科的知识，利用本学科知识解决学科内部问题。但是在社会发展和教学改革的影响下，社会对于综合类人才的需求剧增，要求教师教育者教授综合类课程。

综合课程要求教师教育者从多个学科的角度来探索一个问题的解决之道，这样可以提高学习者的学科综合能力和整体分析能力。因此，新课程改革的深入发展，使教师教育者之间的合作教学成为一种必要。教师教育者学习共同体作为一个学习型组织，其优势在于以团体学习、合作学习促进个体的发展。合作是教师教育者学习共同体存在的基础。然而需要指出的是，教师教育者学习共同体发展要求发挥教师教育者合作学习的优势。

教师教育者学习共同体这个平台包含合作和竞争，它体现了教师教育者个体与共同体成员在一定文化背景下的交往与互动。一方面，教师教育者们可以进行合作与交流，为教师教育者个体的发展提供支撑，最终实现个人发展；另一方面，教师教育者在教师教育者学习共同体中可以对不同的教学观念、教学进程进行交流，有助于教师教育者个人专业的发展。可以说，教师教育者学习共同体的发展是基于合作，但它又不是基于一般意义上的合作。

3.提高实践发展能力

实践发展能力包括教师教育者理论知识的发展以及实践能力的提高两个方面。其中，教学的开展需要教师教育者依托于自身的时间能力，而理论知识的发展也是促进实践能力提高的重要因素。教师教育者实践发展能力的培养是教师教育者专业发展的核心，同时也是教师教育者学习共同体建构的重要组成部分。

实践性知识，是众多教师教育者希望从教师教育者学习共同体中获取到的主要知识，对于教学目标的达成、教育教学问题的解决都有着积极的促进作用。

二、英语教师教育者学习共同体的构建步骤与策略

英语教师教育者学习共同体的构建并不是盲目进行的，其需要相关教学者按照科学的步骤与策略逐步进行。

（一）英语教师教育者学习共同体的建构步骤

英语教师教育者学习共同体的构建不能急于求成，也不可能一蹴而就，而应采取一定的步骤，有计划地进行。

1.建立信任关系

英语教师教育者学习共同体的构建离不开高质量的人际关系，而信任是一个重要的决定因素。概括来说，所谓信任就是"一个团队的普遍期望，这种期望可以依赖语言、行为和对另一个人、团队或组织的承诺"。

在信任的作用下，教师教育者参与学校组织与具体教学工作的热情就会提高，同时教师教育者之间信任关系的建立，对于整体教学团队的发展也大有裨益。

凡是对教师教育者个体有益的事情，对学习共同体也是有益的。在这样的前提下，当有一个或者若干个共同目标时，相互之间的伙伴信任关系就得以建立。

2.形成共同愿景

教师教育者在学习共同体中的学习是教师教育者对各种方式、途径进行灵活运用，逐渐获取新知识的过程，因而是一个持续的过程。教师教育者在学习共同体内不断进行知识的相互传递，既有利于增强教师教育者自身的实力，又有利于新知识的创造，从而带来全体成员工作效率的提升与工作绩效的提升。在这样的情况下，共同愿景的提出就具有十分重要的意义。

所谓共同愿景，就是指教师教育者对未来的共同期待与设想。为了实现共同愿景，教师教育者应承担起自己的一份责任与义务，同时这种愿景应能得到大多数人的认同，应与实际情况相符合，且明确清晰，具有长远性。

传统组织没有调动教师教育者的参与性，因此难以被教师教育者所认可、接受和分享，每个教师教育者在完成自己的任务时基本上是听命行事。从一个方面来看，愿景具有鲜明的强制性特征，要想在英语教师教育者学习共同体内部生根发芽往往具有较大的困难；从另一个方面来看，愿景的价值与意义也很难被学习共同体中的成员所感觉、理解、领悟，因而难以激发出教师教育者的热情。实际上，真正意义上的共同愿景应是自下而上的，应充分发挥出教师教育者的积极作用。

（1）共同体成员的讨论

对于共同愿景，英语教师教育者学习共同体中的每个成员都有自己的认识，这成为共同愿景的基础，在某些情况下甚至是关键因素。因此，十分有必要在学习共同体中建立一个专门收集、整理教师教育者想法的小组。英语教师教育者学习共同体的领导层应坚持不懈地推进共同愿景的工作，并将其列为常规工作内容的一部分。

（2）初步形成共同愿景

在初步了解了愿景的内容之后，共同愿景制定组委会需要对成员的认识和想法进行收集，从而更好地了解成员对愿景中各个部分的看法。共同愿景制定组委会应将共同愿景的充分、真实的信息提供给学习共同体的成员。在进行调查时，可根据具体情况灵活采取多种手段，如面谈、问卷等。

（3）确立教师教育者的个人愿景

教师教育者的个人愿意除涉及教师教育者的个人利益之外，还具有更加广泛的范畴，这样的愿景才是真正的愿景。正如某外国学者所说，"我的愿景对你并不重要，唯有你自己的愿景才能够激励你自己。"

在学习共同体形成共同愿景之后，教师教育者作为学习共同体中的一员，应对这一共同愿景进行积极思考，如学习共同体的正常状态是什么样的、教师教育者之间应建立起什么样的关系、学习者应从教师教育者这里获得什么样的知识与技能、什么样的教学才是高效率的等。通过对上述问题进行反思，教师教育者可以在深刻理解共同愿景的基础上对自己的实际情况进行深入分析，形成具有个人特色的个人愿景，并愿意为了这一愿景的实现而努力。

3.创建团体文化

教师教育者之间的协作文化以教师教育者之间的互信、平等与支持为前提，它有效促进了共享性与包容性，却未对教师教育者在教学观念方面的差异以及工作中产生的不协调给予应有的重视。概括来说，为促进学习共同体的发展，教师教育者可从以下方面开展积极合作。

第一，教师教育者和文化领域的合作使教师教育者有一个共同的愿景。学习共同体要想得以存在，获得发展，有赖于教师教育者个体对学校未来的信心以及教师教育者对共同目标的期盼。

第二，促进教师教育者之间的合作与协作。这是因为教师教育者所属学科、教学层次不同，因此会形成各具特色的优势与劣势。促进教师教育者之间的合作与协作有助于教师教育者之间的交流，形成优势互补的良性循环，最终为教师教育者学习共同体的建立塑造良好的环境。

第三，对于系统发展来说，流动性代表了变化、发展与开放，是一个不可或缺的重要因素。教师教育者之间的合作并非死水一潭，而是会根据不同的教学情况产生相应的变化与发展。这也成为学习共同体团体文化创建的重要因素。

4.培养团队精神

在共同愿景的实现过程中，必然要经历一个团体成员间整体搭配以及团队学习的阶段，这对于集思广益，发挥集体智慧，激发团队与个人的创造性都大有裨益，从而促进组织与个人的发展。

在教师教育者与管理层之间建立对话已是所有改革者的共识，从而形成新的专业关系，创造一个更有利的环境，这将是英语教师教育者专业学习共同体面临的新挑战。教师教育者个体专业化的重要性是不言而喻的，然而使他们积极投身到专业团体的建设中来，在提高自身教学技能的同时带动整个团队的整体应对困难的能力也是十分关键的。英语教师教育者专业学习共同体进一步推动教师教育者专业发展与成长，或者由教师教育者或者管理者成立的为共同关注的专业问题进行对话。英语教师教育者专业学习共同体学习的原动力来自于教师教育者个人的试验、创新以及持续的学习。

由于在工作职能、任务目标等方面的差异，英语教师教育者专业学习共同体的成员形成了不同的团队，如各科研课题组、各年级组、各教研组等，因此在英语教师教育者专业学习共同体内部加强团队合作十分重要。英语教师教育者专业学习共同体所有成员要相互协调与配合，实现统一行动，加强思想认识，规避或者减少团队的精力内耗，从而更好地将个人发展目标与共同体的整体目标结合起来，共同完成既定任务，为实现英语教师教育者专业学习共同体的整体目标而团结奋斗。

5.提高建构深度

实际上，英语教师教育者专业学习共同体以特定任务或目标为纽带，使教师教育者围绕特定问题展开相互学习与合作。因此，从本质上来看，具有相似课程与相似兴趣的教师教育者以英语教师教育者专业学习共同体为中心团结在一起，他们相互之间不断汲取新的思想与理念，并根据实践经验对合作内容进行调整与完善，对于教师教育者的专业发展十分有利。

（二）英语教师教育者学习共同体的构建策略

1.宏观策略

（1）校本教研

校本研究是教师教育者学习共同体构建的方向性策略，应该涉及以下几个方面的内容。

1）教师教育者文化

在教学生活中所建立起来的平等、开放、合作的相互依存与信任关系就是教师教育者文化。教师教育者文化的建立对教师教育者的专业学习起到积极的促进作用。因此，应倡导教师教育者群体对有关教学沟通与协调问题的专业对话。

2）将课题研究作为纽带

英语教师教育者专业学习共同体来自教育教学实践，将课题研究作为纽带，可从现有的研究中找到灵感，同时根植于学校的具体情况进行针对性探究。同时，还可以从现有的研究中找寻新的研究切入点，从而便于研究的发展。在较为困难的情况下，可以根据现有教学条件，分析总结实际情况，最终产生完整的研究效果。

3）教学和研究合作的基本形式

团队协作是教师教育者教学研究的基本形式，同时也是合作研究正常运行的重要前提。因此，积极进行教师教育者社区教学，就共同的问题展开讨论，也有助于教师教育者专业能力的发展。

（2）进行专业指导

在英语教师教育者专业学习共同体中，每个参与者都应为团队的建设而贡献自己的力量，可见其是一种多边的合作。在教师教育者的专业发展过程中，专业指导是一项不可或缺的重要内容，具有显著的指引意义。

2.微观策略

从微观层面上说，教师教育者学习共同体的构建需要学校领导和教师教育者双重努力。

（1）学校领导应对英语教师教育者的专业学习共同体建设给予支持

1）学校领导积极从管理者转变为服务提供商

学校传统组织模式对教师教育者的专业发展以及教学活动的开展都有不可忽视的阻碍作用。因此，学校领导应对旧的关系模式有全面的认识，应转变观念，对自己肩负的基本任务重新定位，即创造积极的气氛，为教师教育者畅所欲言创造条件，使他们积极参与教学活动，从而促进教师教育者成员的个人发展。

此外，还应营造和谐、融洽的人际氛围，从而将教师教育者个人的力量汇聚在一起，形成一股更大、更强、更有活力的力量。学校领导应与教师教育者进行真诚、平等的沟通，对教师教育者之间的交流与合作予以鼓励。

2）协助教师教育者搭建英语教师教育者专业学习共同体的共同愿景

具有共同愿景是英语教师教育者专业学习共同体的最重要的特点之一。当教师教育者具有共同愿景时，教师教育者的教学活动是与社会实践紧密相连的。换言之，缺乏共同愿景，学习型社区就难以建立，教师教育者的专业发展更是无从谈起。

3）获得时间和安全空间

英语教师教育者专业学习社区要想得以存在，时间和空间是不可替代的必要条件。一般来说，在校任教的教师教育者或多或少都会面临一定的教学压力，因此要求他们在专业学习社区活动方面进行积极探索是不太现实的。所以，学校领导应为教师教育者之间的讨论与交流安排一个相对固定的时间。

综上所述，学校领导在教师教育者专业学习共同体构建过程中有着重要作用，既要适度授权给教师教育者，帮助教师教育者建立一个共同的愿景；又要充分发挥"服务"作用，并建立科学、合理的教师教育者评价机制，使专业的学习社区得到良性发展。

（2）要加强英语教师教育者在建立专业共同体上所需要的各方面能力

教师教育者是教师教育者专业学习共同体构建的主体，因此教师教育者也需要在学校领导创造的积极条件下，发挥自身的能力水平。具体来说，加强英语教师教育者在建立专业共同体上所需要的能力应把握以下两个方面。

1）教师教育者有完整的共同目标

促进教师教育者专业的发展是英语教师教育者专业学习共同体的目标。需要特别说明的是，教师教育者自身的坚强意志是这个目标的重要前提。要想形成学习型社区，就离不开雄厚的师资力量。因此，让教师教育者参与教学参观、教学演示等活动是帮助教师自我完善最好的办法。

2）教师教育者要提高自己的沟通协作能力

教师教育者专业学习共同体的构建是为了解决教师教育者专业发展以及具体教育教学中的问题，从而提升我国英语教学力量，为我国社会输送更多优秀的英语人才。在这个过程中，教师教育者的沟通协作能力发挥着重要的影响作用，需要教师教育者有意识地提升这种能力。

三、我国英语教师教育者学习共同体构建的现状审视

我国英语教师教育者学习共同体的构建取得了一定的成绩，但是在构建过程中也出现了一定的问题。下面从英语教师教育者专业学习共同体构建以及学术学习共同体构建两个方面进行说明。

（一）英语教师教育者专业学习共同体构建的现状

1.合作意识不强

我国英语教学任务繁重，教师教育者需要在有限的时间内完成教学目标，还要考虑学习者的不同成长问题，因此教学行为占用了大部分的时间和精力。在这种教学现实下，教师教育者的专业发展所留出的时间相对紧迫，大部分教师教育者选择独立学习，没有时间、精力、条件进行教师教育者和教学方面的沟通与交流。因此，我国英语教师教育者普遍存在合作意识不强的情况，影响着我国教师教育者专业学习共同体的构建。

2.教学方法滞后

我国英语教学正处在改革的进程当中，很多教师教育者还是用传统的教学方法进行教学。在教学中，忽视了联系具体社会现实与语境进行实用性教学，这样的教学方式不利于学习者语言能力的发展。

3.科研能力不强

科研能力不强也是我国英语教师教育者专业学习共同体构建的重要问题。由于我国英语教学任务重，因此教师教育者在科研方面投入的时间和精力较少。除此之外，很多高校缺乏对教师教育者的整体或者分期培训，这样也限制了我国英语教师教育者科研能力的发展。

4.反思习惯欠缺

反思习惯，指的是教师教育者对自身的教学情况和教学实践的反思、思考。反思习惯对于教师教育者发现教学中的问题，提升教学的有效性有着积极的促进作用，对于日后教学的完善也大有裨益。

教师教育者专业学习共同体构建中也需要重视反思习惯的培养。教师教育者应该对自身的教学工作不断进行反思与提高，不能局限于固有的教学模式不思进取。

5.组织学习能力有待提高

我国英语教师教育者还存在着组织学习能力不强的情况。很多教师教育者在取得了一定的成绩之后，就会满足于自身发展，在教学中固步自封，使用相同的教案和教学形式，并不会和社会的发展以及学习者的具体差异相联系。

这种组织学习能力的局限致使我国英语教学不能满足信息化时代的需求，学习者的英语水平更是难以得到发展。社会是不断向前发展的，语言是随着社会的发展不断进行变化的。英语教师教育者应该使用更加开放、多元的思想促进自身能力的发展，并提高教师教育者专业学习共同体构建的进程。

6.未完全做到以学习者为本

从根本上说，英语专业学习共同体的构建是为了提高学习者的英语实用水平，因此以学习者为本成为教学的首要目标。教师教育者专业学习共同体的构建，需要时刻考虑学习者的发展。教师教育者需要认清自身的角色，真正起到学习者学习的指导者的作用。

受传统教学观念的影响，尊师重道成了教学中的一大准则。在这种思想的影响下，教师教育者以知识的传授者、课堂的掌握者出现，教学中没有充分尊重学习者的学习要求。

因此，教师教育者学习共同体构建过程中，需要教师教育者考虑英语专业的发展和学习者的具体需求，通过不同的教学手段和教学形式促进教学的发展。除此之外，教师教育者还需要重视学习者学习兴趣的激发，让学习者了解英语学习的乐趣与有效性，从而最终提高英语教学效果。

(二) 英语教师教育者学术学习共同体构建的现状

1.学术整体性被割裂

专业化是学院式对教师教育者学术研究的要求，也是现代学术的整体要求。跨领域或者无领域的研究往往是比较难评判的，这样的研究显然不受专家的掌控，专家对这种研究是极力排斥的，取代它的是构建严密的专业体系来实现对学术系统的控制。专业化与专家现象是对教师教育者学术研究本来整体性的破坏，是横亘在专业之间难以逾越的鸿沟，共同话语消失，知识变得很难通约。

学术整体性的割裂使其对人类的整体关怀也随之成为泡影，"专业化意味着昧于建构艺术或知识的原初努力；结果就是无法把知识和艺术视为抉择和决定、献身和联合，而只以冷漠的理论或方法论来看待。"专家也曾经明确指出，"要将人视为可计算其反应的群体存在，而不是每个不可替代的个人。"

可见，专业化的教师教育者学习共同体成了技术性的活动，教师教育者需要做的不应该是进入其条条框框，而是应该在固有体系的基础上进行修补。

2.观点的随意性堆积

当代社会为信息化社会，文化不断繁荣，信息爆炸性增长，这种社会现实为知识分析带来了不同的荣誉。很多教学者要求电视为他们扬名，而在过去，只有终身的而且往往总是默默无闻的研究和工作才能使他们收获声誉。

当他们试图运用媒体来获取权威时，就不得不顺从市场规则，学术独立的本性也就消失了。教师教育者往往会对各种问题发表自己的观点，其他教师教育者的观点也不能形成对他们的阻碍，这些问题实际上超出了教师教育者本身学术研究的范畴，也使他们丧失了构建学术学习共同体的勇气，但是在外不得不表现出底气十足。

人们接受了教师教育者学术研究的许诺，但是这根本并不真实，他们的许诺不过是过早地透支了权威。诺言得不到实现将直接消解学术的威信，虽然这些诺言本身与学术并无多大关联，但是这些诺言被披上了学术的外衣，再加上这些透支行为，学术学习共同体的威信难以维持。

3.缺乏建设性价值判断

教师教育者的生存要求越来越多的价值评判，而教师教育者学习共同体提供的恰好是一种心理上的慰藉。教师教育者们所做的粗陋的价值判断充斥着空虚感，他们似乎忘记思考自己是否有能力进行构建，而只是一门心思地专注于鼓动、造势，似乎批判之后公正的未来自然会到来。很明显，教师教育者学习共同体的这种价值判断导致缺乏建设性。

教师教育者学术学习共同体的合法性往往需要道义的供给和参与，道义传统使教师教育者学术学习共同体在发达的媒体时代冲到了一线的位置。在学术道义面前，大众摆脱商品奴役的冲动有了寄托，教师教育者群体是他们心中的希望和楷模。换句话说，导师的预言不仅指引了他们的生存，而且给予了他们无尽的希望。

英语教师教育者专业发展的学习共同体的构建需要教学工作者和教学管理者进行科学有效的组织，从而提升构建的质量，最终提升我国英语教学者的整体素质，为我国人才培养贡献自己的力量。

第三节 高职英语教师专业发展途径之学习共同体（三）

随着信息技术的迅速发展和课程教学改革的纵深发展，教育教学实践活动对教师教育者专业发展及其角色的定位都提出了更高的要求。在网络环境下，教师教育者学习共同体正逐渐成为促进教师教育者专业发展的新途径，不断推动着教育教学的创新发展。

一、网络技术对英语教师教育者专业发展的意义、内涵、价值

（一）网络技术对教师教育者专业发展的意义

1.教师教育者专业发展的必要条件

之所以说现代网络技术是教师教育者专业发展的必要条件，是因为现代网络技术使教师教育者的专业发展从传统走向现代，可以说，教师教育者专业发展之路越走越宽阔。在现信息化时代，网络培训使教师教育者专业发展从可能变为现实，它为教师教育者专业发展提供了机会。近几年，"国培"计划的实施就是一次全面的尝试。传统的教师教育者培训，是培训师在一定的空间、时间进行面对面的讲授。现在有了网络技术，教师教育者学习交流的方式发生了明显的变化。要寻求专业发展，教师教育者可以首先从学习网络等现代教育技术开始，学习的方式方法是灵活多样的。

2.改变了教学的媒体介质

在网络信息技术的支持下，教学中师生双方的交流已从传统的面对面交流发展到网络的声音和视频交流，成果已从有纸化到无纸化、从理论向实践操作转变，因而教学模式也正在变革发展中。

传统的讲授型教学，有时会导致学习者昏昏入睡，或者感觉到"被"教学，不能给学习者提供合作学习、探索学习等现代教育技术手段，这是一个大大的败笔。要实现网络技术下教学成果、学习成果的共享以及师生的互动，教师教育者首先要掌握现代教育技术的使用方法，并且自制教学教具，指导学习者自制学具。

对于学习者而言，网络同样对于他们的发展起到了重要的支持作用。

3.保证了教师教育者专业思想的现代化

有了网络，经济不发达地区的教师教育者可以接触到许多先进的理念、模式，这是信息化时代独有的宝贵资源。科学日新月异、不断发展，不去学习和实践，就会被时代所淘汰，就会被历史遗弃。有了网络的支持，要转变教师教育者的教学观念就更加有效了。在现代网络技术发达的今天，大量信息包围着人们，教师教育者不得不通过由表及里的细致分析对信息进行去粗取精、去伪存真，不得不对现代教学手段做自己的探索。教师教育者的专业发展不再仅仅局限于教科书、教参书，教师教育者的专业发展触角如果不涉及更为宽广的网络信息技术、现代教育技术的应用，那将会导致一场失败的结局。

4.引领教师教育者专业发展的未来

网络技术代表着科学技术发展的水平以及方向。教师教育者的未来专业发展是培养专家、学者型教师教育者，懂得现代教育技术也是最基本、最起码的要求，网络培训给教育者掌握现代教育技术提供了最重要的技术支持。教师教育者专业发展的未来离不开现代科学技术的支持，时刻把握现代科学技术发展脉搏，是教师教育者专业发展的必然要求。网络技术会越来越先进，现代教育技术一定会引领教师教育者专业发展的未来。

（二）网络技术下教师教育者学习共同体的内涵

1.网络技术下教师教育者学习共同体的定义

网络技术下教师教育者学习共同体是指在虚拟的网络环境中，一个由普通教师教育者、优秀教师教育者、相关教育行政人员等共同构成的学习型团体通过网络学习平台相互交流、协作。该定义具体包含以下两个方面的内容。

（1）网络技术下教师教育者学习共同体内的成员通过网络学习平台进行同步的交流或者异步的沟通，因此在时空上可以分离。

（2）网络技术下教师教育者学习共同体内的成员都具备主体地位，都是信息的加工者和知识的构建者，都强化个人的教学理论知识和实践知识。

2.网络技术下教师教育者学习共同体的要素

（1）人员

从社会性价值来看，人员的参与是学习共同体的第一要素。教师教育者是学习共同体的重要组成部分，是共同体进行学习活动的主体。因此，网络技术下教师教育者学习共同体的有效性不仅取决于网络环境对学习者所提供的潜力，更取决于学习环境与学习者个性的匹配度。

（2）规范

从制度管理角度来看，规范的制定是学习共同体的第二要素。网络技术下教师教育者学习共同体必须有特定的规范和约束。学习共同体成员没有一个需要共同遵守的规范，就无法维持有效正常的秩序。

（3）学习活动

从行为主义观点来看，学习活动是学习共同体的第三要素。有效的学习活动是其他一切因素需要围绕的核心，也是构建教师教育者学习共同体的核心任务所在。

（4）学习资源

从学习性角度来看，学习资源和信息是学习共同体必不可少的组成要素，它为教师教育者专业素养的提升、专业能力的成长提供了物质上的保障。学习资源可以体现为文字、图片、视频等多种形式。学习资源可以是已有知识，也可以是共同体成员自己的经验和成果，还可以是对已有知识再加工后的知识。

（5）网络技术

从技术性角度来看，有效的网络平台和必要的网络交互工具是学习共同体的重要组成要素，是学习共同体得以存在和发展的物质性基础。构建有效的网络平台，需要考虑到平台的易操控性和各模块的美观性，以充分调动学习者的学习兴趣和学习主动性。必要的网络交互工具的使用是对网络学习平台的重要补充，可以集成到网络学习平台中或者单独进行使用，这些工具为学习者之间的交流、合作和共享提供更多的便利。

3.网络技术下教师教育者学习共同体的特征

网络技术下教师教育者学习共同体的特征包括以下几种。

（1）安全感与归属感

在虚拟的网络环境下，学习者之间由于不能面对面地相互交流，缺少了情感的联系，就容易产生心理上的孤独感，这会不同程度地削弱学习者的学习兴趣，制约学习效果。网络技术下教师教育者学习共同体通过给予成员安全感与归属感可以有效地改变这种网络学习环境带来的负面状态。

1）网络技术下教师教育者学习共同体给予成员安全感

教师教育者学习共同体中的成员由于互相尊重、互相信任，会获得一种心理上的安全感。所有成员的共同进步、共同成功、快乐，是每个成员都愿意看到的事情。共同体成员只有拥有安全感，才能构建一种良性的、开放的交流环境，从而更好地促进成员间建设性的交互学习以及新思想的相互碰撞，这些无疑有利于教师教育者的专业成长。

2）网络技术下教师教育者学习共同体给予成员归属感

在教师教育者学习共同体中，每个成员会时刻感受到自己是团体的一分子并拥有自己的主体地位。成员之间友好相处、相互依赖，并且在学习、分享和写作过程中相互赏识、相互认可。网络技术下教师教育者学习共同体通过相互合作或者彼此之间的竞争，给予成员最需要的情感联系，据此每个成员都能感受到自己的地位。

(2) 良性的文化氛围

任何一个团体想要形成自己的体系并取得成功，都要具有与自身团体性质相关的文化价值体系，因为这种文化价值体系是成员间相互信任、理解的价值基础。网络技术下教师教育者学习共同体的所有成员共享学习目标、愿景、价值观、规则，能够形成一种健康积极的文化氛围。这种文化价值取向是整个教师教育者学习共同体的黏合剂和催化剂，对每个成员起着凝聚作用。现实生活中的人有趋同心理，希望自己的观念属于多数人这一边，否则就会滋生一种孤独感。这种趋同心理迁移到网络环境中的团队学习和合作方面，将产生其他任何有形物质无法发挥的力量。这种所有成员认可的文化价值观如果上升为一种行为规范，就能有效地调节所有成员的行为，从而不断增强整个教师教育者学习共同体的凝聚力。

(3) 以网络为主要沟通媒介

这种以网络为主要沟通媒介的方式使得信息的存储、共享、交互表现为可持续性和可增长性，使成员之间的学习交往具有了更灵活的异时空性。网络学习的异时空性消除了共同体成员彼此之间的紧张感。网络中的信息具有非线性性和高效性，共同体中的成员可以在同一时间与多个其他成员同时交流，并且通过网络在整个共同体中传播信息。网络交流学习的非线性性和开放性使每个成员学习过程中的心态更为轻松，人对网络的主动性操控决定学习者对信息获取和共享的主动性。

(三) 网络技术下教师教育者学习共同体的价值呈现

我国传统的教师教育者专业发展主要采用培训和专家讲座的模式。无论采用网络培训还是面对面的培训，注重的都是培训的整体规模和效益，培训的模式单一、针对性差，并且不关注所介绍的知识或技术是否被在场所有教师教育者所接受。这样就削弱了培训效果，导致培训与实际相脱离，教师教育者缺乏持续的学习支持。至于专家讲座，教师教育者往往当时听懂了，但由于多种原因还是不能运用到教育教学实践中。

网络技术下教师教育者学习共同体对教师教育者专业成长的促进主要体现在以下几个方面。

(1) 网络技术下教师教育者学习共同体为不同时域空间的教师教育者之间的交流搭建了平台，实现了校际联盟和城乡互补等。

（2）网络技术下教师教育者学习共同体为教师教育者的学习和教学工作提供了大量丰富的资源，这些资源中最宝贵的就是老教师教育者和专家型教师教育者长期积累的教学经验和方法。

二、网络技术下英语教师教育者学习共同体必须重视的问题

网络技术下教师教育者学习共同体只有借助社会制度和文化氛围等外部支持以及内部因素的调节，才能获得良性发展，才能很好地促进教师教育者专业发展。网络技术下教师教育者学习共同体应特别重视的问题包括如下几个。

（一）凝聚各方力量

1.技术设计方面

从技术设计层面来讲，要加强基于网络技术支持的教师教育者专业发展平台的设计。在知识型社会中，教师教育者的再学习是每位教师教育者必须面对的重要课题，而网络学习共同体成为网络社会中教师教育者再学习最便捷、有效的模式。

2.学校方面

学校方面要给教师教育者提供充分的学习和合作时间。学校应该让教师教育者多抽出时间参与网络共同体的学习与交流，这就要求减少教师教育者的课外活动或者组织活动时间。

3.教育行政方面

教育行政对教师教育者参与网络学习与交流要给予持久的支持。

（1）现代信息更新换代非常频繁，教师教育者承担着培养人才的重任，理应更新知识以适应时代的发展。教育领导应对教师教育者参与网络学习给予政策上的支持，让教师教育者从教室中走出来，带着问题走进网络学习共同体，以便最终更好地走向讲台。

（2）各地区教育行政部门应该大力支持将基于网络的教师教育者学习共同体纳入教师教育者专业发展的有序轨道，以便让教师教育者学习共同体为教师教育者专业发展提供持久的动力支持。为了建立一个全方位、多维立体的规范和健康的学习环境，基于网络的教师教育者学习共同体需要通过行政力量形成教师教育者信息资源的共享机制并得到教师教育者学习活动的有效支持。另外，行政法规还能保护教师教育者的合法权益，为教师教育者的专业发展创建一个公平公正的外部环境，并使教师教育者将专业发展的行为上升到政策法规的高度。

（二）制定个性化的规范和评价标准

通常情况下，基于网络的教师教育者学习共同体是自发形成的，它只有具备

一定的规范和评价标准，才能维持正常的秩序。因此，公平公正、积极健康的规范和评价标准，是建立具有凝聚力的基于网络的教师教育者学习共同体的基础。基于网络的教师教育者学习共同体中的成员共享学习目标、价值取向、行为规范和标准，一旦违反共同体规则的行为出现，必须承担后果。这是基于网络的教师教育者学习共同体的黏合剂，感召和凝聚他们的内心需求。

另外，有效的评价激励对基于网络的教师教育者学习共同体成员的发展也起到积极的作用，如教师教育者的积极参与可以获得更高的积分、更多的权限，从而激发教师教育者交流和学习的积极性。

（三）转化边缘性参与者

在教师教育者学习共同体，教师教育者是主体和核心。教师教育者是教师教育者学习共同体能否取得成功的关键因素。不同教师教育者在学习共同体中扮演的行为角色不同，因此就获得了不一样的学习效果。要意识到教师教育者之间的差异，否则学习共同体只能走向失败。然而，"隐客"现象在基于网络的教师教育者学习共同体中是客观存在的，"隐客"即边缘性参与者，就是在共同体的学习活动中只是浏览信息而很少发言的人群。导致"隐客"的原因包括以下几个方面：学习动机不强；对学习共同体的活动缺乏兴趣；性格内向，但不是决定性因素；学习者的知识浅薄。为了减少"隐客"现象，需要从以下几个方面入手。

（1）发挥领导者的监督作用。领导者要及时与边缘者进行沟通，提醒、督促和鼓励他们积极地参与到学习共同体各种活动的讨论中。

（2）在学习共同体所有教师教育者中定期开展在线社交活动。例如，让教师教育者进行自我介绍，了解网上社交礼仪和合作学习的方法等，以便教师教育者间相互熟悉、联络感情，有条件的教师教育者可以定期进行面对面的交流。

（3）建立相关的评价体系，开展互评活动。明确学习共同体的发展目标，使教师教育者对自己的学习目标更加明确，强调参与学习共同体的重要性。

学习共同体具有平等参与的特征，但是这并不否认成员的异质性。也就是说，成员的地位是平等的，而角色和行为表现是不同的。除了"隐客"，学习共同体还包括以下成员。

（1）领导者（专家）。这种成员在数量上比较少，但是对学习共同体的知识贡献很大。他们具有丰富的社会经验和专业知识以及较强的解决问题的能力，享有较高的声誉；他们引导着话题，在各种活动中引导学习的互动。

（2）活跃者。在学习共同体中经常可以看到他们的踪迹，具有较高的知名度。他们积极地参与学习共同体的各类活动，在学习讨论过程中积极发表独到的见解。

（3）追随者。他们参与学习共同体的频率也不高，一般都是追随着其他成员参与学习共同体的活动，很少有自己独立的见解，常附和其他成员的意见。

（四）丰富学习资源和信息

从学习性角度来看，信息资源共享率的提高为教师教育者专业素养的提升、专业能力的成长提供了物质保障。网络技术下教师教育者学习共同体的信息资源可以是已有知识或者共同体成员分享的经验和成果，以及对已有知识再加工后的升华。基于网络的教师教育者学习共同体不仅要有完善的信息资源库，更要有高效的共享机制，有利于形成共同体共有的智慧，并通过有效反馈提升共同体内每个成员原有的个人智慧。

（五）加强情感互动

基于网络的教师教育者学习共同体中教师教育者的情感互动具有以下几个特征。共同体中的教师教育者在现实生活中处于分离状态，要独自承担学习压力，因此会产生孤独感。此外，一些边缘性学习者要走向核心成员，需要从共同体中得到情感支持。基于网络的教师教育者学习共同体作为一种教师教育者专业发展的模式，具有脱域性。

（六）加强教师教育者的专业对话

"专业对话"是指教师教育者在专业领域里，与同人交流、研讨教育问题，能相互理解或达成共识或有积极的反应。教师教育者的自主发展不是独自完成的，需要借助他人的力量和集体的力量，专业对话就是一种较好的方式，同时是教师教育者在学习共同体中参与各种活动的方式。

基于网络的教师教育者学习共同体为教师教育者之间的沟通提供了平台。在网络环境下，教师教育者在彼此的合作与交流中保持开放的态度，可以实现与教师教育者同行、优秀教师教育者、专家的专业对话。专业对话可以是表达自己的困惑，发表对问题的看法，或者探讨教育教学的实践经验。这样的专业对话可以促进自身的专业发展，同时有利于促进教师教育者间的合作与交流。

三、网络技术下英语教师教育者学习共同体的设计思路与实现途径

（一）网络技术下英语教师教育者学习共同体的设计思路

网络技术下英语教师教育者学习共同体可以从宏观、中观和微观三个角度来设计，宏观角度涉及的是教学资源，中观角度强调的是结构、模式，微观角度强调的是教师教育者个体化学习环境的建构与管理，强调学习资源、活动的创设以及学习量规、评价、反思的建设。网络技术下教师教育者学习共同体设计框架如图10-1所示。

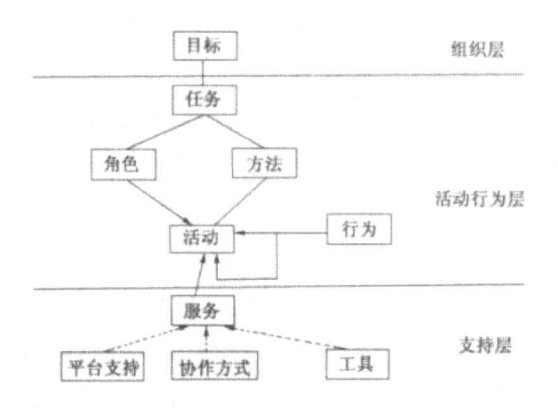

图 10-1　网络技术下教师教育者学习共同体设计框架

1.网络技术下英语教师教育者学习共同体组织层设计

教师教育者学习共同体要根据网络和教师教育者学习的特点来制订目标。教师教育者学习共同体需要实现知识共建、资源共享、共同提高，并要通过技术手段辅助教师教育者的学习和教研。

2.网络技术下英语教师教育者学习共同体活动行为层设计

活动行为层对教师教育者学习共同体活动的角色、方法、任务和活动进行了说明。

（1）角色

角色即活动的主体。教师教育者学习共同体活动行为层的角色包括如下三种。

第一是在共同体中参与学习的教师教育者，可以称为学习者（教师教育者个体或群组）。

第二是提供指导和答疑的相关人员，可以称为专家。

第三是提供技术支持和维护系统的人员，可以称为管理员。

（2）方法

方法层界定了共同体角色的行为过程，包括行为的策略与规则等。不同的用户角色在共同体中的行为是不同的，因此对系统的功能需求也会不同。

（3）任务

任务指共同体活动的流程。任务要根据教师教育者学习共同体的角色、教师教育者实践的需求来制定，主要包括以下几种。

1）教师教育者在组织教学时，需要大量的素材，所以需要提供内容丰富的多媒体资源以备教师教育者所用。

2）教师教育者在网络上进行知识重构和创作时，需要使用网络工具，所以要提供交互工具。

3）教师教育者想要分享自己的教学过程和教学心得，需要借助一个展示的平台，这样可为教师教育者、专家提供多样化的学习界面。

4）教师教育者应该理解课程改革的理念，学习现代教育理论，重新思考新的教学方式和评价方式，而这些都需要具备丰富的学习资源并加以有效利用。

5）教师教育者为了分享知识、教学经验以及接受专家指导，需要一个交流的平台，这样网络的功能就让教师教育者之间的协作和学习成为现实，以至于共同应对实际教学中的困难。

6）组织丰富多彩的社区活动，联络教师教育者的情感，增强共同体归属感，从而提升共同体的吸引力；引发教师教育者思考，提高教师教育者反思的积极性。

7）为了让教师教育者及时了解教育的现状和趋势以及优秀课程案例的开展情况，有必要提供最新信息。

(4) 活动

活动是所定义主体之间的互动过程，包括专家引领方式、教育教学问题研讨方式、课题组活动方式、同行交流方式等。

1）专家引领方式

纵向的专业引领，先避免造成低水平的重复甚至倒退。专家引领方式是通过高层次的教育科研机构及高校专家的引领使教师教育者与专家之间构成协作共同体。

2）教育教学问题研讨方式

教育教学问题研讨方式的主要载体是论坛，主要形式是教育漫谈、热点研讨、难题会诊。它既可以在同学科的教师教育者间进行，也可以在不同学科的教师教育者间进行，目的在于加强教师教育者之间的协作和交流，以期获得解决教育教学问题的综合经验，促进教师教育者的专业成长。

3）课题组活动方式

课题组活动方式是教师教育者根据自身研究力量，自主选择需要解决的难点、热点进行研究。课题研究促进教师教育者之间建立群体共同的研究目标，教学中的诸多具体问题被统整到课题研究中，由此带动网络教研活动的开展。

4）同行交流方式

同行交流方式有头脑风暴法、集体备课、评课制度等具体的形式。借助同行交流方式，共同体成员可以获得开放的学习心态，培养信任感，养成合作的态度，从而在协作学习中能够共同成长。

3. 网络技术下英语教师教育者学习共同体支持层设计

目前关于教师教育者学习共同体支持层设计还没有相关研究或理论，但关于教师学习共同体的支持层设计已经有相关理论。基于教师用户的视角以及网络平台设计的原则，网络技术下教师学习共同体支持层的结构模型如图10-2所示。共同体支持层以服务的提供为核心，主要包括技术平台、工具以及协作方式。

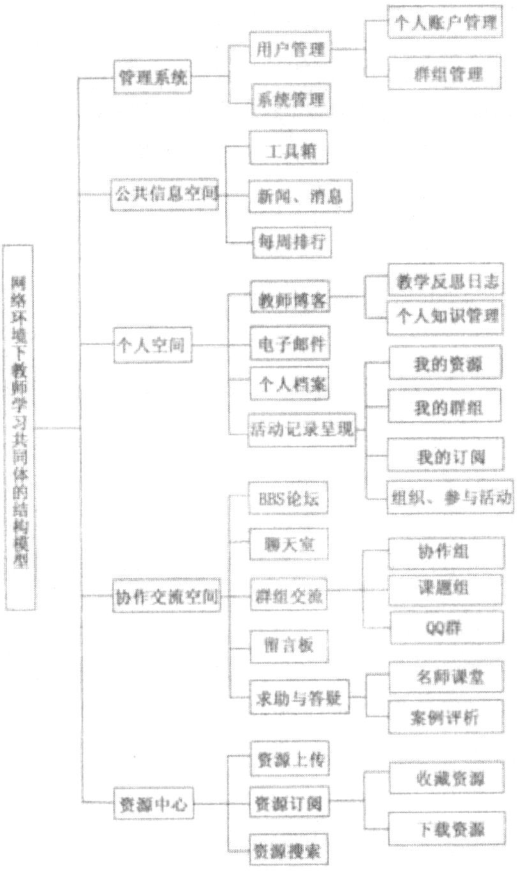

图 10-2　基于网络的教师学习共同体的支持层结构模型

（二）网络技术下英语教师教育者学习共同体的实现途径

1.使用即时通信软件

类似于QQ、Wechat等的即时通信软件由于沟通便捷，已成为网络互联的常用方式，这些软件都有建立群组的功能，如教学研讨组、课改研究组、心理咨询组等。群组的成员可开展文字、图片、语音、视频等各种方式的交流，并共享各种资源，还可以邀请专家和骨干教师教育者的加入，带动群组的人气和提高讨论的效果。在群组中，教师教育者不仅可以学到专业方面的知识，也能提升专业技能。更重要的是，这种形式的交流给予了成员话语权以及情感的补偿，可以在一定程度上端正专业态度。

2.开设教育博客

博客即网络日志，是一种在互联网上公开发表的以时间为顺序的日志。用博客交流简单直观，广大教师教育者和教育行政管理者热衷于建立博客，针对教学、研究、培训等方面发表见解。在这里，可以记录自己的教育思想和生活轨迹，也可以链接其他教师教育者的博客进行阅读和发表评论，甚至可以订阅他人的博客等，这些方式促进了资源的共享、同行交流。通过博客，便于审视自身的缺点，也可以看到其他人的教育行为对自己的鞭策，博友之间还可以实现深度交流和沟通。博客使得专家和有丰富教学经验的教师教育者的知识和技巧能够被保存和传播，使得浏览博客的教师教育者提升自己的专业知识和能力。博客的优势使之与教育教学研究有一种天然的契合。博客群体们逐渐形成基于网络的教师教育者学习共同体的一个重要组成部分。

（1）博客作为教学、教研、培训的平台

博客是集教师教育者的教学、教研、培训于一体的网络平台，促进了教师教育者的专业成长。

1）博客是教师教育者教学的平台

博客是教师教育者教学的平台。教师教育者将自己设计的教案、课件保存在自己的博客上，再通过集体备课进行修订，不断改进和完善；还可以将自己设计的习题放在博客上，以便其他教师教育者根据本班的实际情况对习题进行筛选。

2）博客是教师教育者研究的平台

新课程改革倡导教育叙事、教后反思、案例研究等教学研究方式。通过博客这一平台设置教学反思、心得随想、问题讨论等栏目，让教师们从平常的教育、教学点滴入手进行研究，必将积淀出非常完整翔实的教研资料。这个资料库的开放性又可以整合更多教师教育者的教育智慧。

3）博客是教师教育者学习培训的平台

教师教育者首先是一个学习者，利用博客进行学习有其独特的优越性。教师教育者可以很容易地从网络上获得学习资源，同时又可以把视频、图片、文字资料等转载或链接到自己的博客，既便于自己随时学习，又便于同伴学习，可以随时记录并保存自己的学习心得，又能和同伴分享。学习体成员内部的跟帖或回复，能让更多的人一起交流、探讨。博客对于校本培训也是一个很好的平台，突破了时间与空间的限制，使校本培训真正落到实处。

（2）通过博客促进教师教育者专业发展的注意事项

在网络环境中，教师教育者学习共同体主要由教师教育者个体、教师教育者同伴、教学专家、学习资源和交互等要素构成。通过搭建教育博客平台来促进教师教育者专业发展，要注意以下几个方面。

1）打造"骨干"团队

博客具有开放性。实行开放的共同体学习，首先需要有骨干团队的引领。建立一支博客骨干团队，让他们去带头撰写博客，去阅读教师教育者的博客文章，点评和回复教师教育者的博客，推荐精华博客，链接专家的博客，以此让每一个加入博客的教师教育者有被关注感，有交流的满足感。

2) 塑造"反思-学习"型教师教育者个体

教师教育者博客的主体是教师教育者，学习共同体给予了教师教育者充分的"个性化"。在博客互动中，需要教师教育者个体具有较强的自主能动性。实施网络互动，起点在反思，参与交流的教师教育者首先须学会反思课堂、教学行为、学习者，通过反思发现问题，形成交流的话题。教师教育者在学习共同体内，要学会向书本学习，向同伴学习，向网络学习。

3) 建设"合作、交流"型教师教育者群体

"共享集体智慧"是网上教研的特点之一，"合作"高于"竞争"是构建教师教育者学习共同体的前提和理念。实施共同学习，要打造一支具有合作精神的学习团队，共同参与、共同体验、共同提高。构建教师教育者网络共同体，必须倡导教师教育者间的相互交流。

3.建立教育门户网站

门户网站是指通向某类综合性互联网信息资源并提供有关信息服务的应用系统。教育门户网站则是以教育为主题的综合性网站应用系统，这是教师教育者提升教育观念、掌握信息技术的重要渠道之一。各种资源围绕各类学习主题进行组织，直接指向教育内容，目的性较强，节省了搜索资源时间和精力。围绕各类教育主题开展的专题内容，通过知识的深度加工，成为极具研究价值的教育资源，有效促进教师教育者专业水平的提高。目前，专业的教育门户网站数量较少，大多数教育内容都依附于综合性门户网站的某个专栏。

（1）教育门户网站的组成

教育门户网站界面包括三个部分。

第一，资源共享空间，主要指学习共同体成员可以获得并共享的有关教育教学的资源，包括数据库、FTP、媒体库、知识库协作工具等。

第二，私有空间，是指在网站中个人会员拥有的私人信息处理和数据存储空间，包括网络硬盘、邮箱、用户空间等。

第三，信息发布空间，主要指开放程度不同的沟通和信息发布平台，如电子邮件、论坛、网络信息页面、聊天室等。

（2）教育门户网站的范例

中国教师教育者研修网，由全国教师教育者教育学会主办，在教育部"十五"规划重点课题"基于现代信息技术环境下的校本研修的理论与实践"的探索中应运而生，为全国中小学教师教育者搭建了研训一体的专业发展平台，实现了教师教育者个人、学校、区域教学组织的知识管理，创建了全员参与、团队合作、资

源共建、可持续发展的网上学习共同体。

参考文献

[1] 王利民.高等职业教育课程开发与实施技术［M］.北京：中国轻工业出版社，2011

[2] 王利明.高等职业教育教学评价理论，评价体系与评价技术［M］.北京：中国轻工业出版社，2011

[3] 王蔷.英语教师行动研究：从理论到实践［M］.北京：外语教学与研究出版社，2002

[4] 王沁.思维风格与听力学习策略［M］.上海：上海交通大学出版社，2011

[5] 王义智.中外职业技术教育［M］.天津：天津大学出版社，2011

[6] 王屹.职业教育研究方法［M］..北京：北京师范大学出版社，2010

[7] 王益明.实用心理学原理［M］.济南：山东大学出版社，1997

[8] 王寅.认知心理学［M］.上海：上海外语教育出版社，2007

[9] 王振光.潜意识下的英语奇迹——超觉英语学习法［M］.北京：北京大学出版社，2006

[10] 卫志强.当代跨学科语言学［M］.北京：北京语言学院出版社，1992

[11] 文秋芳，韩少杰，程晓堂.英语教学研究方法与案例分析［M］.上海：上海外语教育出版社，2011.

[12] 文秋芳.英语学习的成功之路［M］.上海：上海外语教育出版社，2003

[13] 沃德华.社会语言学引论（第五版）［M］.上海：复旦大学出版社，2009

[14] 夏章洪.英语词汇学：基础知识及学习与指导［M］.杭州：浙江大学出版社，2011

[15] 肖武云.元认知与外语学研究［M］.上海：上海交通大学出版社，2011

[16] 谢徐萍.社会语言学与英语学习［M］.南京：东南大学出版社，2010

[17] 陈燕.大学英语教师专业发展新视角［M］.北京：中国政法大学出版社，

2014

[18] 盖颖颖.外语教师团队建构研究：基于专业学习共同体视角［M］.北京：中国经济出版社，2016

[19] 孟丽华，武书敬.网络环境下大学英语教师专业素质发展研究［M］.北京：外语教学与研究出版社，2015

[20] 芮燕萍.大学英语教师专业发展实证研究［M］.北京：国防工业出版社，2014

[21] 宋萑.教师专业共同体研究［M］.北京：北京师范大学出版社，2015

[22] 王雪松.以系列学术沙龙为依托的大学英语教师学习共同体研究［M］.北京：中国书籍出版社，2016

[23] 杨维嘉，李茨婷.高校英语教师的教学学术实践与发展研究［J］.外语教学理论与实践，2022，(1)：92-101

[24] 杨茹.新课改背景下应用型本科院校大学英语教师专业发展研究［J］.中国成人教育，2020，(6)：91-93

[25] 吴斌.大学英语教师专业发展理念及途径分析——评《高校英语教师专业发展研究》［J］.外语电化教学，2022，(1)：2-2

[26] 黄元清.促进大学英语教师专业成长的新探索——评《网络环境下大学英语教师专业素质发展研究》［J］.大学教育科学，2018，168（2）：132-133

[27] 王前.高校英语教师专业发展探究——评《大学英语教学与教师专业发展研究》［J］.教育发展研究，2018，38（24）：2-2

[28] 赵宇昕，郭红.浅析学术英语教学背景下理工科院校英语教师的专业发展［J］.黑龙江教育：理论与实践，2017，(7)：90-91

[29] 禚文渊.混合式教学模式下大学英语教师专业发展研究［J］.中外交流，2020，(27)：34-34

[30] 王立坤.新课程背景下小学英语教师专业发展研究［J］.教学管理与教育研究，2019，4（9）：37-39

[31] 崔永光，韩春侠.新标准指导下高校英语专业青年教师的核心素养［J］.黑龙江工业学院学报：综合版，2018，18（2）：26-31

[32] 华琴.课程思政视阈下高职英语教师团队建设研究［J］.国际教育论坛，2022，4（4）：1-3

[33] 谭婧.素质教育框架下高职公共英语核心素养教学模式研究［J］.教育科学发展，2021，3（11）：216-217+221

[34] 魏会廷.教师学习共同体：促进教师专业发展的新途径［M］.武汉：武汉大学出版社，2014

[35] 杨延从.英语课堂学习共同体：新型的师生交互学习场［M］.南京：江苏凤凰教育出版社，2015

[36] 郑茗元，汪莹.网络环境与大学英语课程的整合化教学模式概论［M］.北京：中国水利水电出版社，2015

[37] 鞠金城，韩泽亭.大数据背景下大学英语教师专业发展路径探究［J］.潍坊学院学报，2019，19（3）：95-99

[38] 董菊霞.网络教学背景下大学英语教师专业素质发展途径研究［J］.科教文汇，2021，（11）：185-186

[40] 姜婷."一带一路"视角下高校英语教师专业发展现状研究［J］.风景名胜，2019，（10）：1-1

[41] 李威.论反思教学与高校英语教师专业发展认识实践［J］.知识经济，2020，（24）：136-138

[42] 刘雪梅.专业认证背景下高校英语师范专业教师发展路径研究［J］.当代教育理论与实践，2021，13（4）：142-146

[43] 王德志.地方高校外语教育探索与实践［M］.西安：西安交通大学出版社，2015

[44] 谢职安.高校英语教师专业发展研究［M］.北京：知识产权出版社，2014

[45] 程前光，赵松，关晶晶.新课程体系下大学英语教师专业发展研究［J］.大学：研究与管理，2021，（8）：142-144

[46] 彭红.学习共同体视域下英语教师专业发展路径探究——评《学习共同体视域下高校英语教师专业发展研究》［J］.中国教育学刊，2019，（8）：127-127

[47] 刘丽丽.反思性教学下的高校英语教师专业发展问题［J］.中阿科技论坛（中英文），2021，（2）：127-129

[48] 吴晋，丁志锐.大学英语教师专业发展的研究［M］.长春：吉林大学出版社，2014